Ingo Pfeiffer

Heinz Neukirchen - Marinekarriere an wechselnden Fronten

Schriftenreihe der Deutschen Maritimen Akademie, Band 4

Dieses Buch ist all jenen Marinesoldaten und Angehörigen der zivilen Schiffahrt gewidmet, die als maritimes "Gründerpotential" in verschiedenen Dienstverwendungen mit ihrem Fachwissen und Erfahrungen unter komplizierten gesellschaftlichen Bedingungen den Aufbau von Seestreitkräften der DDR in den 50er-Jahren mitgestaltet haben.

Heinz Neukirchen

Marinekarriere an wechselnden Fronten

Ingo Pfeiffer

2018

Carola Hartmann Miles-Verlag Berlin

Bibliografische Information der Deutschen Nationalbibliothek

Die Deutsche Nationalbibliothek verzeichnet diese Publikation in der Deutschen Nationalbibliografie; detaillierte bibliografische Daten sind im Internet über www.dnb.de abrufbar.

2. Auflage

© 2018 Carola Hartmann Miles-Verlag

www.miles-verlag.jimdo.com

email: miles-verlag@t-online.de

Herstellung: Books on Demand, Norderstedt

Printed in Germany

ISBN 978-3-945861-18-9

Inhaltsverzeichnis

Vorwort

Dieses populärwissenschaftliche Sachbuch widmet sich dem Dienst- und Lebensweg von Heinz Neukirchen, einem der sechs Flottenchefs in der 40-jährigen Geschichte der Seestreitkräfte der DDR. Neukirchen bekannte einmal, von der "Front des Krieges zur Front des Friedens" gewechselt zu sein. Tatsächlich kam er in den 50er-Jahren an der Front des Kalten Krieges an. Als Oberleutnant der Deutschen Kriegsmarine mit exzellenten maritimen Kenntnissen und Erfahrungen hatte er in Admiralsuniform entscheidenden Anteil beim Aufbau der Seestreitkräfte der DDR. Er prägte deren Entwicklung von einer Küstenmarine der 50er-Jahre zur Randmeermarine der 60er-Jahre. Dennoch verblieb er in der ewigen Position 'Chef des Stabes', ehe er im Mai 1964 überraschend seinen Hut nehmen musste. Auf Beschluss des SED-Politbüros schied er im 49. Lebensjahr, nach einer gegen ihn vom Westen geführten Propaganda-Kampagne aus dem aktiven Dienst der NVA.

Das Buch wendet sich an den marinehistorisch und politisch interessierten Leser. Beschrieben wird das Schicksal des Marineoffiziers Heinz Neukirchen als Person der Zeitgeschichte. Der Autor folgt einer Figur, die sich im Denken und Handeln seit 1935 vom Maritimen leiten ließ und davon geprägt wurde. Thematisiert werden Ereignisse, Lebensumbrüche und Personen deutscher Marinezeitgeschichte (1935 bis 1964), die mit Neukirchens Dienst in und für verschiedene politische Systeme in Verbindung standen. Neukirchens Lebens- und Dienstweg dokumentiert, wie er sich die Gelegenheiten seiner Karriere zielstrebig erarbeitet hat. Sein Werdegang gibt zu erkennen, dass er der Politik an verschiedenen Fronten auf seine Weise zu Diensten war. Im Ruhestand wurde ihm bewusst, dass politische Unabhängigkeit eine Utopie ist.

1988 begann der Autor mit Recherchen zur Biographie von Vizeadmiral d.R. Heinz Neukirchen. Diese waren Bestandteil des Forschungsprojekts "Aufbau von Seestreitkräften der DDR (1950-1955) — Marinesoldaten der ersten Stunde" an der Offiziershochschule (OHS) der Volksmarine. Begonnen wurde die Heftreihe mit der Vorstellung von zwei Frauen der Seepolizei. Käthe Hörting wurde am 1. Juli 1950 als erste Frau in der Uniform eines Marineoffiziers zum Seepolizei-Kommissar ernannt. Margarete Kootz (verh. Niemann) meldete im Einstellungsgespräch am 4. August 1950 ihre Ambitionen für die Kommandanten-Laufbahn an. 1989 erschien das Heft über Konteradmiral a.D. Rudi Wegner. Er trat am 15. Juli 1950 als Seepolizei-Oberkommissar in die

Hauptverwaltung Seepolizei ein und beendete am 31. Mai 1983 seinen aktiven Dienst als Kommandeur der Flottenschule (1974 bis 1983).

Der Autor stützt sich auf bereits 1990 geführte Recherchen im Archiv leitender Kader des Ministeriums für Nationale Verteidigung bzw. der Dokumentenstelle im Ministerium für Abrüstung und Verteidigung in Strausberg. Das Bundesarchiv (Stiftung Archiv der Parteien und Massenorganisationen der DDR) und Militärarchiv, die Archive der Wehrmachtsauskunftsstelle und des Bundesbeauftragten für die Unterlagen des Staatssicherheitsdienstes der ehemaligen DDR boten solide Quellenlagen. Der Autor hatte 1990 die Möglichkeit, Neukirchens Kaderakte im Sekretariat des Hauptausschusses der NDPD in Berlin einzusehen.

Dem mit der Thematik vertrauten Leser werden im Buch abweichende Daten zu Dienstlaufbahn, Verwendungen, Kommandierungen und Auszeichnungen von Neukirchen gegenüber den in der Literatur zu Generalen und Admiralen (NVA) veröffentlichten Angaben auffallen. Der Autor bezieht sich in seinem Werk auf Original-Dokumente, Urkunden, Personalakten, Ranglisten, Lebensläufe und Schriftsätze zum Dienstverlauf von Heinz Neukirchen.

Von 1988 bis 2006 führte der Autor mit der Ehefrau Irmgard Neukirchen Interviews zum Dienst- und Lebensalltag ihres Mannes. Eine von ihr überlieferte Selbsteinschätzung von Heinz Neukirchen lautete "Ich habe es vom Matrosen vor dem Mast bis zum Admiral gebracht" sowie "Ich glaube, die Menschen lieben mich nicht, aber sie achten mich!" Seine Beliebtheitswerte hielten sich wegen seines Selbstbewusstseins, Arbeitsstils und Strenge in Grenzen. Irmgard Neukirchen stellte für die Biographie Schriftstücke und Fotos zur Verfügung. Dokumente aus dem Kaderarchiv des Ministeriums für Nationale Verteidigung, dem ehemaligen Fotoarchiv der Volksmarine und aus Privatbesitz komplettieren die "Sammlung Neukirchen".

Unterstützung erhielt der Autor von ehemaligen Kommandanten, Stabsoffizieren und Unteroffizieren, die Heinz Neukirchen in ihrer Marinedienstzeit erlebten. Das betrifft u.a. Fritz Bieler, Dietrich Dembiany, Friedrich Elchlepp, Dieter Flohr, Hans Koch, Karl Heinz Kremkau, Ulrich Korn, Ewald Tempel, Joachim H. Rudek, Egon Wirth und Rolf Ziegler. Mit ihren, dem Autor zur Verfügung gestellten Aufsätzen zu Dienstepisoden und gewährten Interviews trugen sie dazu bei, ein möglichst authentisches Bild über Neukirchens Marinedienst zu zeichnen.

Berlin im August 2017

1. Jugendjahre 1915-1935

Heinz Neukirchen wurde am 13. Januar 1915 in Duisburg als Sohn des Gemüsehändlers Heinrich Neukirchen und dessen Ehefrau Maria Adelheid, geb. Wolfs geboren. Sein Vater fiel am 14. Dezember 1914 an der Westfront des ersten Weltkrieges. Die durch den Tod des Vaters und die Arbeitslosigkeit der Mutter entstandene finanzielle Not führte dazu, dass Heinz Neukirchen bis zum achten Lebensjahr bei seinen Grosseltern in Krefeld aufwuchs. Dort besuchte er ab 1921 die Volksschule. Diese schloss er 1925, bedingt durch den Umzug seiner Mutter zum Wohnort seines Stiefvaters Hinrich Latz, in Duisburg ab.

Anschließend absolvierte er bis 1931 die Knabenmittelschule mit dem Zeugnis der mittleren Reife. 1931/32 arbeitete er als Volontär in der Gemeindeverwaltung Hüls-Krefeld, jedoch ohne finanzielle Vergütung. Die Gemeindeverwaltung konnte ihm keine Einstellungsmöglichkeit bieten.

Seinen ersten Lebensunterhalt von 200 Reichsmark verdiente sich der 16jährige Neukirchen als freier Mitarbeiter (Journalist) bei den „Düsseldorfer Nachrichten", bis diese Zeitung im Zuge der Medien-Gleichschaltung durch das NS-Regime im Frühjahr 1933 ihr Erscheinen einstellen musste. Arbeitslos geworden, bemühte sich Neukirchen zur Marine zu gelangen.

Er hatte den Wunsch, zur See zu fahren. Voraussetzung für eine Bewerbung bei der Marine war die Mitgliedschaft und Teilnahme an der Ausbildung der Marine-SA. Um seinen Seefahrtswunsch verwirklichen zu können, trat er im Juni 1933 der Marine-SA bei. Dort absolvierte er 1934 eine sogenannte „Sportausbildung" mit Infanterie-, Artillerie-, Über- und Unterwasserhorchausbildung.

2. Kriegsmarine 1935-1945

2.1. Einberufung, Kreuzer KÖLN, Seekadett GORCH FOCK

Kurz vor seinem 20. Geburtstag erhielt Neukirchen am 1. Januar 1935 seine Einberufung zur Reichsmarine nach Wilhelmshaven. Am 1. Juni 1935 wurde die Reichsmarine in Kriegsmarine umbenannt. Nach der mehrwöchigen Infanterieausbildung absolviere er einen Lehrgang an der Küstenartillerieschule Wilhelmshaven, die ihn u.a. auf die Insel Wangerode führte. Hier fand er bereits Verwendung als Hilfsausbilder für Schiffsartillerie.

Im Sommer 1936 kam Matrose Neukirchen auf den Kreuzer KÖLN. Zur Verstärkung der Panzerschiffe ADMIRAL SCHEER und DEUTSCHLAND nahm die KÖLN mit ihrer 516-Mann-Besatzung am 27. Juli 1936 Kurs in Richtung spanische Küstengewässer. Der Kreuzer wurde von den Torpedobooten ALBATROS, LEOPARD, LUCHS und SEEADLER begleitet. Die in der Biskaya und vor der spanischen Küste operierenden deutschen Kriegsschiffe standen unter dem Kommando von Flottenchef Vizeadmiral Carls. Sie evakuierten bis September 1936 insgesamt 11.637 Personen, darunter 4.927 reichsdeutsche Staatsbürger. Vom 12. September bis 4. Oktober wurden nochmals 1.118 Bürger aus verschiedenen Staaten sowie 228 Reichsdeutsche zurück in die Heimat befördert. Eine Meldung Mitte Oktober 1936 besagte, dass insgesamt 15.317 Personen, darunter 5.539 deutsche Staatsbürger aus Spanien auf dem Seeweg nach Deutschland abtransportiert wurden. Die englische Flotte evakuierte im gleichen Zeitraum etwa 6.000 Flüchtlinge aus Spanien.

Seinen Borddienst auf dem 169m langen und 15,2m breiten Kreuzer KÖLN (Stapellauf 1928) mit einer Wasserverdrängung von 6.000t und Antriebsleistung von 65.000 PS begann Obermatrose Neukirchen zunächst als Kuttergast. Seine Artillerieausbildung führte dann jedoch zur Dienstverwendung als Geschützführer in einem der drei 15-cm-Drillingstürme. Während seines 16-monatigen Borddienstes auf der KÖLN nahm Neukirchen zwei- bis dreimal an einem mehrwöchigen Einsatz vor der Küste Spaniens teil. An Gefechtshandlungen auf See oder irgendwelchen Kampfaktivitäten im spanischen Bürgerkrieg war Obermatrose Neukirchen in diesem Zeitraum nicht beteiligt. Belegt sind lediglich Fotos von Besatzungsangehörigen der KÖLN während ihrer Landgänge an Ruhetagen in Spanien. Diese dienten dem Kennenlernen der Bevölkerung.

Spanieneinsatz 1936 — Erklärung 1962

Zu Beginn der 60er-Jahre hielten sich hartnäckig Gerüchte und Anschuldigungen über seinen Spanieneinsatz an Bord des Kreuzers KÖLN. Hervorgerufen durch Pressemeldungen in Zeitungen der Bundesrepublik (siehe 6.5.) sah sich Konteradmiral Neukirchen als Chef der Volksmarine 26 Jahre später veranlasst, über seine Dienstzeit auf dem Kreuzer KÖLN eine Erklärung abzugeben.

In dieser, vom 12. Oktober 1962 datierten handschriftlichen Erklärung, heißt es: "Die Fahrten (KÖLN) erfolgten im Rahmen internationaler Abmachungen über die sogenannte Nichteinmischung in den spanischen Bürgerkrieg. Hieran waren sowohl deutsche Kriegsschiffe als auch anderer Staaten beteiligt, z.B. Frankreich. An Kampfhandlungen oder überhaupt an irgendwelchen aktiven Handlungen habe ich während dieser Zeit nicht teilgenommen, noch bin ich sonst in irgendeiner Form mit dem spanischen Bürgerkrieg in Berührung gekommen".

Wie viele seiner Marinekameraden erhielt er das Spanienkreuz. Diese Auszeichnung wurde Konteradmiral Heinz Neukirchen dann 1963 von Offizieren der Psychologischen Kampfführung (PSK) der Bundeswehr in der Propagandazeitung "Feuerschiff 63" (Kapitel 6.5.) zum Vorwurf gemacht, als "keine Auszeichnung für einen Seemann".

In seiner Erklärung im Jahr 1962 verwies Neukirchen u.a. auf den Konteradmiral Karl E. Smidt der Bundesmarine, dem auch das Spanienkreuz verliehen wurde. Im Dienstgrad Kapitänleutnant war er 1936/37 als Kommandant des Torpedobootes JAGUAR vor der spanischen Küste im Einsatz. Nach verschiedenen Kommandanten-Verwendungen mit Verleihung des Ritterkreuzes zum Eisernen Kreuz (15. Juni 1943) war Kapitän zur See Smidt bis Kriegsende Leiter der Offizierspersonalabteilung des Marineoberkommandos Nord in Wilhelmshaven.

Im Gegensatz zu Neukirchen, der vier Jahre in sowjetischer Kriegsgefangenschaft verbrachte, fand Smidt 1945/46 eine Verwendung in der Verwaltung der unter britischem Kommando stehenden "German Mine Sweeping Administration" (GMSA), der Deutschen Minenräumdienstleitung.

Wie Neukirchen 1962 im Admiralsrang stehend, war Smidt ab 1. August 1961 Befehlshaber der Flotte der Bundesmarine im Marinehauptquartier Glücksburg. Sein Gegenüber auf der anderen Seite im Marinekommando Rostock, der aus politischen Gründen ins Visier von Mitarbeitern der PSK im

Bundesministeriums für Verteidigung (BMVg) in Bonn geriet, war der einstige Artillerist auf der KÖLN nunmehr Chef der anderen deutschen Marine, der Volksmarine.

KÖLN und GORCH FOCK

Von Bord des Kreuzers KÖLN wurde Neukirchen vom 3. Februar 1937 bis 29. Mai 1937 zu einem Lehrgang an die Schiffsartillerieschule Kiel abkommandiert. Wegen seinen guten Leistungen wurde er als Geschützführer "Turm" eingesetzt. Stabsmatrose Neukirchen verblieb bis 13. Oktober 1937 auf dem Kreuzer KÖLN. Seine beim II. Admiral der Nordsee geführte Marinestammrolle Nr. 2481/34 enthält den vom 23. August 1937 datierten Eintrag seiner Bordzugehörigkeit durch den 1. Offizier des Kreuzers KÖLN, Korvettenkapitän Hüffmeier. Diese wurde vom Adjutanten, einem Leutnant zur See, am 25. August 1937 in Lagos bestätigt. Neukirchens Marinestammrolle enthielt auch die Anerkennung seiner arischen Abstammung vom 14. November 1935.

Ab 14. Oktober 1937 absolvierte Neukirchen die 1. Marineunteroffiziers-Lehrabteilung in Glückstadt. Am 30. November 1937 kam Unteroffiziersanwärter Neukirchen für zwei Monate auf das Segelschulschiff GORCH FOCK. In der Personalakte der Kriegsmarine ist außerdem die Teilnahme an einer Ausbildungsfahrt vom 7. bis 27. August 1937 auf der GORCH FOCK vermerkt. Dieser Eintrag fällt in den Zeitraum von Neukirchens bestätigter Bordzugehörigkeit auf dem Kreuzer KÖLN. Ob er dennoch an der Seefahrt "Rund um die Färöer" teilnahm, kann weder bestätigt noch ausgeschlossen werden. In dem handschriftlich verfassten Lebenslauf ist diese Fahrt nicht erwähnt.

Unter dem Kommando von Fregattenkapitän August Thiele befuhr Neukirchen auf dieser schnittigen Segelyacht mit einer Segelfläche von 1.800 m² die Nordsee und den Atlantik. Wie alle Offiziers- und Unteroffiziersanwärter musste auch er auf dem Segelschulschiff eine obligatorische seemännische Norm ablegen. Der Anspruch, möglichst unter 60 Sekunden über den 42 m hohen Großtopp zu entern, war hoch. Er schaffte es, den Großmast an den Wanten mit Überquerung der Salings innerhalb des gesetzten Zeitlimits hinauf und wieder runter zu klettern.

Wieder von Bord, kam er am 29. Januar 1938 zur 2. Marineunteroffiziers-Lehrabteilung (M.L.A.) in Bremerhaven. Dort absolvierte er eine Unteroffiziers-Ausbildung mit abschließender Beförderung zum Bootsmannsmaat.

Am 1. Juni 1938. 1939 heiratete er in Bremerhaven Anneliese Spiering. Aus dieser Ehe gingen zwei Kinder hervor.

2.2. Vom Obermaat, Feldwebel, Oberfeldwebel bis Leutnant zur See

Mit Ausbruch des Krieges wurde Obermaat Neukirchen am 3. September 1939 zur Hafenschutz-Flottille nach Brunsbüttel-Koog versetzt. Der Flottille oblag u.a. die Sicherung des Kaiser-Wilhelm-Kanals. Anfang 1940 beorderte man ihn zur 2. M.L.A. zurück. Feldwebel Neukirchen wurde die Ausbildung von Fähnrich-Zügen sowie die inzwischen angelaufene Ausbildung von Reserveoffizieren übertragen.

Am 1. August 1941 zum Oberfeldwebel befördert, war Neukirchen 1942/43 Ausbilder von Oberfähnrich-Lehrgängen der 2. M.L.A. in Glückstadt. Marinekameraden behielten ihn aus jener Zeit als einen sehr strengen und unnachgiebigen Ausbilder in Erinnerung, der auch mit Kraftausdrücken gegenüber den Auszubildenden nicht sparte. Marinesoldaten, die beim Kutterpullen (Rudern) schlapp machten, bekamen Gelegenheit, trotz der Blasen an den Händen öfter zu trainieren.

In Neukirchens Personalakte der Kriegsmarine wurde er ab 22. Dezember 1943 als Kriegsoffiziersanwärter registriert. Im fünften Kriegsjahr bot sich Oberfeldwebel Neukirchen die Möglichkeit, Marineoffizier zu werden, ohne die Marine-Offiziersschule in Flensburg absolvieren zu müssen. Marineoffiziere wurden kriegsbedingt allmählich knapp.

Drei Monate später erhielt er am 1. April 1944 seine Ernennung zum Leutnant zur See (Kr.O.-Kriegsoffizier). Als Kr.O. gehörte er keiner Offiziers-Crew an. In der Rangliste der Deutschen Kriegsmarine nach dem Stande vom 1. September 1944 ist Leutnant zur See Neukirchen (Heinz) unter der Rubrik "Flak" mit der Nummer 35 eingetragen. Im Juni 1944 erwarb Neukirchen an der Navigationsschule I in Gotenhafen (Gdynia) sein Navigationspatent A 5 mit Auszeichnung.

2.3. Wachoffizier Minenschiff OSTMARK

Am 17. Juni 1944 wurde Leutnant zur See Neukirchen zum "Führer der Minenschiffe" (F.d.M.), Kapitän zur See H. Pahl, versetzt. Er kam an Bord des

Minenschiffs OSTMARK. Auf dem 103,50m langen ehemaligen französischen Fähr- bzw. Wohnschiff COTE D' ARGENT mit einer Wasserverdrängung von 3.047t (beladen 3.648t), nunmehr unter der Flagge der Deutschen Kriegsmarine fahrend, führte Korvettenkapitän der Reserve (d.R.) K.F. Barthel das Kommando. Ihm war Leutnant zur See Neukirchen als Wach- und Artillerieoffizier unterstellt.

In der Personalakte von Neukirchen ist fälschlicher Weise vermerkt, "Wachoffizier auf Minenschiff M.S. ROLAND". Das Schiff sank jedoch durch Minentreffer am 21. April 1944 in der Narwabucht. Dieser fehlerhafte Eintrag zum Dienstverlauf von Neukirchen hat womöglich seinen Grund in der Weiterverwendung der überlebenden ROLAND-Besatzung (73 Mann) auf der OSTMARK. Dieses Minenschiff hatte ab 26. März 1944 seine volle Kriegsbereitschaft erreicht.

Im Juni 1944 war die OSTMARK kurzzeitig als Flakschutz im Geleitdienst eingesetzt. Das Minenschiff unterstand dabei der 8. Sicherungsdivision in Frederikshavn. Die OSTMARK verfügte über 2 mal 10,5-cm-Geschütze, 9 mal 4-cm-Geschütze, 16 mal 2-cm-Geschütze und 70 Raketenwerfer mit je 7,3-cm. Neukirchen war an Bord "Herr" über die Feuerkraft von 101 Rohren.

Mit der OSTMARK nahm Neukirchen an verschiedenen Feindeinsätzen teil. Diese bestanden vornehmlich in Minenunternehmungen in der Nordsee, dem Legen von Minensperren vor der Norwegenküste, im Skagerrak und Finnischen Meerbusen. Ab 16. August 1944 verlegte die OSTMARK für eine größere Werftliegezeit in die Stettiner Oderwerke. Bei zwei Fliegerangriffen auf Stettin (Werft und Stadt) erlitt die OSTMARK mehrere Bombentreffer. Dadurch verzögerten sich die Reparaturarbeiten bis Januar 1945. Während dessen absolvierte Neukirchen im Herbst 1944 die Schiffsartillerieschule in Saßnitz und Flakschule in Ückeritz auf Usedom.

Ende November 1944 erhielt Neukirchen vom F.d.M. den Auftrag, den Umbau des ehemaligen Transporters HANSESTADT DANZIG (ex norwegisches Fährschiffes, 1.415 BRT) zu einem Minenschiff auf der Oderwerft Stettin zu beaufsichtigen. Dieses Fahrzeug wurde am 12. Dezember 1944 dem F.d.M. mit dem Namen PETER WESSEL unterstellt. Es ist nicht zu verwechseln mit dem am 9. Juli 1941 gesunkenen Minenschiff HANSESTADT DANZIG (2.431 BRT). Nach der Indienststellung am 1. Februar 1945, kam die PETER WESSEL als Minenschiff nicht mehr zum Kriegseinsatz.

Am 19. März 1945 wurde Neukirchen zur Absolvierung eines Unterwasser-horchlehrgangs an die U-Boot-Abwehrschule Bergen in Norwegen kommandiert. Dort erhielt er am 1. April 1945 seine Beförderung zum Oberleutnant zur See (Kr.O.).

Vier Wochen vor dem Ende des Zweiten Weltkrieges mit der Kapitulation Deutschlands war Neukirchen am Ziel seines Seefahrtwunsches. Endlich erhielt er das Kommando über ein Boot bzw. Schiff. Am 8. April 1945 wurde er Kommandant auf einem U-Jagd-Boot. Damals wie heute ist der Kommandant eine erstrebenswerte Dienststellung, bei der zuallererst Fachkompetenz, Charakterstärke und Autorität gefordert sind. Leider geht aus den Akten und seinen Lebensläufen nicht hervor, auf welchem Schiffs- bzw. Bootstyp Neukirchen das Kommando hatte.

2.4. Letzte Kriegsfahrt, Kommandant U-Jagd-Boot, April 1945

In seinem Buch "Mit ungewissem Kurs" (1985) schilderte Neukirchen seinen letzten Seekriegseinsatz auf der Fahrt von Narvik nach Lübeck vom 10. bis 28. April 1945. Mit weiteren Marinefahrzeugen hatte er als Kommandant eines Sicherungsbootes fünf Erzfrachter von Narvik in einen deutschen Hafen zu geleiten. Geleitzugführer war Korvettenkapitän d.R. Heiner Fritsche, ein schon älterer Handelsschiffkapitän. Im Frieden fuhr Fritsche auf Frachter, die Erze aus aller Welt nach Deutschland transportierten. Jetzt hatte er das Kommando über fünf Handelsschiffe und einige Sicherungsfahrzeuge der Kriegsmarine. Der Zielhafen des Geleits wurde erst im Verlauf der Fahrt bekannt gegeben.

"Alle Seeleute dachten ans Überleben. Die Krieg-Sieg-Begeisterung von einst war aufgezehrt. Alle im Geleit sprachen über das bevorstehende Ende des Krieges, einige spekulierten gar mit einer Teilkapitulation vor den Anglo-Amerikanern", schrieb Neukirchen 40 Jahre später.

Ganz abwegig waren diese Gedanken damals nicht. Im Offizierskorps wurde gemunkelt, dass Generaladmiral Hans-Georg von Friedeburg in Verbindung zum britischen Marschall Bernhard Law Montgomery stand. Erwogen wäre angeblich eine Teilkapitulation von Norwegen, Dänemark und Nordwestdeutschland sowie die Einstellung aller Seekriegshandlungen. Deutsche Schiffe sollten in festgelegten Häfen still gelegt werden.

Alle im Geleit wollten deshalb im relativ sicheren Norwegen bleiben, versteckt in Fjorden und im Schutz steil aufragender Felsen und Berge. Mit Ausnahme von Kapitänleutnant Hans-Joachim Altmann, dem Navigations- und zugleich National-Sozialistischen-Führungsoffizier (NSFO) des Geleits, hatte es nach der Schilderung von Neukirchen keiner eilig, Norwegen zu verlassen. Im Gegensatz zum erfahrenen und sehr gelassen wirkenden Korvettenkapitän Fritsche trieb dessen Stellvertreter Altmann zur Eile. In Umdeutung des Spruchs der Eisenbahner "alle Räder müssen rollen für den Sieg", lautete dessen Durchhalteparole "Schiffe fahren für den Sieg".

Im April 1945 war die einstige Kriegseuphorie verflogen. Kein deutscher Hochofen, sofern er noch in Takt war, brauchte mehr Erz für Panzerstahl. Dennoch kam vom Marinestab per Funk der Befehl, die Fahrt zu beschleunigen. Drei Tage vor Hitlers Geburtstag erreichte der Konvoi am 17. April 1945 Bergen. Neukirchen besuchte dort den U-Boot-Stützpunkt. Während seiner U-Jagd-Ausbildung hatte er hier einige Wochen verbracht. In Bergen traf er einen Marinekameraden, der im April 1945 Kommandant eines Lehr-U-Bootes war. Der berichtete, dass auch Neukirchen bekannte U-Boot-Offiziere inzwischen ihr nasses Grab gefunden hatten. Neukirchen erwähnte in seinem Buch vier Namen von U-Boot-Kommandanten, von denen nach heutiger Kenntnis lediglich zwei Angaben korrekt sind. Das betraf die Oberleutnante zur See Klaus Fischer (U 961) und Günter Unverzagt (U 965).

Neukirchen zitierte in seinem Buch einen U-Boot-Kommandanten. Er gab ihm den Namen "Franz". Der sagte: "Neun von zehn Booten kehren nicht zurück. Wer Verstand hat, läuft aus, legt sich auf Grund der irischen See und wartet dort auf das Kriegsende". Nach Auskunft des Deutschen U-Boot-Archivs in Cuxhaven existiert dieser Name nicht in den Listen deutscher U-Boot-Offiziere, weder als Vor- noch als Familienname. Ob Neukirchen den Namen als Synonym verwandte, ist nicht bekannt.

Eine gewisse Ähnlichkeit im Namen bestand zu Kapitänleutnant Joachim Franze. Er befehligte das Boot 278 (Typ VII C). Bis August 1944 gehörte es zur 11. U-Bootsflottille in Bergen, dann zur 13. U-Flottille mit dem Abstützpunkt in Trondheim. Laut dem Kriegstagebuch war Franze vom 8. April bis 8. Mai 1945 mit seinem und weiteren U-Booten vor der Kolamündung in der letzten Geleitzugschlacht gebunden. Er war Träger des Eisernen Kreuzes I und II sowie des Deutschen Kreuzes in Gold.

Im Offizierscasino der Garnison Bergen wurde durch Indiskretion bekannt, dass Großadmiral Karl Dönitz Besatzungen von technisch unklaren Schiffen und Booten zu Marine-Infanterie-Divisionen aufstellen ließ. Abgesehen davon, dass Schiffsbesatzungen nicht für den Landkampf ausgebildet waren, hatte Dönitz damit sein einstiges Vertrauenskapital bei den Marineangehörigen verspielt.

Die zuvor beim Einlaufen in Bergen von den Schiffen und Booten des Konvois gemeldeten technischen Schäden und notwendigen Reparaturen erledigten sich auf einmal alle von selbst. Kein deutscher Seemann wollte für den sinnlos gewordenen Krieg noch "5 Minuten vor 12" sterben, auch nicht Neukirchen mit seinen Männern. Drückebergerei, Abwarten oder gar Kapitulieren waren tödlich. Standgerichte, überwiegend Männer in schwarzer Uniform, wüteten unter den kriegsmüden deutschen Soldaten.

Weiter ging es nach Stavanger durch den Hardangerfjord in die offene See. Neukirchens Erster Wachoffizier (I. WO), Leutnant zur See Karl-Heinz Ott, versuchte seinen Kommandanten zum Verlassen des Geleits zu bewegen. Er empfahl Neukirchen, "achteraus zu bleiben und den Anschluss zu verlieren". Neukirchen ließ sich nicht beirren. Er verblieb mit seinem Boot auf der befohlenen Position im Geleit. Er vertrat die Ansicht, Handeln entgegen dem Geleitbefehl wäre Verrat gegenüber den Marinekameraden, die weiter fuhren.

Ab Stavanger nahm der Konvoi Kurs Kap Skagen. Wegen der akuten Gefahr von Luftangriffen der Royal-Air-Force blieben auf den Schiffen alle Geschütze und Geräte besetzt und gefechtsklar. Ab Kristiansand ging die Fahrt quer durch den Skagerrak. Hier stellten britische Mosquitos das Geleit. Sie griffen in drei Wellen an. Im Zickzackkurs laufend, feuerten die Schiffe aus allen Rohren.

Neukirchen sicherte mit seinem Boot die Steuerbordseite des Geleits gegen U-Bootangriffe. Als der Sonargast "Echokontakt zu einem U-Boot" meldete, ging Neukirchen auf Angriffskurs. Er befahl "nach Schallgerät steuern!" Dann brach der Kontakt plötzlich ab. Neukirchen berechnete die vermeintliche Position des Bootes unter Wasser und ließ fünfmal drei Wasserbomben werfen. Keine Trefferwirkung, nichts geschah, außer dass eine Menge Fische an die Wasseroberfläche auftrieben. Nach dem Marinestandartbefehl hätte er jetzt die Suche drei Tage im Seegebiet fortsetzen müssen.

Neukirchen nahm einen Rundblick und sah, ein Frachter sank durch Bombentreffer, zwei Frachter nahmen starke Schlagseite, Schiffbrüchige trieben in der eiskalten See. Trotz dem vom Führerschiff wehenden Flaggensignal "Formation einnehmen" entschloss sich Neukirchen, die in der See treibenden Seeleute aufzunehmen. Korvettenkapitän Fritsche gab an Neukirchen den Winkspruch ab: "Schiffbrüchige aufnehmen, wenn U-Kontakt verloren, Geleit nach Kopenhagen folgen!"

Neukirchens Boot konnte nur wenige Männer, meist Verwundete, retten. Viele der in See Treibenden waren tot, von Bomben- und Granatsplitter getroffen oder wegen Unterkühlung gestorben. Der Geleitzugführer befahl, die Leichen über Bord zu geben und die Verwundeten ins nächste Marinelazarett zu bringen. Das befand sich in Kopenhagen.

Entgegen einem Funkbefehl vom NSFO Altmann, dem Geleit mit Zielhafen Lübeck zu folgen, nahm Neukirchen Kurs auf Kopenhagen. Dort übergab er die Verwundeten und geretteten Schiffbrüchigen in bereit stehende Krankenwagen. Der begleitende Stabsarzt riet Oberleutnant Neukirchen, sofort wieder auszulaufen. Sein eigenmächtiges Einlaufen in Kopenhagen stieß im Marinestab auf Unverständnis und löste großen Ärger aus.

Doch Neukirchen gab seinen Männern erst einmal großzügig Landgang bis zum Wecken. Das war damals nach einer überstandenen Gefechtsberührung üblich. Am Morgen des nächsten Tages fehlte sein I. WO. Wie sich heraus stellte, wollte sich Leutnant Ott mit Hilfe einer Freundin absetzen. Die stand jedoch wegen ihrer Verbindung zum dänischen Widerstand unter Beobachtung der Gestapo. Ott, von dem nichts ahnend, wurde festgenommen.

Der Dienst älteste Marineoffizier von Kopenhagen und zugleich Gerichtsherr, dem die Desertierung von Leutnant Ott gemeldet wurde, befahl Neukirchen, mit kompletter Mannschaft sofort auszulaufen. Oberleutnant Neukirchen, der 1944 unter dem Kommando von Kapitän zur See Pahl (F.d.M.) stand, sprach persönlich bei ihm im Marinestab Kopenhagen vor. Ohne seinen I. WO konnte und wollte er nicht Auslaufen. Durch Intervention seines ehemaligen Vorgesetzten bekam Neukirchen den I. WO tatsächlich frei. Schwarz Uniformierte lieferten Ott an Bord ab. Hätte sich Neukirchen nicht für seinen I. WO eingesetzt, wäre der vermutlich erschossen worden. Neukirchen bedankte sich bei seinem früheren Vorgesetzten und meldete ihm per Funk: "Befehl ausgeführt, Hafen mit kompletter Mannschaft 24 Uhr verlassen".

In Befolgung des Altmann-Befehls ging es dann von Kopenhagen weiter in Richtung Lübeck. Neukirchen schaffte es, sein Boot trotz akuter Minengefahr unbeschadet nach Lübeck zu bringen. Kaum dort am 22. April 1945 angekommen und an der Pier fest, erfuhr die Besatzung von der Außerdienststellung ihres Bootes. Damit war für die Mariner der Krieg jedoch noch nicht zu Ende.

Die Besatzung wurde nach Preetz in Holstein gefahren. Die Stadt lag nur 12 Kilometer entfernt von Dönitz' "Ausweichquartier Forelle", einem Kasernenobjekt in Stadtheide von Plön. Durch den Vormarsch der sowjetischen Truppen auf die umkämpfte Reichshauptstadt hatte der Großadmiral sein nordöstlich von Berlin bei Lanke gelegenes Hauptquartier "Koralle" rechtzeitig nach Plön verlegt. Von dort wich Dönitz dann am 2. Mai zu seinem letzten Hauptquartier nach Flensburg-Mürwik aus. Während das Marineoberkommando vom umkämpften Berlin in ruhige Gewässer an der Flensburger Förde verlegte, schickte Großadmiral Dönitz deutsche Marinesoldaten in die entgegengesetzte Richtung zum Endkampf um Berlin.

2.5. Bataillonskommandeur Marinelandkampfverband, Mai 1945

In Vollstreckung des Dönitz-Befehls stellte man Schiffsbesatzungen zu Landkampfverbänden für die Berlin-Front zusammen. Kommandeur des bunt gemischten Haufens von drei selbständigen Bataillonen zu je 100 Mann war Kapitänleutnant Altmann.

Neukirchen erhielt das Kommando über 100 Männer des 3. Marineinfanterie-Bataillons. Die Fahrt nach Berlin behielt Neukirchen ewig in Erinnerung. "Von einem Kommandeur, den ich verachte, in einem Jeep nach vorn geführt, von Militärpolizei auf Krädern mit schussbereiten Maschinenpistolen flankiert, fuhren wir in zusammengeschusterten Bussen und auf Lkw gegen den Strom sich auflösender Armeen und ziviler Flüchtlinge. Die Straßengräben waren voll von Menschen, die aufgegeben hatten."

Neukirchens Erinnerungen gegenüber dem Nationalsozialisten Führungsoffizier Altmann war von persönlicher Verachtung geprägt. Er stellte dessen Fähigkeiten als Marineoffizier in Frage und personifizierte in dem NSFO den ganzen Abschaum des NS-Regimes, eines gnadenlosen Vollstreckers sinnlos gewordener Befehle.

Ausgerüstet mit ein paar Panzerfäusten und Gewehren bezog die Kampfgruppe am 1. Mai 1945 Stellung zwischen Neustadt und Wusterhausen an der Dosse. Hier, ca. 40 km nordwestlich von Berlin, befand sich die letzte Verteidigungslinie des Deutschen Reiches. Oberst von Knobelspieß mit vielem bunten Metall an der Uniform (Ritterkreuz, Eisernes Kreuz, goldenes Verwundetenabzeichen) erklärte die Lage so gut es ging. Er befolgte den ihm übertragenen Befehl, hinter dem havelländischen Flüsschen Dosse eine neue Verteidigungslinie aufzubauen.

Als der Tod von Adolf Hitler (Selbstmord 30. April 1945) in der Truppe bekannt wurde, verlangte Seeoffizier Neukirchen vom Kampfgruppenkommandeur Altmann, eine Offiziersberatung einzuberufen. Der jedoch richtete eine Pistole auf Neukirchen und drohte, ihn wegen "Feigheit vor dem Feind" zu erschießen. Die Parole lautete: "Dem Führer folgen bis in den Tod!" Dann verschwand Altmann, er setzte sich in Richtung Westen ab.

Als Hunderte von Panzern an den in einer Deckung liegenden Marinesoldaten vorbei fuhren, befahl Oberleutnant zur See Neukirchen seinen Männern: "volle Deckung, gut tarnen, kein Schuss, keinen Einsatz der Panzerfäuste". Das bewahrte die Marinesoldaten vor dem sicheren Tod. Nach Abnahme der imposanten Panzer-Feldparade fasste Neukirchen den Entschluss, sich mit seinen Männern vom Führereid zu entbinden und die Waffen abzulegen.

Nicht auf See, sondern in den Schützengräben Brandenburger Erde war nach 10 Jahren Dienst in der Kriegsmarine für Oberleutnant zur See Heinz Neukirchen Endstation. Er begab sich mit einigen Kameraden auf den Fußmarsch nach Hause in Richtung Westen zur Elbe, wo die Amerikaner standen. Dort sollte er aber niemals ankommen.

Obermatrose Neukirchen, Spanien (2. Reihe, 3.v.r., Sammlung Pfeiffer)

Obermatrose Heinz Neukirchen 1936 (Archiv WASt, Sammlung Pfeiffer)

Neukirchen, GORCH FOCK 1937, Steuerbord, Reihe vorn, 3.v.r., (Sammlung Pfeiffer)

GORCH FOCK an Pier in Kiel, 1937 (Sammlung Pfeiffer)

GORCH FOCK in See, Steuerbord-Seite (Sammlung Pfeiffer)

Fähnrich-Ausbildung 1943, Neukirchen links (Sammlung Pfeiffer)

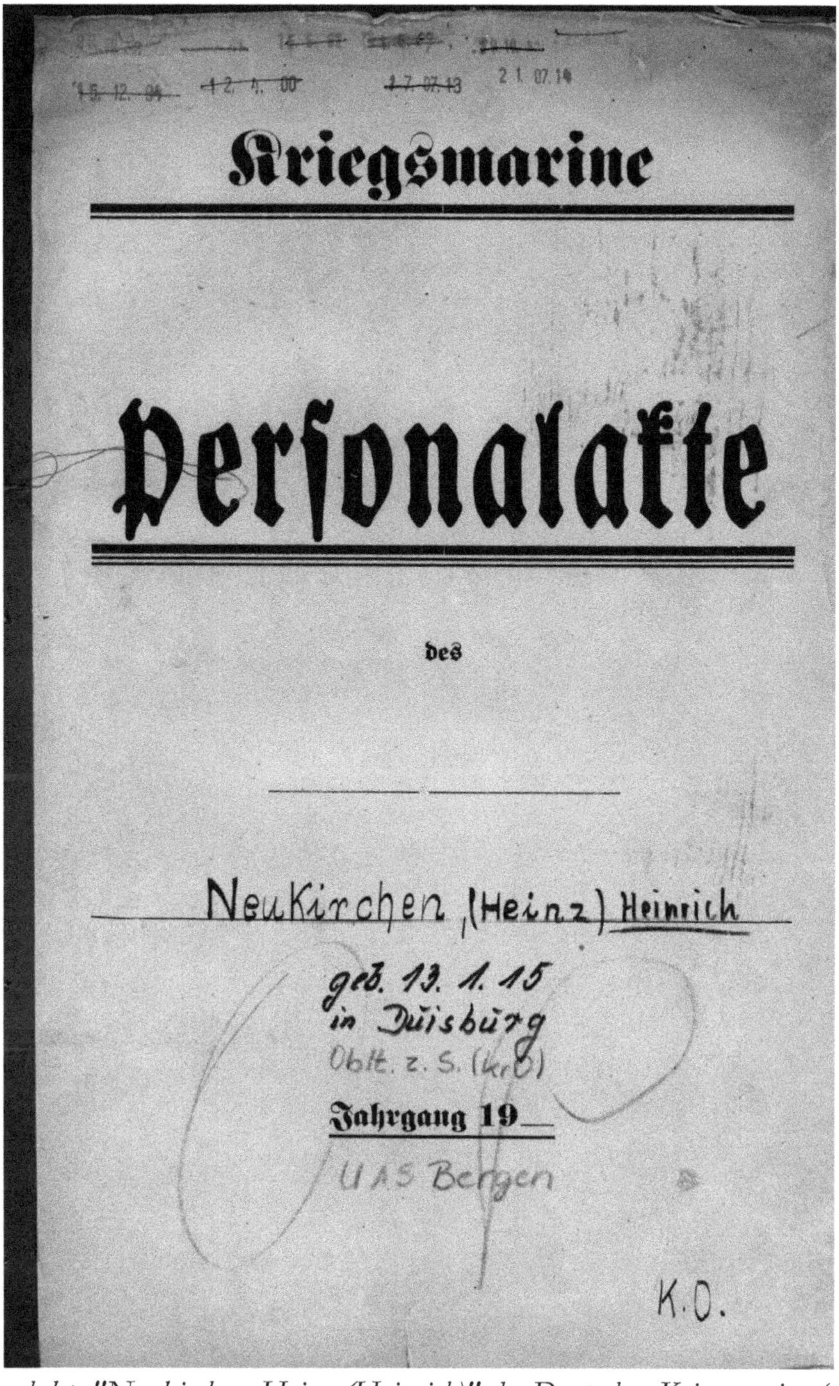

Kriegsmarine

Personalakte

des

———— ————

Neukirchen, (Heinz) Heinrich

geb. 13. 1. 15
in Duisburg
Oblt. z. S. (kr.O)

Jahrgang 19

U A S Bergen

K.O.

Personalakte "Neukirchen, Heinz (Heinrich)" der Deutschen Kriegsmarine (Archiv WASt, Sammlung Pfeiffer)

Nr. 2271

Rangliste

der

Deutschen Kriegsmarine

Nach dem Stande vom 1. September 1944

Bearbeitet

im Oberkommando der Kriegsmarine

(Marinepersonalamt)

Vereinnahmt i. d. Geh. Sammlung

Band: E Seiten 151

Marineoberkommando in Norwegen

— Druckschriftenverwaltung —

M. Dv. Nr. 293

Rangliste der Deutschen Kriegsmarine (Archiv WASt, Sammlung Pfeiffer)

3. Sowjetische Kriegsgefangenschaft

Am Morgen des 10. Mai 1945 nahmen ihn Rotarmisten mit einem lauten "Ruki werch!" (Hände hoch!) bei Friesack im Westhavelland fest. An Stelle des befürchteten Genickschusses, der zum Glück ausblieb, vernahm Neukirchen ein aufforderndes "Dawai!"

Nahe der Ortschaft Kyritz wurde er nacheinander in einem Bataillons-, Regiments- und Divisionsstab verhört. Von einem, etwas der deutschen Sprache mächtigen Vernehmungsoffizier hörte er immer nur die gleichen Vorwürfe, "Du, deutscher Offizier-Faschist-Mörder". Sein an der Uniformjacke leuchtendes Metall des Eisernen Kreuzes I, Kriegsverdienst- und Spanienkreuz erregte bei den Russen Aufsehen. Sie misstrauten ihm wegen seiner dunkelblauen Uniform eines Marineoffiziers. Die Russen hegten den Verdacht, dass er die Uniform ausgetauscht hatte. Sowjetische Offiziere schenkten seinen wiederholten Aussagen, dass er deutscher Marineoffizier sei und auf See weder ein russisches Schiff noch Russen gesehen habe, keinen Glauben. In den Augen der Siegermacht mit dem roten Stern an der Schirmmütze galt der stattliche Offizier eher als ein getarnter Kriegsverbrecher und weniger als ein deutscher Seeoffizier.

Man führte ihn ab zu den anderen im Lager zusammengezogenen deutschen Kriegsgefangenen. Hier traf Neukirchen jenen Oberst wieder, der ihm kurz zuvor den letzten Kriegsbefehl erteilte. Von Knobelspieß erkannte den hochgewachsenen Marineoffizier. Wegen tapferen Kampfeinsatzes als Bataillonskommandeur wollte er Neukirchen das Infanterie-Sturmabzeichen verleihen. Neukirchen lehnte diese Ordensverleihung "5 Minuten nach 12" ab. Das brachte ihm unter den anwesenden Wehrmachtsoffizieren die erste Missbilligung ein.

Ein Hauptmann der Luftwaffe mit Ritterkreuz an der Uniform entgegnete, "Sie sollten das Abzeichen annehmen, Oberleutnant! Herr Oberst hat Recht, in zwei bis drei Jahren sind wir wieder da, die Amerikaner brauchen uns, um selbst mit den Russen fertig zu werden". Die Prophezeiung sollte sich bewahrheiten. Es dauerte nur etwas länger bis zur militärischen Konfrontation zwischen West und Ost, der Spaltung Deutschlands und Kaltem Krieg.

Wie für viele deutsche Kriegsgefangene, war auch Neukirchens Weg in Richtung der Sowjetunion vorgezeichnet. Im qualvollen Fußmarsch und in völliger Unordnung stolpernd, trieben die russischen Soldaten im Mai/Juni 1945 fünf Tausend Wehrmachtssoldaten nach Frankfurt/Oder. Wer am Wegesrand vor Erschöpfung starb, wurde durch den nächst sichtbaren Deutschen ersetzt. Die Zahl der "Woina Plenny's" (Kriegsgefangenen) musste bis ans Ziel stimmen.

Wegen einer Ruhrerkrankung kam Neukirchen in Frankfurt/Oder in ein Feldlazarett. Trotz 38 Grad Fieber befand ihn ein deutscher Sanitätsfeldwebel, der vortäuschte Arzt zu sein, für transportfähig. Die Russen stellten einen Eisenbahntransport für etwa zwei Tausend Kriegsgefangenen, darunter ca. 200 Offiziere, zusammen. Wohin die Reise ins das weite Sowjetreich gehen sollte, wusste keiner.

Für Neukirchen war es beinah die letzte Reise in den Tod. In dem Gedränge blieb ihm im Eisenbahnwaggon nur ein kleiner Bodenplatz direkt neben der Notdurftrinne. Völlig entkräftet, mit hohem Fieber, teilweise ohne Bewusstsein und im Dreck von Kot und Urin liegend, kam Neukirchen mit dem Transport nahezu als Halbtoter im Lager Nr. 166 Pitkjaranta ("langes Ufer", in Karelien) am Nordostufer des Ladogasees an.

3.1. Kriegsgefangenenlager Nr. 166 Pitkjaranta, 1945-1947

Man brachte Neukirchen sofort ins Lazarett. Dank der medizinischen Pflege der russischen Lagerärztin, Hauptmann Dr. Maria Iwanowa, überstand er seine schwere Erkrankung. Noch unter dem Einfluss der Goebbels'schen Propaganda stehend, konnte er es kaum fassen, wie sich die russische Ärztin für kriegsgefangene deutsche Patienten einsetze.

Über diese Ärztin, die ihm und vielen seiner Kameraden das Leben rettete, schrieb Neukirchen 40 Jahre später: "Doktor Maria Iwanowa, wie sie von den Patienten genannt wurde, war eine wunderbare Frau und hervorragende Ärztin. Sie hatte für ihre Patienten scheinbar unbegrenzt Zeit. Ihr Arzt-Patienten-Verständnis war von einem Ethos getragen, das ein Sieger-Besiegten-Verhältnis ausschloss. Sie vergab sich nichts, sie war ein einfacher Mensch." Dieses Erlebnis machte Neukirchen sehr nachdenklich.

Nach etwa sechs Wochen wurde Neukirchen in die Offiziersunterkunft des Kriegsgefangenenlagers eingewiesen. Das Lager war von einem doppelten Stacheldraht umzäunt. Die Blockhäuser errichteten die deutschen Insassen teilweise selbst. Es gab eine sowjetische Lagerverwaltung. Das Sagen hatte aber eine deutsche Feldwebelmafia. Sie besetzte alle wichtigen Posten innerhalb der Kriegsgefangenen-Selbstverwaltung.

Am naheliegenden See befand sich eine Ortschaft mit Zellulosefabrik. Dorf und Fabrik waren durch Kriegseinwirkung zerstört. Wieder gesund und bei Kräften, musste Neukirchen in einem der Arbeitskommandos Wiederaufbauarbeit in der Zellulosefabrik leisten. Wegen der schlechten Verpflegung und Kungelei in der Lager-Verwaltung sank die Arbeitsleistung der Gefangenen. Unter ihnen häuften sich Krankheitsfälle.

Weihnachten 1945 erschien eine Kommission aus Moskau, um die Ursachen der geringen Arbeitsleistungen und Erkrankungen zu ergründen. Die deutsche Feldwebelmafia kam in Untersuchungshaft, sowjetische Offiziere wurden von ihren Dienstposten entbunden. Die Lagerärztin, die von den unhaltbaren Zuständen im Lager erfuhr, hatte die Untersuchung mit weitreichenden Konsequenzen ausgelöst. Sie wandte sich an Neukirchen, um ihren einstigen Patienten zur Mitarbeit in der Lagerverwaltung zu bewegen.

Nach einer Bedenkzeit sagte Neukirchen zu. Das gewonnene Vertrauen in die russische Lagerärztin und die Sorge um das Schicksal der zwei Tausend Kriegsgefangenen bewog ihn nach reichlicher Überlegung, die Funktion als Lagerverantwortlicher für Verpflegung anzunehmen. Sein Kamerad Oberleutnant der Infanterie Helgo Töpfer, ein Norddeutscher, sollte Lagerkommandant werden. Auch er willigte im Interesse der Mitgefangenen ein.

Kaum war der Befehl verlesen, schloss der deutsche Offiziersehrenrat unter Infanteriemajor der Reserve von Kleist beide Oberleutnante wegen "Zusammenarbeit mit dem Feind" aus dem Offizierskorps aus. Im Lager blieb Neukirchen wegen seiner Marine- und Seefahrtleidenschaft weitgehend ein Exot. In politischen Diskussionen, die teilweise in Spinnereien ausarteten, hielt er sich zurück. Ebenso in Gesprächen im Offizierskreis über Fluchtvarianten. Dagegen fanden seine Erzählungen über die Deutsche Kriegsmarine und den Erlebnissen auf See unter den Landsern interessierte Zuhörer.

Die sowjetischen Bewacher schenkten seinem Lebenslauf und beruflichen Werdegang anfänglich weniger Glauben. Durch einen Übersetzungsfehler bei einem der Verhöre galt Heinz Neukirchen als Sohn eines Großgrundbesitzers. Die Berufsangabe "Gemüsegärtner" seines Vaters verstand der russische Büroschreiber nicht. Was soll das für ein Bauer oder Gärtner sein, dessen Sohn hier hoch dekoriert in Offiziersuniform vor ihm saß. Nach sowjetischem Verständnis können Väter von deutschen Offizieren niemals einfache Bauern sein.

Die fünf Hektar große Gärtnerei und die Anzahl der Pferde, Kühe usw. wurden mit dem Faktor X multipliziert, bis alles zu einem stattlichen Großgrundbesitz passte. Man vermutete in dem Sohn eines deutschen Großagrariers eher einen ranghohen Offizier der Wehrmacht als nur kleinen Oberleutnant.

Dieses Missverständnis mit selbstgefälliger Hochrechnung des elterlichen Besitzes wurde Neukirchen erst später im Lager bei Krasnogorsk bekannt. Zu der Episode seiner sozialen Herkunft "vom Gemüsebauer zum Großagrarier" nach sowjetischer Deutung, schrieb er beim Eintritt in die HV Seepolizei am 5. April 1951 einen Nachtrag zum Lebenslauf. Damit war die Missdeutung über seine soziale Herkunft ausgeräumt.

Neukirchen machte sich in Pitkjaranta Gedanken, wie man die schweren Bergungsarbeiten von antreibenden Baumstämmen aus dem Ladogasee verbessern könnte. Die Holzstämme dienten als Ausgangsmaterial für die Zelluloseproduktion. Er ersann mit deutschen Ingenieur-Offizieren technologische Möglichkeiten, um die Knochenarbeit für die Mitgefangenen zu erleichtern. Der Idee folgten Taten. Am Ufer des Sees entstanden ein Slip und eine hölzerne Gleitbahn. Auf dem Schrottplatz der Fabrik fanden die Männer Material zum Bau einer Winsch und sogar einen alten aufgebockten Ford mit Motor als Stromlieferant. Der sowjetische Chefingenieur erinnerte sich an eine am Seeufer liegende ausgediente Barkasse. Auch diese bekamen die Gefangenen wieder flott. Jetzt konnten die riesigen Baumstämme leichter an das Ufer heran bugsiert werden.

Die Arbeits-Erfolge sprachen sich im Lager herum. Immer mehr Kriegsgefangene wollten am und auf dem See mitmachen. Unter den deutschen Soldaten begann ein Sinneswandel. Wegen der höheren Arbeitsleistung verbesserten sich spürbar die täglichen Essenrationen. Neukirchen hatte sein Verpflegungsressort inzwischen abgegeben. Er war jetzt Chef der "Brigade Holz aus dem Wasser". Die alte Norm wurde um unglaubliche tausendfünfhundert Prozent überboten. Der sowjetische Lagerkommandant sah sich die Sache selbst an und staunte. Der Oberst verlieh der Brigade den Ehrentitel "Udarnaja brigada" (Stoßbrigade). Damit schien das Eis beiderseits gebrochen.

Eines Tages überraschte der sowjetische Lagerkommandant Neukirchen und dessen Stellvertreter, Oberleutnant Töpfer, mit der Bitte, die Arbeit des antifaschistischen Aktivs (Antifa-Aktiv) im Lager zu unterstützen. Auf Abendvorträgen berichtete Neukirchen über seine Kriegserlebnisse auf See und von seiner Odyssee auf den Weg in die Gefangenschaft. Die Veranstaltungen fanden unter den Kriegsgefangenen immer mehr Zulauf. Diskussionen über die jüngste Vergangenheit entbrannten. Mit Unterstützung eines Geschichtsprofessors suchten die Männer Antworten auf die Frage, wie Adolf Hitler eine solche Macht über Deutschland und seiner Nation erlangen konnte. Trotzdem konnte sich Neukirchen nicht mit der "Antifa"-Bewegung identifizieren.

Eines Tages verbreitete sich trotz des spärlichen Nachrichteneingangs im Lager das Gerücht, dass die Westalliierten ihre Kriegsgefangenen bis Ende 1946 entlassen wollten. Stalin dagegen beharrte in seinem Machtbereich auf deren Verbleib bis mindestens 1950. Die Folge waren Fluchtversuche, die alle scheiterten.

Neukirchen berichtete, dass im Frühjahr 1947 unter den Gefangenen die Sehnsucht nach Freiheit und Rückkehr in die Heimat merklich zunahm. Auf die alle bewegende Frage, "wann geht es endlich nach Hause?", erhielten die Gefangenen lapidar zur Antwort "budjet...budjet" (wird schon...).

Neukirchens Engagement und Organisationtalent erregte bei den sowjetischen Offizieren derart Aufsehen, dass sie ihn 1947 als ersten Heimkehrer aus dem Lager Pitkjaranta auserwählten. Die Mitteilung überbrachte der Lagerkommandant persönlich. Er gratulierte Neukirchen und schüttelte ihm zum Abschied die Hand. Der Oberst sagte, dass ihn der Weg über Moskau führen würde und von dort weiter nach Deutschland.

3.2. Lager Krasnogorsk 9999, zentrale Antifa-Schule, 1947-1949

Obwohl Neukirchen inzwischen russisch verstand, unterließ es der Oberst bei der Abreise zu erwähnen, dass ihn die Reiseroute über den „Umweg" ins 30 km nordwestlich von Moskau entfernte Städtchen Krasnogorsk führen sollte. Hier befand sich die zentrale Antifa-Schule im Lager 9999, einem Sonderlager unter der Kontrolle des sowjetischen Militärgeheimdienstes. Das Lager Lunjowo in Krasnogarsk war am 12. Juli 1943 Gründungsstätte des "Nationalkomitees Freies Deutschland" (NKFD) sowie des "Bundes Deutscher Offiziere" im September 1943.

Als ihn der begleitende Starschina (Feldwebel) in Krasnogorsk ablieferte, wurde Neukirchen allmählich klar, dass ihn der "kleine Umweg" über Moskau erst einmal nicht nach Hause nach Bremerhaven führen würde. Im Kreis deutscher Emigranten, für den Wiederaufbau Deutschlands auserwählte Parteigenossen der KPD und SPD, Wissenschaftler und Wehrmachtsangehörige, verbrachte er in diesem Lager noch einmal 21 Monate.

Deutsche Kommunisten, die in die Sowjetunion emigrierten, Gelehrte, Schriftsteller und Wissenschaftler sowie Sowjetbürger und Offiziere waren bemüht, den Wehrmachtsangehörigen die Augen über die jüngst erlebte Vergangenheit zu öffnen. Ihnen wurden Dokumentarfilme gezeigt mit entsetzlichen Aufnahmen in den deutschen Mordfabriken. In 28 Haupt- und 2.000 Nebenlagern (KZ) wurden Menschen, selbst Kinder und Greise, aus ganz Europa gemartert und getötet. Neukirchen und seine Mitgefangenen sahen Filme über die militärische Vernichtungs-Maschinerie, den Terror und die unfassbaren Verbrechen der Waffen-SS sowie die Zerstörungen durch die Wehrmacht in der Sowjetunion. Neukirchen erwähnte in seinem Buch, dass viele das nicht glauben wollten, was ihnen da gezeigt wurde und schlossen die Augen. Sie konnten sich aber nicht den Realitäten entziehen.

Dass Josef Stalin ebenso wie Adolf Hitler zahlreiche Verbrechen an seinem Volk begangen hatte, war damals noch nicht bekannt, schon gar nicht in Krasnogorsk. Hier ging es allein um die Verbrechen und Schuld der Deutschen und ihrer Wehrmacht.

Diktator Stalin ließ während seiner Herrschaft Millionen Sowjetbürger und "Widersacher" in Lager deportieren und umbringen. Auf seinem Befehl hin wurde in den nichtrussischen Unionsrepubliken die gesamte Führungselite während eines Terrorfeldzuges in den 30er-Jahren entmachtet und umgebracht. Nach der Befreiung am 8. Mai 1945 gerieten auf Stalins Weisung wiederum Deutsche in KZ oder Folterzellen des NKWD (Volkskommissariat für innere Angelegenheiten der UdSSR) bzw. des KGB.

Erst Staatschef Michael Gorbatschow gestand am 13. April 1990 das vom NKWD im April/Mai 1940 in Katyn bei Smolensk begangene Massaker an 4.400 polnischen Offizieren, Intellektuellen und Polizisten ein. Zu Sowjetzeiten behauptete Moskau, dass die Wehrmacht diese Verbrechen an der polnischen Bevölkerung verübte. Insgesamt ließ Stalin 25.000 polnische Intellektuelle liquidieren.

All das wurde erst viel später, nach 1990 der Öffentlichkeit im Detail bekannt. Das Massaker in Katyn durfte zu DDR-Zeiten nicht erwähnt werden. Das hätte angeblich der Freundschaft zur Sowjetunion geschadet. Dennoch war den Militärhistorikern der DDR dieses von Stalin zu verantwortende Massaker bekannt.

Fern von der Heimat vertrat Neukirchen in Krasnogorsk den Standpunkt, "wer A sagt muss auch B" sagen. Er wollte und musste sich der Vergangenheit stellen. So kam es, dass er als erster deutscher Marineoffizier in einem Lehrgang in der Sowjetunion Bücher von Hegel, Kant und Feuerbach sowie Marx, Engels und Lenin studierte. Vor seinen Kameraden hielt er sogar Vorlesungen in Philosophie und Ökonomie. Rückblickend bewertete Neukirchen diese Zeit: als "einen Prozess innerer Auseinandersetzungen und reifender Erkenntnisse. Er war nicht immer leicht. Es war zum Teil sogar schmerzhaft, denn der Gewinn brachte auch Verluste. Meine in Pitkjaranta begonnene Wandlung erfuhr in Moskau ihre Vollendung".

4. Blitzkarriere in National-Demokratische Partei Deutschlands

Nach vier Jahren und fünf Monaten Kriegsgefangenschaft kehrte Neukirchen am 7. Oktober 1949 über das Durchgangs- bzw. Entlassungslager Gronenfelde bei Frankfurt/Oder in ein geteiltes Deutschland zurück. Die Stadt lag an der Bahnhauptverbindung Moskau-Berlin. Zuvor hatten etwa 1,3 Millionen deutsche Soldaten den gleichen Weg in die Freiheit genommen. In Gronenfelde erhielt Neukirchen seinen Entlassungsschein, russisch "Spravka".

Es sollten noch weitere fünf Jahre vergehen, bis die letzten in sowjetischer Kriegsgefangenschaft überlebenden 9.626 deutschen Soldaten heimkehren konnten. Dem gingen 1955 Verhandlungen zwischen Bundeskanzler Konrad Adenauer und dem sowjetischen Ministerpräsident Nikolei A. Bulganin in Moskau voraus. Von den mehr als drei Millionen in sowjetischen Lagern inhaftierten Deutschen verschwanden etwa 1,2 Millionen Menschen spurlos. Sie überlebten diese schreckliche Zeit nicht. Auch der Transitweg zurück nach Deutschland war von Krankheit und Tod begleitet.

Aus seiner ursprünglichen Absicht, nach Bremerhaven zu seiner Familie zu fahren, wurde nichts. Neukirchen traf in Gronenfelde den ehemaligen Generalleutnant der Wehrmacht Vincenz Müller. Der war inzwischen Funktionär der National Demokratischen Partei Deutschlands (NDPD). Von ihm erfuhr Neukirchen, dass ihn der Vorsitzende der NDPD, Dr. Lothar Bolz, in Berlin sprechen möchte. Bolz (ehemals KPD-Mitglied und Mitgründer der NDPD) berichtete, dass aus der Kriegsgefangenschaft entlassende ranghohe Wehrmachtsoffiziere ihren Platz in der NDPD gefunden hatten. Dazu gehörten u.a. Generalleutnant *Vincenz Müller* (Korpskommandeur 4. Armee), die Generalmajore *Dr. Otto Korfes* (Kommandeur 297. Infanteriedivision) und *Arno von Lenski* (Kommandeur 24. Panzerdivision), Oberst *Wilhelm Adam* (1. Adjutant der 6. Armee), Oberst i.G. *Walter Lehweß-Litzmann* (Kommandore Kampfgeschwader 3), Major *Egbert von Frankenberg und Proschlitz* (Kommandore Kampfgeschwader 51 "Edelweiß") sowie Oberst *Günther Ludwig* (Artillerie-Kommandeur XI. Armeekorps in Stalingrad).

Neukirchen hatte bereits in Krasnogorsk von der am 16. Juni 1948 gegründeten NDPD gehört und sich über deren politischen Ziele in der "National-Zeitung" informiert. Neben seinen in der Kriegsgefangenschaft gereiften

Erkenntnissen über die sowohl erlebte als auch künftige Entwicklung Deutschlands, gelangte Neukirchen in Gesprächen mit gleichgesinnten Kriegskameraden, Intellektuellen und Kommunisten zu der Überzeugung, im Osten Deutschlands die Bedingungen für den Aufbau eines demokratischen Deutschland vorzufinden. Er entschied sich für den Neubeginn in der gerade erst am 7. Oktober 1949 gegründeten DDR. Seine ursprüngliche Absicht, zu seiner Familie nach Bremerhaven zu fahren, ließ er fallen. Dennoch hielt er zu seiner dort lebenden Familie Kontakt.

4.1. Mitglied Nr. F 192 281

Besonders der nationale Aspekt in der damaligen Programmatik der NDPD, "die Interessen der Nation über alles zu stellen, eine von Anfang an nationale Politik zu betreiben, die sich stets und nur der Nation verpflichtet fühlt und in jedem Augenblick vor ihr besteht", bewogen ihn, am 10. Oktober 1949 der NDPD beizutreten. Neukirchen sah in der NDPD die Partei, um seine unter dem Eindruck der Kriegserlebnisse auferlegte Selbstverpflichtung, tatkräftig am Aufbau eines demokratischen Deutschlands mitzuhelfen, verwirklichen zu können. Sein im Bundesarchiv Berlin aufbewahrtes gelb-braunes Mitgliedsbuch im Format 10 mal 14 cm mit der Mitglieds-Nr. F 192 281 ist von Dr. Lothar Bolz und Heinrich Homann (ex Wehrmachts-Major Artillerieregiment 83) unterzeichnet. Penibel sind darin bis Juli 1961 alle Mitgliedsmarken von zwei mal 15 DM Monat für Monat geklebt.

Laut dem Sitzungsprotokoll des geschäftsführenden Vorstandes im Landesverband der NDPD Mecklenburg wurde Neukirchen am 21. November 1949 offiziell in den NDPD-Parteivorstand eingeführt. Er übernahm in Schwerin die Leitung des Parteiressorts "Organisation und Werbung". Zu seinen ersten Aufgaben gehörte die Ausarbeitung einer Geschäftsordnung für den NDPD-Landesverband.

Der Gründer des Ortsverbandes der NDPD von Klütz bei Grevesmühlen, Peter-Jürgen Sonnenberg, berichtete dem Autor über seine Kontakte zu Neukirchen. "Heinz Neukirchen war ein aufmerksamer Zuhörer. Mit zielgerichteten Fragen war er bemüht, sich ein möglichst umfassendes Bild über einen Sachverhalt zu verschaffen. Seine Hinweise waren nicht belehrend aber so angelegt, dass man sich verpflichtet fühlte, sie exakt umzusetzen. Es war zu spüren, dass man mit jemand sprach, der auch Befehle erteilen konnte. Persönlich habe ich immer 'große Stücke' auf ihn gehalten."

Nachdem der NDPD-Landesvorsitzende Jonny Löhr zur Übernahme einer neuen Funktion nach Berlin beordert wurde, übernahm Gustav Simon den Landesvorsitz der NDPD in Schwerin. Neukirchen rückte am 1. März 1950 zum politischen Geschäftsführer der NDPD von Mecklenburg auf. In dieser Funktion gab er auf dem 2. Landesparteitag der NDPD am 12./13. März 1950 in Güstrow den Rechenschaftsbericht des Parteivorstandes.

Seine Rede löste im Saal Unruhe unter den teilweise erregten Delegierten aus, erinnerte sich Irmgard Neukirchen. Der Bericht sparte nicht mit kritischen Bemerkungen, die Neukirchen in freier Rede vortrug. Er klebte nicht am Rednerpult, sondern schaute den Delegierten ins Gesicht. Die waren sehr verdutzt, als sie Neukirchens Gedanken über ein Sozialismus-Modell für Deutschland vernahmen. Das ging damals vielen Parteimitgliedern zu weit. Neukirchens NDPD-Zeit in Mecklenburg endete jedoch schon im August 1950. Dann wurde er nach Berlin abberufen.

Zuvor nahm er am 2. NDPD-Parteitag vom 15. bis 17. Juni 1950 in Leipzig teil. Dort war er Mitglied der Mandatsprüfungskommission. Sein Auftreten überzeugte die Delegierten. Sie wählten ihn in den Hauptvorstand. Sein Parteifreund und Kriegskamerad Vincenz Müller (als Generalleutnant ab 1952 Stabschef der Kasernierten Volkspolizei und ab 1. März 1956 der NVA) wurde stellvertretender Vorsitzender der NDPD. Seine Partei nominierte Neukirchen auch für die Volkskammer der DDR, dessen Abgeordneter er von 1950 bis 1952 war.

Über die Herkunft von Heinz Neukirchen enthält der NDPD-Protokollband den Vermerk „Handelsschiffoffizier". Selbst Publizisten in der Bundesrepublik übernahmen anfänglich diese Berufsbezeichnung. Wie und warum aus dem ehemaligen Marineoffizier ein ziviler "Händler zur See" wurde, ist heute nicht mehr nachvollziehbar. Ein Druckfehler kann ausgeschlossen werden.

Dass Neukirchens Seebeine nicht bei der christlichen Seefahrt wuchsen, bekamen die NDPD-Mitglieder schon bald zu spüren. Zeitzeugen berichteten dem Autor, dass Neukirchens Parteiadministration mitunter befehlsmäßige Züge annahm.

Konsequent und mitunter auch etwas barsch werdend, verlangte er, Defizite in der Parteiarbeit zu analysieren und umgehend zu beheben. In kniffligen Situationen ließ er weder Kriegs-Kameraden noch NDPD-Mitglieder allein im Regen stehen. Er bot ihnen Hilfe und Unterstützung an.

4.2. "Offener Brief" 2. Parteitag der NDPD, 1950

Interessant ist der auf dem 2. Parteitag der NDPD im Juni 1950 von den Delegierten verabschiedete "Offener Brief" mit dem Titel: "An alle ehemaligen Mitglieder der NSDAP, Offiziere und Berufssoldaten in Westdeutschland". In Sorge über den drohenden Ausbruch eines neuen Krieges, der Kalte Krieg tobte bereits, wandten sich darin die Unterzeichner mit einem Apell an die ehemalige Frontgeneration in Westdeutschland.

"Wir Deutsche, was wir sind und was wir waren und wo wir heute auch wohnen mögen, in Westen oder Osten unserer Heimat, wir sind alle von einer tiefen Sorge erfüllt: Wir sehen Grenzen quer durch unsere Heimat, wir wissen, dass sogar unsere Hauptstadt Berlin in Teile zerrissen ist. Wir Deutsche, gleichgültig wo wir wohnen, ersehnen ein Leben in Frieden, wir bangen um den Frieden. Wir wissen, wie Kriege gemacht werden, wie ein Krieg geführt wird, was er verschlingt und was er verdirbt. Bei allem, was uns lieb ist, wir Deutsche müssen einen neuen Krieg verhindern. Ihr drüben und wir hier müssen alle zusammen stehen, damit dieser dritte Weltkrieg unserem Volke erspart bleibt, damit in unserem Volk die Überzeugung verankert wird, dass es nur durch das Eintreten für den Frieden ein einziger und großer Staat werden und zu seiner nationalen Wiedergeburt gelangen kann. Aus solcher nationalen Verantwortung haben wir uns entschlossen, unser ja zu dem Ruf aller friedliebenden Menschen nach dem Verbot der Atombombe zu sagen. Wir warten auf euer Ja! Wir reichen Euch die Hand, Ihr dort und wir hier, wir alle sind Deutsche. Wir haben mit Euch zusammen an der falschen Front gestanden und Jahre unseres Lebens einer schlechten Sache hingegeben! Wir reichen Euch die Hand! Schlagt ein!"

Die Argumentation und Wortwahl entsprachen dem damaligen Zeitgeist. Das mindert jedoch nicht die politische Bedeutung des Dokuments. Heinz Neukirchen und dessen Freund Dr. med. Fritz Ring, später Leiter des medizinischen Dienstes in den Seestreitkräften (1955 bis 1961) und dann Dozent an der Militär-Medizinischen Sektion der Ernst-Moritz-Arndt Universität Greifswald, unterzeichneten diesen Apell nachträglich. Im betreffenden NDPD-Protokollband sind ihre Namen nicht aufgeführt.

Neukirchen setzte sich mit großer Energie für die Verbreitung des Briefes in Westdeutschland ein. Der damalige Landesvorsitzende der NDPD, Gustav Simon, erinnerte sich an eine umfangreiche Briefkorrespondenz seines Partei-kollegen. Berge von Post verließen täglich die Geschäftsstelle in Schwerin. Die Resonanz war nicht so ergiebig. In Briefen wandte sich Neukirchen gegen den Missbrauch der Frontgeneration in Soldatenverbänden und revanchistischen Traditionsverbänden in Westdeutschland. Er befand sich in dem Glauben, dass einzig die DDR den Weg für ein friedliebendes und demokratisches Deutschland beschritt.

Die mit der Staatsgründung verbundenen Machtambitionen Moskaus und politische Gefolgschaft der SED-Führung blieben ihm, aus welchem Gründen auch immer, damals verschlossen. Kernpunkt seiner auch außerhalb der NDPD vertretenden Position bildete der Grundsatz, seine im "Seegang der Zeit" gewonnenen Erkenntnisse und gesammelten Erfahrungen auch anderen, nach politischen Alternativen suchenden Wehrmachtsangehörigen zu vermitteln.

Damit im Zusammenhang setzte er sich engagiert für die soziale Integration von ehemaligen Berufssoldaten der Wehrmacht ein. Er wandte sich gegen die teilweise Diffamierung und Diskriminierung von Wehrmachtsangehörigen durch die sogenannten Entnazifizierungs-Kommissionen in der DDR.

In Verwirklichung des SMAD-Befehls 201 vom 16. August 1947 wurden bis 19. März 1948 allein in Mecklenburg 41.493 Fälle von Bürgern mit "Nazi- bzw. NSDAP-Vergangenheit" bearbeitet. Ins Visier der Kommissionen gerieten ehemalige NSDAP-Mitglieder, SA- und Wehrmachtsangehörige sowie auch politisch unangepasste Bürger.

Obwohl der SMAD-Befehl Nr. 35 vom 10. März 1948 die Einstellung der Arbeit der Entnazifizierungs-Kommissionen festlegte, gingen die Säuberungen weiter. Z.B. befahl der 1. Vizepräsident der Deutschen Verwaltung des Innern (DVdI), Erich Mielke, den Chefs der Landespolizeibehörden in der SBZ am 10. Juli 1948 die Fortsetzung des Befehls 201. Noch zu Beginn der 50er-Jahre wurden unschuldige Bürger zu Opfern der Vergeltung gemacht.

Angehörige der Hauptverwaltung Ausbildung (HVA) und Volkspolizei (VP), die sich zuvor in Kriegsgefangenschaft der Westalliierten befanden, wurden systematisch aus den Polizeiverbänden entfernt. Im Februar 1950 betrug der Personalbestand der Kasernierten VP-Bereitschaften und VP-Schulen 35.370 Mann (ohne Grenzpolizei). Davon befanden sich 3.470 in sowjetischer,

1.534 in amerikanischer, 1.387 in englischer, 270 in französischer und 24 in jugoslawischer Kriegsgefangenschaft.

Bis Mitte der 50er-Jahre verringerte sich der Anteil von Angehörigen der Kasernierten Volkspolizei (ab 1952 KVP), die in westlicher Kriegsgefangenschaft waren oder Verwandte in Westdeutschland oder Westberlin hatten. Angeblich ging von diesem Personal eine besonders große Fluchtgefahr in den Westen aus. Deshalb wurden viele Männer aus der KVP und den VP-Grenzbereitschaften entlassen. (siehe Pfeiffer: LEINEN LOS!, H. 5-2017)

Die Entlassungen betrafen etwas abgeschwächt auch die VP-See. Eine Studie von 1954 über die Herkunft des Offizierskorps in der VP-See besagt, dass vor dem Dienstantritt 304 Angehörige in britischer, 49 in amerikanischer, 16 in französischer- und 11 in sowjetischer Kriegsgefangenschaft waren. Überliefert ist, dass Neukirchen sehr verärgert war, wenn ihm wieder einmal ein Fall von Diskriminierung ehemaliger Wehrmachtssoldaten in Berufen, öffentlichen Ämtern oder Organisationen bekannt wurde.

NDPD-Vorstand Groß-Berlin

Nach seiner Parteiarbeit in Mecklenburg folgte Neukirchen bald darauf dem Ruf der NDPD nach Berlin. Er wechselte am 21. August 1950 in den NDPD-Landesvorstand von Groß-Berlin. Auch hier übernahm er das Ressort "Organisation und Werbung". Am 1. Oktober 1950 wurde er zum stellvertretenden Vorsitzenden des NDPD-Landesverbandes von Groß-Berlin gewählt. Sein monatliches Bruttogehalt betrug 900 Mark. In einem der handschriftlich verfassten Lebensläufe gab Neukirchen seine erste (1950) Berliner Wohnadresse "Am Karpfenteich 1" an. Diese Straße lag nahe des Treptower Parks im Stadtbezirk Treptow. Sie grenzte damals direkt an den amerikanischen Sektor von Berlin.

Neukirchen gehörte zugleich dem Präsidium der Nationalen Front von Berlin an. Im Präsidium des 3. NDPD-Parteitages im Juni 1951 saß Neukirchen bereits in der Uniform als Chefinspekteur der Hauptverwaltung Seepolizei mit einem Gehalt von nunmehr 1.900 Mark im Monat. Auch auf dem 4. Parteitag (1952) und 5. Parteitag (1953) der NDPD wurde Neukirchen in den Hauptausschuss seiner Partei gewählt. Dem gehörte er bis 1955 an. Zugleich war er bis 1958 Mitglied des Bezirksausschusses der NDPD in Rostock.

Im April 1951 wurde Neukirchen 1. Vorsitzender des Landesverbandes der Gesellschaft für Deutsch — Sowjetische Freundschaft (DSF) von Groß-Berlin. Ab 1953 gehörte Neukirchen dem Zentralvorstand der DSF an.

4.3. Ehekonflikt, Scheidung, Neubeginn, 1950

Parallel mit Neukirchens Karriere in der NDPD zerbröselte seine Ehe. Nach Rückkehr aus der Gefangenschaft nahm Neukirchen Kontakt zu seiner in Bremerhaven lebenden Familie auf. Ob während seines Lageraufenthaltes in der Sowjetunion eine Briefkorrespondenz zu seiner Ehefrau Anneliese bestand, ist nicht überliefert.

Neukirchen versuchte, seine Familie zur Übersiedlung in die DDR zu bewegen. Im Dezember 1949 erschienen seine Ehefrau in Begleitung von Neukirchens Mutter in Schwerin. Sie fanden u.a. Quartier in der Wohnung von Gustav Simon. Die Gespräche zur Familien-Zusammenführung scheiterten nach der langen Trennung an unterschiedlichen Ansichten über die Heimatzugehörigkeit beider Eheleute. Neukirchen wollte nicht zurück nach Bremerhaven und dessen Ehefrau nicht in "ein von Kommunisten regiertes und von den Sowjets dominiertes Land" ziehen. Frau Anneliese konnte die Ansichten ihres Mannes weder verstehen noch nachvollziehen. Ihr Mann Heinz sprach von gegensätzlichen Entwicklungen im geteilten Deutschland, der Remilitarisierung und Kriegshysterie in der Bundesrepublik im Gegensatz zum Demokratie- und Friedenswillen in der DDR.

Die von den Alliierten herbei geführte Spaltung Deutschlands widerspiegelte sich auch in den Köpfen von beiden Eheleuten. Neukirchens Argumente prallten bei seiner Frau ab. Das betraf vor allem deren Ansichten zur Sowjetunion und den Soldaten der Roten Armee. Sie hatte dazu nichts Gutes erfahren. Auch die Überredungskünste von Simons Frau, die 1946 den entgegengesetzten Weg von Westdeutschland in die SBZ zu ihrem Mann nach Schwerin gegangen war, scheiterten. Aus der Absicht, ihren Mann zurück an die Nordseeküste zur Familie mit den beiden 9- und 12-jährigen Töchtern zu holen, wurde nichts. Beide Damen reisten unverrichteter Dinge wieder ab. Damit war die Ehe-Scheidung eingeläutet.

Auch die Stasi befasste sich mit Neukirchens Ehe. Sie recherchierte konspirativ zu dessen in Bremerhaven lebender Ehefrau und den Schwiegereltern. Man war offensichtlich über die Kontakte und auch den Schriftverkehr zwischen beiden Eheleuten informiert. Der in Berlin zuständige Stasi-Offizier, VP-Inspektor Kistowski, fertigte einen Aktenvermerk. Laut den Erkenntnissen der Stasi soll angeblich eine Vereinbarung bestanden haben, dass Neukirchens Ehefrau bis Januar 1950 in die DDR umziehen werde. Diese, von der Stasi protokollierte Annahme, ohne weitere Angaben zu dieser Vereinbarung, darf jedoch bezweifelt werden. In Gesprächen gegenüber Gustav Simon und seiner Frau soll Frau Neukirchen die Ansicht vertreten haben: "Sie könne nicht mit einem Mann zusammen bleiben, der sich zum Kommunisten entwickelt hat. Sie werde deshalb die Scheidung einreichen". Eine ähnliche Aussage traf auch Stasioffizier Kistowski in seiner Aktennotiz über Neukirchen.

Die Scheidungsverhandlung fand vor einem Berliner Gericht statt. Heinz Neukirchen nahm die alleinige Schuld für die Trennung auf sich. Er zahlte von sich aus monatlich 100 Mark Ost im Verhältnis 1 zu 1 per Überweisung an seine geschiedene Frau. Sie erhielt 100 Mark West. Dieser ungewöhnliche Transfer aus der stets knappen Devisenkasse der DDR funktionierte bis Ende 1952. Die Notenbank der DDR verlangte von Neukirchen, einen Gerichtsbeschluss zur Unterhaltsgeldzahlung vorzulegen. Den gab es nicht. Damit endete die Geldüberweisung. Beide trafen sich später an der Sektorengrenze zu Westberlin, nunmehr auch territorial getrennt. Der Kontakt zu Neukirchens Töchter und geschiedenen Frau riss trotz seines Dienstes in der NVA nicht ab.

Bald darauf lernte Heinz Neukirchen in Schwerin die 36jährige Kriegswitwe Irmgard Harthun, geb. Lange, kennen. Deren Mann fiel in den letzten Kriegstagen in Stettin. Er hinterließ vier Kinder. Die Tätigkeit im NDPD-Landesverband Mecklenburg führte beide zusammen, obwohl sich Neukirchens Parteifreund Dr. Ring auch für die schlanke Dame interessierte.

Frau Harthun erhielt eine Einladung zu einer Silvesterfeier der Parteispitze im "Niederländischen Hof" Schwerin. Neukirchen holte sie mit einem Pkw von ihrer Wohnung ab. "Mutti, da unten hupt ein Auto", bemerkte die älteste Tochter. Frau Harthun war empört, denn nach einer Dame hupt man nicht.

In einem der Interviews mit dem Autor erinnerte sich Irmgard Neukirchen an diese schöne Feier. Sie stand am Beginn ihres gemeinsamen Lebensweges. Sie entschied sich für den größeren der beiden Männer, den stattlichen 1,87 m hoch gewachsenen Heinz Neukirchen. Beide heirateten am 2. Januar 1951 und führten 36 Jahre eine harmonische Ehe. Neukirchens Parteifreund

Vincenz Müller begleitete die Hochzeit als Trauzeuge. Heinz Neukirchen wurde Stiefvater von vier Kindern.

NDPD-Mitgliedsbuch, Nr. F 192 281, (Archiv SPMO)

2. NDPD-Landesparteitag,12./13.05.1950, Neukirchen 2.v.r. (Sammlung Pfeiffer)

NDPD-Funktionäre, v.l.n.r.: Dr. Lothar Bolz, Heinrich Homann, Vincenz Müller
(Sammlung Pfeiffer)

5. Chef des Stabes HV Seepolizei, VP-See und Seestreitkräfte (1951-1960)

Neukirchen verfolgte mit Interesse die Aufstellungsphase von Seestreitkräften der DDR. Die lief seit dem 28. Februar 1950 getarnt als Hauptabteilung z.b.V. (See) innerhalb der Hauptverwaltung Ausbildung (HVA). Er wusste, dass ehemalige Angehörige der Deutschen Kriegsmarine in den Dienst der Vorläuferorganisation der DDR-Marine traten.

Der erste öffentliche Aufmarsch einer Marine-Formation von drei Marschblöcken zu je 48 Mann am 24. Juli 1950 im Berliner Lustgarten veranlasste ihn, über eine Mitarbeit in Uniform beim Aufbau von Seestreitkräften der DDR nachzudenken. Die von den Berlinern bestaunte Formation von so vielen Offizieren und Unteroffizieren in Marineuniform, darunter auch Frauen, repräsentierte einen Teil der seit dem 16. Juni 1950 bestehenden Hauptverwaltung Seepolizei (HV Seepolizei, Abkürzung HVS). Hinter der Bezeichnung Seepolizei verbarg sich bis Februar 1956 das Pseudonym von Seestreitkräften, der Marine der DDR.

Von Anfang an waren u.a. dabei: die Seepolizei-Inspekteure (Kapitän zur See) Friedrich Elchlepp (1984 Konteradmiral), Johannes Wesoleck und Walter Steffens sowie die Seepolizei-Kommandeure (Fregattenkapitän) Heinz Irmscher (1971 Konteradmiral), Heinrich Issleib, Wilhelm Biehl, Walter Friedrich, Walter Rungenhagen und Rudolf Quade. Den Dienstgrad Seepolizei-Oberrat (Korvettenkapitän) führten im Sommer 1950 u.a. Wilhelm Nordin (1966 Konteradmiral, 1970 ordentlicher Professor, 1978 Vizeadmiral), Walter Kühn (1976 Konteradmiral), Hans-Joachim Hörnicke, Paul Stein, Hermann Zumseil, Johannes Rödl und Manfred Köhler. Zu den Seepolizisten der ersten Stunde gehörten an jenem Tag die jeweils im Dienstgrad eines Seepolizei-Rat (Kapitänleutnant) stehenden Helmut Neumeister, Walter Bau, Gerhard Riese und Alfred Schneider. Von Anfang mit dabei waren u.a. die Seepolizei-Oberkommissare (Oberleutnant) Helmut Kubasch, Gotthard Hoddow, Rudolf Kühne und Gerhard Thomas sowie die Seepolizei-Kommissare (Leutnant) Alfred Grosser, Rudolf Eckstein und Hans Schuldt.

Friedrich **Elchlepp** (Jahrgang 1924) gehörte zu den Marineoffizieren, die Neukirchen kannte. Wie Neukirchen gehörte er zur Generation von kriegsgedienten Marineoffizieren (Crew 1941, Oberleutnant zur See, I. WO auf U-

Boot 3514, Typ XXI). Bis November 1945 fuhr Elchlepp als I. WO auf einem Sperrbrecher der unter britischer Führung stehenden "German Mine Sweeping Administration" (GMSA, Deutsche Minenräumdienstleitung). Nach einem Jurastudium (1949) trat er am 28. Februar 1950 in die Hauptabteilung z.b.V. (See) ein. Er wurde deren stellvertretende Leiter.

Heinz **Irmscher** (Jahrgang 1920), der die Seefahrtschule absolvierte, fuhr am Ende des Krieges als II. Offizier auf Handelsschiffen. Am 1. April 1950 trat er in den Dienst der Hauptabteilung z.b.V. (See). Er war Referent für Schulwesen in der HV Seepolizei.

Wilhelm **Nordin** (Jahrgang 1924) versah als Obergefreiter 1943 Dienst auf verschiedenen U-Jagdschiffen. Anschließend diente er bis zum Ende des Krieges als Koppelmaat auf Sicherungsfahrzeugen der 64. Vorpostenflottille in Drontheim. Am 15. Januar 1946 wurde er im Kreispolizeiamt Weimar als VP-Wachtmeister eingestellt. Nordin absolvierte 1948 die Höhere Polizeischule der DVdI in Berlin-Niederschönhausen. Mit Beförderung zum VP-Kommissar war er anschließend Fachlehrer an der Polizeihochschule Kochstedt. Im Januar 1950 erfolgte seine Kommandierung zum Stab der Hauptverwaltung Ausbildung in Berlin. Im August 1950 wurde VP-Oberrat Nordin stellvertretender Leiter der Seepolizeischule Parow.

Walter **Steffens** (Jahrgang 1903), dem seit 1. März 1950 in Stralsund-Parow der Aufbau der künftigen Schule der Seepolizei übertragen wurde, war zuvor Chef der Wasserschutzpolizei (1949/50) an der Ostseeküste und kurzzeitig auch der Grenzpolizei Nord (Küste). Seine Verdienste erwarb er sich in den 30er-Jahren im spanischen Bürgerkrieg auf Seiten der Internationalen Brigaden im Kampf gegen Franco. In der Uniform der Roten Armee stand er von 1943 bis 1946 im Dienst des NKGB. Als Soldat gehörte er einer Spezialeinheit der Roten Armee an, die deutsche Diversions- und Terrorgruppen bekämpfte. Am 16. April 1946 trat er in den Dienst der Landespolizeibehörde von Mecklenburg. Zunächst war er Bahnschutzmann, dann Personalchef der VP in Schwerin. Als Polizeioberinspektor wurde er 1946/47 mit dem Aufbau der Wasserschutzpolizei in Mecklenburg betraut. Nach anderen leitenden Polizeifunktionen wurde er ab Juni 1949 Leiter der Wasserschutzpolizei.

Viele der Polizeikader der ersten Stunde gelangten später in Führungspositionen der Volksmarine. Die Seepolizei brauchte vor allem in der Aufbauphase Personal mit maritimem Sachverstand, seemännischer- und Führungserfahrung. In den VP-Bereitschaften, der Grenz- und Wasserschutzpolizei sowie in Verwaltungen und Organisationen wurde gezielt nach Personal gesucht, das zuvor in der Deutschen Kriegsmarine Dienst versah.

Die SED-Zeitung "Neues Deutschland", die "Landes-Zeitung" für Mecklenburg und FDJ-Zeitung "Junge Welt" warben 1950/51 intensiv um Freiwillige für die HV Seepolizei, ohne dabei ehemalige Angehörige der Kriegsmarine direkt anzusprechen. Das konnte man sich aus politischen Gründen nicht leisten. Männer, von denen man wusste, dass sie als Offiziere in der Kriegsmarine gedient hatten, erhielten plötzlich Besuch von SED-Funktionären. Mit allerlei Versprechungen wollte man sie für den Marinedienst in der DDR gewinnen. Diejenigen, die den Werbungsdruck nicht aushielten, flohen in die Bundesrepublik oder nach Westberlin.

5.1. Tauziehen um Verwendung Neukirchen

Die SED-Führung um Walter Ulbricht und Willi Stoph erhielt im Herbst 1950 Informationen, wonach Chefinspekteur Felix Scheffler, trotz seiner Verdienste im Kampf gegen den Faschismus, den maritimen fachlichen Anforderungen und dem Führungsanspruch als Chef des Stabes der HV Seepolizei nicht gerecht wurde. Protokolle von Sitzungen des Sekretariats des SED-Politbüros belegen, dass man in dem Berliner NDPD-Funktionär Neukirchen einen passenden Marinefachmann an Stelle von Scheffler sah. Der Kaderchef der HV Seepolizei, Chefinspekteur Richard Fischer, erhielt von der Sicherheitsabteilung des ZK der SED den Auftrag, Heinz Neukirchen für die Seepolizei anzuwerben. Beide trafen sich Ende August 1950 zu einem Gespräch in Berlin. Neukirchen war mit Fischers Vorschlag zur Übernahme der Position "Chef des Stabes der Seepolizei" einverstanden. Alles andere lag jetzt in den Händen des ZK der SED, u.a. beim Sekretär der Sicherheitsabteilung Gustav Röbelen.

Aus den Gesprächen zur Gewinnung von Neukirchen für die Marine entwickelte sich ein Tauziehen zwischen dem Generalinspekteur der Seepolizei Waldemar Verner, der NDPD-Landesleitung von Mecklenburg und Gross-Berlin sowie dem NDPD-Hauptvorstand. Auf der Landtagssitzung der NDPD am 12. September 1950 in Schwerin, d.h. zu einem Zeitpunkt, als Neukirchen bereits in der Berliner NDPD-Zentrale arbeitete, überraschte Verner den Landesvorsitzenden Gustav Simon mit der Forderung, dass er Neukirchen für den Aufbau der Marine dringend benötige. Verner äußerte ohne Umschweife: "Da könnt Ihr Euch auf den Kopf stellen, den hole ich mir, ich brauche Spezialisten".

Der NDPD-Vorsitzende Dr. Bolz und sein Stellvertreter Homann wurden von der Kaderanforderung offiziell am 18. September 1950 unterrichtet. Ihnen widerstrebte die Abwerbung von Neukirchen. Sie sahen dessen weitere Karriere in der NDPD. Neukirchen war intern für den Posten als Vorsitzender der NDPD von Gross-Berlin vorgesehen. Es vergingen sechs Monate, bis der Partei-Machtkampf zugunsten der SED für die Verwendung von Heinz Neukirchen in den Seestreitkräften der DDR entschieden war. Mit seinem für die NDPD-Führung unverhofften Weggang wurde Egbert von Frankenberg und Proschlitz 1951 Landesvorsitzender der NDPD für Berlin.

Neben seinen Führungs-Ambitionen in der NDPD witterte Neukirchen in der Marine gewiss auch eine Karrierechance. Sein Anspruch war hoch. Der Chefposten war mit Verner fest vergeben. Gegenüber der SED- und HVA-Führung befürwortete die Marineabteilung der SKK in Berlin-Karlshorst den Einsatz von Neukirchen als Chef des Stabes der HV Seepolizei.

Die von ehemaligen KPD-Funktionären, Widerstands- und Partisanenkämpfern sowie in KZ inhaftierten Genossen besetzten Führungspositionen konnten den Seestreitkräften kaum eine maritime Ausrichtung in der Aufbauphase geben.

Generalinspekteur Waldemar **Verner** (Jahrgang 1914) erlernte nach Absolvierung der 8-klassigen Volksschule in Chemnitz den Beruf eines Schaufensterdekorateurs. Er trat 1929 dem KJVD und 1930 der KPD bei. Im August 1933 kam er wegen Vorbereitung zum Hochverrat in Haft. Das Verfahren wurde aus Mangel an Beweisen eingestellt. Nach seiner Freilassung aus dem Untersuchungsgefängnis bzw. Polizeipräsidium in Leipzig am 23. Dezember 1933 setzte er seine illegale politische Arbeit in Magdeburg und in den Siemenswerken Berlin fort. Wegen der Gefahr einer erneuten Verhaftung delegierte ihn das ZK des KJVD im August 1935 zum Weltkongress der Kommunistischen Jugendinternationale in Moskau. Hier absolvierte er von Ende 1935 bis April 1938 die Leninschule. Anschließend schickte ihn die KPD als Instrukteur für politische Arbeit nach Dänemark. Mit Ausbruch des Krieges beteiligte sich Verner an Propaganda-Aktionen unter den deutschen Besatzungstruppen, z.B. in der Verbreitung von Flugblättern und Plakaten sowie der Herausgabe der Zeitung "Deutsche Nachrichten". Bis Kriegsende war Verner in der dänischen Widerstandbewegung involviert. Am 30. Dezember 1945 kehrte er über Bornholm aus dem dänischen Exil nach Deutschland zurück. Er wurde Parteivorsitzender der KPD in Hagenow und dort ab 1946 paritätischer Vorsitzender der SED. Am 1. Juli 1947 erfolgte seine Berufung zum 1. Sekretär der SED im Kreis Stralsund. Als Mitglied des Sekretariats des Landesvorstandes der SED von Mecklenburg war Verner zugleich ab 1. Januar 1950 Leiter des Amtes für Information. Die Regierung der DDR berief ihn am 15. Juni 1950 im Dienstrang eines Generalinspekteurs zum Chef der HV Seepolizei. Da seine Frau Elin Andresen nicht nach Deutschland übersiedeln wollte, wurde die Ehe im August 1950 geschieden. Verner kannte Seefahrten lediglich als Passagier auf Fähr- bzw. Fahrgastschiffen, die zwischen Dänemark und Deutschland verkehrten. Mariner der ersten Stunde nannten ihn ironisch den "Hans Albers der Seepolizei".

Sein Stellvertreter und Stabschef, Chefinspekteur Felix **Scheffler** (Jahrgang 1915), absolvierte in Hamburg die Volks- und Mittelschule. Mit Abschluss seiner Lehre als Drogist trat er 1932 der SA bei. Von 1933 bis 1937 fuhr er als Leichtmatrose auf verschiedenen Schiffen der Hamburg-Amerika-Linie zur See. Zur Ableistung seiner zweijährigen Dienstpflicht wurde er im November 1937 in die 2. Kompanie des motorisierten Pionierbataillons 20 in Harburg eingezogen. Am 11. September 1941 geriet Unteroffizier Scheffler bei Schlüsselburg in sowjetische Gefangenschaft. Im Februar 1942 schloss er sich im Lager 95 in Elabuga der antifaschistischen Bewegung an. 1942/43 leitete er in verschiedenen Gefangenenlager die "Aktive für politische Arbeit". Nach seinem Beitritt zum "Nationalkomitee Freies Deutschland" (NKFD) nahm er eine exzellente Karriere in der Roten Armee. In Lautsprecher-Propaganda-Ansprachen forderte er Wehrmachtsangehörige zur Kapitulation auf. Scheffler war Soldat, Aufklärer und Propagandist einer Partisanengruppe der 7. Abteilung innerhalb der 1. Belorussischen Front und in der Brigade "Tschkalow" und "Stalin". Im Sonderauftrag des NKGB führte er mehrere Einsätze hinter der Frontlinie durch. Daran waren auch Walter Steffens, Karl Kleinjung, Gustav Röbelen, Otto Schliwinski und Hans Winkelmann beteiligt. Sie alle besetzten 1949/50 Chefposten in der Polizei. Auch nach dem Krieg arbeitete Scheffler für den sowjetischen Geheimdienst weiter. In seinem Lebenslauf umschrieb er diese Tätigkeit anonym als Kommandierung. Erst im November 1947 kehrte er nach Deutschland zurück. Die SED setzte Scheffler als Direktionssekretär an der SED-Parteischule in Berlin ein. Im Auftrag des Zentralsekretariats der SED übernahm er in der Deutschen Bauernpartei (SBZ) die Funktion als Leiter für Organisation. Am 28. Februar 1950 wurde er Inspekteur in der Hauptabteilung z.b.V. (See).

Chefinspekteur Richard **Fischer** (Jahrgang 1906) war von Anbeginn Personalchef der HV Seepolizei. Er trat bereits am 15. Mai 1945 in den Dienst der Polizei. Wegen des Vorwurfs "Vorbereitung zum Hochverrat" verbüßte er in den 30er-Jahren mehrere Gefängnisstrafen. Seine fortgesetzte antifaschistische Tätigkeit führte erneut zur Verhaftung. Die Nazis inhaftierten ihn im KZ Sachsenhausen. Hier gehörte er dem illegalen Lagerkomitee der KPD an. Er galt als anerkanntes Opfer des Faschismus (O.d.F., Nr. 2857) und Verfolgter des Naziregimes (V.d.N., Nr. 9195). Nach dem Krieg beteiligte er sich im Auftrag der KPD in Berlin-Neukölln und in Berlin-Friedrichshain am Aufbau eines neuen Polizeiapparats. 1946/47 leitete er das Kriminalkommissariat in Berlin Friedrichshain. 1948/49 war er Chef der "Kriminal-Inspektion-E-1" in Berlin und 1950 sogar Leiter der Kriminal-Direktion. Am 31. März 1950 schied VP-Kommandeur Fischer aus dem Dienst der Berliner Volkspolizei aus. Im Auftrag des ZK der SED wechselte er am 1. April 1950 ins Ministerium für Auswärtige Angelegenheiten der DDR in der Berliner Luisenstraße. Dort war er bis 14. Juni 1950 als Hauptreferent beschäftigt. Parallel absolvierte er einen Lehrgang an der damaligen Verwaltungs-Akademie in Forst Zinna.

Chefinspekteur Paul **Blechschmidt** (Jahrgang 1907) leitete den Bereich Intendantur, der dann in Rückwärtige Dienste der HV Seepolizei umbenannt wurde. Wegen des Vorwurfs "Vorbereitung zum Hochverrat" verbüßte er von 1934 bis 1936 zwei Jahre im Zuchthaus. Am 18. Oktober 1942 wurde er in die Wehrmacht eingezogen. Infanterist Blechschmidt war Soldat der 328. und 338. Infanteriedivision in Belgien, Südfrankreich und Polen. Im Juni 1943 wurde er zur Frontbewährung an die Ostfront versetzt. Am 17. September 1943 lief er zur Roten Armee über. In der 2. Ukrainischen Front betätigte er sich als Propagandist und Aufklärer. 1944 war er politischer Leiter im Gefangenenlager Nr. 62 Kiew Darnyzija. Im November und Dezember 1944 absolvierte er die zentrale Antifa-Schule in Krasnogarsk. Im Januar 1945 kam er als Armee-Beauftragter des NKFD in der 1. Weißrussischen Front zum Einsatz. Im Auftrag des NKGB arbeitete er von Februar bis Mai 1945 als Aufklärer im "deutschen Hinterland" nördlich von Berlin. Am 24. September 1945 beendete Blechschmidt seinen Dienst in und für die Rote Armee bzw. NKGB. Von 1946 bis 1948 war er Mitglied des SED-Kreisvorstandes Aue und zugleich stellvertretende Landrat des Kreises Aue. Am 1. Dezember 1948 berief man ihn zum Landrat von Freiberg. Diesen Posten behielt er bis 31. Juli 1950. Am 1. August 1950 trat er im Range eines Chefinspekteurs in den Dienst der HV Seepolizei.

In die Zuständigkeit von Chefinspekteur Erwin **Bartz** (Jahrgang 1911) fiel das Ressort Polit-Kultur (PK, dann Politverwaltung). Wegen seiner illegalen Tätigkeit als KPD-Funktionär verbüßte er 1936 zwei Jahre im Zuchthaus. Nach Einberufung 1942 in die Wehrmacht kam er ins Strafbataillon 999. Aus dieser Einheit gelang ihm die Flucht. Er beteiligte sich in der jugoslawischen Widerstandsbewegung. Nach dem Krieg war er Mitglied der Jugendkommission der SED in Sachsen. 1949 wurde er Referatsleiter in der Abteilung Personal im Volkspolizei-Präsidium Berlin.

Mit Ausnahme von **Scheffler**, der von 1933 bis 1937 (halbjährige Unterbrechung Arbeitsdienst) mit 18 Jahren als Schiffsjunge, Aufwäscher und Leichtmatrose auf Handels- und Passagierschiffen der Hamburg-Amerika-Linie fuhr, verfügte keiner aus der Führungsriege in der Aufbauphase von Seestreitkräften über die erforderlichen maritimen Kenntnisse und Erfahrungen sowie Fachkompetenz, die sie für die jeweilige Position qualifizieren würde. Keiner dieser Führungskräfte entsprach den Anforderungen für eine eigenständige militärtheoretisch unterlegte Führungstätigkeit. Allein politische Erwägungen, die Beteiligung im Kampf gegen den deutschen Faschismus und in der Widerstandsbewegung sowie die Parteizugehörigkeit in der KPD- bzw. SED waren 1950/51 ausschlaggebend für die Besetzung von Führungspositionen mit entsprechend hohen Dienstgraden in der HV Seepolizei.

In dieser, von Parteifunktionären und antifaschistischen Widerstandkämpfern geprägten Marineführung war Neukirchen als Stellvertreter von Verner für den Posten als Chef des Stabes der HV Seepolizei bzw. VP-See eine nahezu zwingende Besetzung. Trotz seines NDPD-Parteibuchs, was einige SED-Funktionäre mit Argwohn quittierten, schien er genau der richtige Fachmann in rauen Zeiten zu sein. Das sollte sich auch bewahrheiten.

5.2. Protagonisten der Kriegsmarine im Dienst der Seestreitkräfte

Bereits 1948 in der Aufbauphase der Wasserschutzpolizei (Küste) erließ der Chef der Landesbehörde der Deutschen Volkspolizei von Mecklenburg, Horst Jonas, am 26. Januar 1948 die Weisung zur Registrierung von ehemaligen Angehörigen der Kriegsmarine in der Landespolizei. Zu erfassen waren auch jene Marinesoldaten, die nach der Kapitulation am 8. Mai 1945 anschließend in Minenräumverbänden der westlichen Alliierten gedient hatten. Gefordert waren lückenlose Angaben zur jeweiligen Dienstlaufbahn und zur Spezialausbildung in der Kriegsmarine. Mit dem betreffenden Polizeiangehörigen war ein Gespräch zu führen. Die Mittschrift hatte er zu unterschreiben.

Seit Aufstellung von kasernierten Polizeibereitschaften und -schulen ab September 1948 in der SBZ, dem Vorläufer der am 12. Oktober 1949 gebildeten Hauptverwaltung Ausbildung (HVA), erreichte deren Personalbestand am 31. Dezember 1949 insgesamt 44.795 Mann, einschließlich der Grenzpolizei.

Davon hatten zuvor 23 Prozent (10.309 Mann) in der Wehrmacht und Kriegsmarine gedient. Nach Dienstgradgruppen gegliedert betraf das 162 Offiziere, 1.618 Unteroffiziere und 8.529 Mannschaften mit Wehrmachtshintergrund. Zur personellen Absicherung dieser noch als Polizei getarnten militärischen Strukturen von künftigen Streitkräften entließ die Sowjetunion 1948/49 Tausende deutsche Soldaten aus der Kriegsgefangenschaft, darunter 5.000 Unteroffiziere, 100 Offiziere und fünf Generale im September 1948. Sechs Monate nach Gründung der HVA hatte diese am 29. März 1950 eine Personalstärke von 620 Mann. Davon dienten 420 Angehörige (67 Prozent) in der Wehrmacht, u.a. 46 ehemalige Offiziere und 163 Unteroffiziere.

Dieser Trend in der Personalgewinnung und Rekrutierung von erfahrenen Offizieren, Fähnrichen, Unteroffizieren und Mannschaften der Kriegsmarine verstärkte sich in der Aufbauphase von Seestreitkräften ab 1950. Nur durch die Verwendung von kriegsgedienten Marinesoldaten gelang es, die in Dienst gestellten Boote und Schiffe der HV Seepolizei bzw. VP-See mit geeignetem Personal in Schlüsselpositionen zu besetzen sowie die Ausbildung der Offiziersanwärter und Matrosenspezialisten durch qualifiziertes Marinepersonell zu gewährleisten.

Das belegen Personalstatistiken, wonach im November 1950 zwei Drittel der ersten Offiziers- und Unteroffiziersgeneration in der HV Seepolizei ehemalige Angehörige der Deutschen Kriegsmarine waren. Der Anteil betrug bei den Unteroffizieren 63 Prozent (192 Mann) und lag bei den Offizieren sogar bei 67 Prozent (214 Mann). Diese kriegsgedienten Marinesoldaten, überwiegend Unteroffiziere und Fähnriche, waren für die Vermittlung von marinefachlichem und technischem Wissen, Führungseigenschaften und Bordpraxis sowie Weitergabe von maritimem Brauchtum an die junge, nachwachsende Offiziersgeneration in der DDR unverzichtbar.

Die Dienstbereitschaft von ehemaligen Angehörigen der Kriegsmarine, beginnend mit der Herausbildung der Wasserschutzpolizei an der Küste Mecklenburgs seit 1946/47 und dem Aufbau von Seestreitkräften ab 1950, trug dazu bei, das maritime Selbstverständnis bei dem neuen, ungedienten Personalbestand zu verankern. In der Aufbauphase der Seestreitkräfte stellten ehemalige Offiziere, Fähnriche, Unteroffiziere- und Mannschaftsspezialisten der Kriegsmarine nahezu 80 Prozent der Lehrkräfte und des Ausbildungspersonals an den Schulen der HV Seepolizei und VP-See.

Lehrpersonal

Karl Heinz Kremkau, der 1952 als Offiziersanwärter in der VP-See eingestellt wurde, erinnerte sich noch gut an seine damaligen Lehroffiziere, Zugführer und Kompanieoffiziere, die zuvor in der Kriegsmarine dienten. Neben einigen Offizieren fanden Fähnriche und vor allem viele ehemalige Unteroffiziere der Kriegsmarine mit speziellem Laufbahnwissen (Obersteuermann, Oberbootsmann, Obermaschinist, Oberfunker, Artilleriemeister) in den 50er-Jahren eine Wiederverwendung als Lehr- bzw. Fachoffiziere.

Zu den Ausbildungsstätten in der Aufbauphase gehörten die Seepolizei-Schule (Parow, 1950-1952), dann Umbenennung in Unterführer- und Mannschaftsschule (1952-1956), Seepolizei-Offiziersschule Stralsund (Schwedenschanze, 1951/52), dann Umbenennung in Seeoffiziers-Lehranstalt (1953-1956) sowie Nachrichtenschule (Stubbenkammer, 1952), dann Umbenennung in Nachrichten-Offiziers-Lehranstalt (Sassnitz-Dwasieden, 1953-1955).

Von den aus der Kriegsmarine stammenden Marinesoldaten, die nunmehr als Lehroffiziere Dienst versahen, sind z.Zt. bekannt: *Hans Ebeling, Günter Kleinschmidt, Fiedrich Döppleb, Rudolf Vorsprach, Vollrath* (alle Terrestrische und Astronomische Navigation), *Hans Frohberg* (Militärische Navigation), *Mundt* (elektronautische Geräte-ENG), *Hermann Oertel* und *Walter Seiferth* (Torpedo, Sperrwaffen), *Ernst Metschke* (Sperrwesen), *Paul Wassilenko* (Nachrichten, Signalwesen), *Werner Heim* (Nachrichten), *Willy Möhring* und *Ulrich Böttcher* (Signalwesen), *Hager* (Artillerie), *Bachmann* (Minenwesen), *Werner Grützmacher* (Leiter seemännische Ausbildung Parow), *Gerhard Fuhrmann, Fichtler, Jochen Wunderlich* (alle Seemannschaft), *Erich Hensel* (Militärgeographie), *Kurt Gerisch* und *Dulitz* (Sperrwesen, Wasserbomben), *Karl Seiler* (Dampfmaschinen), *Reinhold Banse* und *Marquard* (Maschinenkunde), *Rohrbeck* (Sport), *Kurt Loge* und *Günter Glaser* (Politunterricht). Das Fachgebiet von *Heinz* Benisch konnte gegenwärtig noch nicht zugeordnet werden.

Hermann Oertel, ex Leutnant zur See, galt an der Offiziersschule als eine Koryphäe im Fachbereich Torpedo-Waffen. Der Fregattenkapitän hieß umgangssprachlich 'Torpedo-Oertel'.

Paul *Wassilenko* (Jahrgang 1925) war seit November 1950 Lehrer für Signalausbildung, zunächst an der Seepolizeischule Parow und dann an der Seeoffiziers-Lehranstalt Stralsund. Dort leitete er bis März 1955 den Lehrstuhl Nachrichten/Signalwesen. Seine einzigartige Marinekarriere, begleitet von Enthusiasmus und Enttäuschung beim Aufbau von Seestreitkräften, liefert zugleich auch ein Abbild einer gebrochenen Persönlichkeit. Seine Marinelaufbahn begann im Juli 1942 mit dem Eintritt in die Kriegsmarine. Er absolvierte 1943 die Marine-Nachrichtenschule in Waren/Müritz und Signalschule in Neu-Fahrwasser. Bis Mai 1945 diente er in den, vor der norwegischen Küste im Kriegseinsatz befindlichen Minenschiffen. Sein letzter Dienstgrad war Obergefreiter. Mit Bildung des Deutschen Minenräumdienstes (German Mine Sweeping Administration-GMSA) im Juli 1945 fuhr Wassilenko auf Räumfahrzeugen der in Kristiansand stationierten 4. Minenräumdivision. Die Division stand unter dem Kommando von Fregattenkapitän Philipp. Die von der britischen Royal Navy geführte GMSA mit vier Minenräumdivisionen beschäftigte ca. 40 Prozent des Minensuchpersonals der Kriegsmarine. Von anfänglich 27.000 Mann und 800 Fahrzeugen dienten im Frühjahr noch ca. 15.000 Mann in 3 Minensuch-, 6 Minenräum-, 5 Vorposten- und 6 Transportflottillen. Divisionschef Philipp hatte sich auf dem Schnellbootbegleitschiff ADOLF LÜDERITZ eingeschifft, auf dem auch Wassilenko fuhr. Im Oktober 1947 kehrte er zurück in die damalige SBZ. Nach fünf Monaten trat er in den Dienst der Landespolizei Brandenburg. 1949/50 absolvierte er die Offiziersschule der HVA in Prenzlau mit Ernennung zum VP-Offizier. Am 15. November 1950 trat er in den Dienst der HV Seepolizei. Wassilenko war in den Seestreitkräften als Flaggoffizier Nachrichten vorgesehen. Nach seiner Verwendung als Lehrstuhlleiter wurde er im März 1955 zur Krylow-Akademie für Schiffbau und Bewaffnung der sowjetischen Seekriegsflotte nach Leningrad delegiert. Er gehörte zur Gruppe von vier Nachrichten-Offizieren: Kahl, Augustin und Brömmer. Im Februar 1956 beendete er gemeinsam mit dem Marineoffizier Pribbenow (Maschine) vorzeitig den Lehrgang in der Sowjetunion. Wassilenko hatte sich über die Lebens- und Studienbedingungen in Leningrad sowie die dort üblichen Essenrationen sehr kritisch äußert. Mit Rückkehr in die DDR wurde er anschließend sofort aus der VP-See entlassen. Er erhielt eine Anstellung als Abteilungsleiter beim Rat der Stadt Stralsund. Im März 1957 floh er nach Westberlin. Aus nicht näher bekannten Gründen kehrte er 1958 wieder in die DDR zurück. Anschließend verhaftete ihn die Stasi. Man machte Wassilenko den Prozess und verurteilte ihn zu sechs Jahren Haft im Zuchthaus.

Offiziere an U-Boot-Lehranstalt

Ein exemplarisches Beispiel bei der Verwendung von ehemaligen Offizieren, Fähnrichen und Unteroffizieren der Kriegsmarine lieferte 1952/53 die Ausbildung von künftigem U-Boot-Personal an der U-Boot-Lehranstalt Sassnitz-Dwasieden. Der vom Chef des Stabes am 4. Januar 1953 unterzeichnete Befehl Nr. 1/53 beinhaltete u.a.: "Im Ausbildungsjahr 1953 eine Unterseebootwaffe aufzubauen und zu beherrschen". Von den Offizieren, Unteroffizieren und Matrosen erwartete Konteradmiral Neukirchen "vorbildlichen Lerneifer, hervorragende Lern- und Ausbildungsergebnisse sowie große Anstrengungen in der Qualifikation und Beherrschung der Theorie der U-Bootwaffe und im praktischen Fahren". Dazu benötigte man Ausbildungspersonal, das über entsprechende Kenntnisse und Erfahrungen aus der Dienstzeit in der Kriegsmarine verfügte.

Zu ihnen gehörten der damalige Lehr- und Ausbildungsleiter Kapitänleutnant *Herbert Bauer* sowie die Kapitänleutnante *Gerhard Klippstein* und *Erich Thieme*. Kriegsgediente Marineoffiziere und Fähnriche waren an der U-Boot-Lehranstalt als Lehrstuhlleiter eingesetzt. Das betraf die Fachbereiche Taktik mit Oberleutnant zur See *Joachim Tiburski* (ex Fähnrich U-Boot Kriegsmarine), Navigation mit Oberleutnant zur See *Hans Frohberg*, Torpedo mit Oberleutnant zur See *Walter Seiferth*, Artillerie mit Leutnant zur See *Robert Peters*, Torpedo mit Leutnant zur See *Walter Seifert* sowie Schiffsmaschinen mit den beiden Oberleutnanten Ing. *Kurt Marquardt* und *Reinhold Banse*. Unterleutnant *Weinrich* unterrichtete im Fach Rohrsysteme. Oberleutnant zur See *Rudolf Lehmann* war Leiter Lehrkabinette. Zu den Lehroffizieren mit Kriegsmarine-Erfahrung gehörten auch *Herbert Ebeling* und *Genschow*.

Nach verschiedenen Dienstverwendungen kam *Joachim Tiburski* 1956 zur Offiziersschule nach Stralsund. Er wurde dort 1959 Lehrstuhlleiter "Flottentaktik". 1961 wechselte er zur Deutschen Seereederei (DSR). Nach seiner

Verwendung als I. WO auf dem MS THEODOR KÖRNER stieg er in der DSR bis zum Kapitän auf.

Kapitänleutnant *Gerhard Klippstein* (Jahrgang 1919) trat 1937 in die Kriegsmarine ein. 1939 absolvierte er als Artilleriemechaniker die Schiffsartillerieschule Kiel. 1943 war er Obersteuermann auf dem U-Boot-Begleitschiff WILHELM BAUER sowie Flottillensteuermann der U-Bootsflottille Gotenhafen. Als II. WO fuhr Leutnant zur See Klippstein 1944 auf dem Flottenbegleitschiff F 10, das im Geleit- und Sicherungsdient eingesetzt war. 1945 wurde er Kompaniechef in der 1. Marine-Grenadierdivision. 1950 trat Klippstein in den Dienst der HV Seepolizei. Im Dienstgrad Seepolizei-Rat war er 1951 Stabschef der Schiffsstammabteilung in Kühlungsborn. Ab Juli 1952 gehörte Klippstein einer deutsch-sowjetischen Kommission an, die sich mit der Auswahl von Kadern für die geheime U-Boot-Ausbildung beschäftigte. Mit Aufnahme des Lehrbetriebes an der U-Boot-Lehranstalt am 2. Januar 1953 leitete Klippstein die vier Offiziersklassen in den Fachrichtungen Kommandant, Wach-, Torpedo- und Schiffsmaschinenoffizier. Bei den mit je 10 bis 12 Offiziershörern belegten Klassen handelte es sich meist um junge Unterleutnante, die gerade erst ihre Offiziersausbildung in Parow und Stralsund absolviert hatten. Klippstein war zugleich auch als Chef der künftigen U-Boot-Division (Flottille) vorgesehen. Konteradmiral Neukirchen erteilte ihm den Auftrag, sich schnellstens mit den Aufgaben eines Brigadechefs der U-Boot-Flotte vertraut zu machen.

Obwohl Fregattenkapitän *Heinrich Jordt* (ex Maschinenobermaat Kriegsmarine) Chef der U-Boot-Lehranstalt war, erhielt Kapitänleutnant Klippstein direkt vom Chef des Stabes Neukirchen seine Befehle und Dienstanweisungen als künftiger U-Boot-Verbandschef. Jordt fehlte es trotz seines 1940 an der Marineschule Kiel erworbenen Patents C III an Allgemeinbildung. Laut seiner Attestation vom 25. Januar 1953 war er bemüht, dieses bestehende Defizit auszugleichen. Dafür gehörte Jordt jedoch seit 1. August 1945 der Polizei in Sachsen an. Er schaffte es bis zum Leiter der Schutzpolizei in Freiberg.

In Vorbereitung auf Klippsteins Dienststellung als Chef der U-Boot-Division erteilte ihm der sowjetische Berateroffizier, Kapitän 1. Ranges Trawkin, persönlich täglich vier Stunden Unterweisungsunterricht. Trawkin war ein sehr intelligenter und erfahrener Marineoffizier. An seiner Uniform trug er zwei goldene Sterne eines Helden der Sowjetunion. Nach Auflösung der U-Bootlehranstalt am 28. Juni 1953 und Einstellung des Lehrbetriebes wurde Klippstein Stabschef des Bergungs- und Rettungsdienstes. 1956 erhielt er aus fadenscheinigen Gründen seine Entlassung (siehe 5.15.). Fortan war er Lehrer an der Betriebsberufsschule des Fischkombinats Rostock, bis er 1959 nach Westberlin flüchtete.

Kommandanten, Schiffs- und Bootspersonal

Vorwiegend ehemalige Marinesoldaten in der Verwendung Obersteuermann und Oberbootsmann (Oberfeldwebel) und Fähnriche der Kriegsmarine gelangten mit Offiziersdienstgrad in Kommandanten-Positionen auf den 1950 bis 1955 in Dienst gestellten Schiffen und Booten der Seestreitkräfte. Zu diesen Kommandanten gehörten u.a.: *Alfred Schneider, Kurt Hollatz, Gerald Baumbach, Horst Förster, Konrad Reckstedt, Karl Ludwig Holz, Heinz Pliwischkies, Hannes Schuldt, Heinz Pilling, Heinz Langkabel, Helmuth Berger, Heinz Kühne, Peter Feike, Conny Reckstatt, Leo Stybel, Horst Schulze, Johannes Rödel, Heinz Jäckel, Herbert Thiele, Hans Tauber, Hans Ebeling, Franz Wagner, Joachim Müller, Ernst Göhrig, Karl Fischer, Albert Bauer* und *Peter Wunderlich*.

Nicht zugeordnet werden konnten z.Zt. der ex Oberleutnant zur See *Schöppe* (Kr.O.) sowie der ex Kapitänleutnant d.R. *Alexander Schmidt*. Beide fanden als ehemalige Offiziere der Kriegsmarine eine Verwendung in der Seepolizei bzw. den Seestreitkräften. Kapitänleutnant Schmidt war nach vorläufigen Erkenntnissen der ranghöchste Offizier der Kriegsmarine im Dienst der Seestreitkräfte der DDR.

Peter Wunderlich (Crew X/1939) gehörte zu den wenigen Offizieren der Kriegsmarine (Oberleutnant zur See), die nach ihrer Verwendung zunächst als Kommandant, dann jedoch schnell in leitende Positionen der HV Seepolizei bzw. VP-See gelangten.

Horst Schulze (ex Obersteuermann in Schnellboot- und Sicherungsflottillen) versah nach dem Krieg bis 1947 Dienst in der unter britischer Führung stehenden "German Mine Sweeping Administration" (Deutsche Minenräumdienstleitung). Am 18. Januar 1948 erhielt er von der Marine-Personal-Dokumenten-Zentrale beim britischen Marineoberkommando in Hamburg-Alsterdorf einen lückenlosen Nachweis seiner Dienstverwendungen von 1938 bis 1945 in der Deutschen Kriegsmarine. Diese Bescheinigung diente ihm als Nachweis für eine zivilberuflich verwertbare Berufsausbildung.

Erster Kommandant des Schul- und Flaggschiffes ERNST THÄL-MANN war Oberleutnant zur See *Hannes Wild*, ehemaliger Unteroffizier der

Kriegsmarine. Ihm folgten in der Dienststellung an Bord des Schiffes *Walter Mehlhorn* (ex Steuermann Kriegsmarine) und *Fritz Dorn* (ex Obersteuermann Kriegsmarine). Dorn wurde 1959 Kommandant auf dem Küstenschutzschiff (KSS) KARL LIEBKNECHT der RIGA-Klasse.

Johannes Wagner (ex Obersteuermann in der U-Boot-Lehrdivision der Kriegsmarine) avancierte vom MLR-Kommandant zum Stabschef der MLR-Abteilung, dann der U-Jagdabteilung bis Hafenkommandant von Sassnitz. Nach Beendigung seiner aktiven Dienstzeit wurde er in der DSR Kapitän auf dem MS BERLIN.

Das Marinepersonal der ersten sechs Räumboote vom Typ R-218 (i.D. 1950), 12 Minenleg- und Räumschiffe (MLR) des Typs HABICHT (1. und 2. Baureihe, i.D. 1953 bis 1955), des Schul- und Flaggschiffes ERNST THÄL-MANN (i.D. 1952) sowie von 26 KS-Booten (i.D. 1951 bis 1953) rekrutierte sich neben einigen Offizieren zu einem großen Teil aus ehemaligen Fähnrichen, Unteroffizieren und Mannschaften der Kriegsmarine.

So z.B. erwähnte Karl Heinz Kremkau, der von 1954 bis 1958 als I. WO und Kommandant auf einem MLR HABICHT fuhr und anschließend Stabschef der 3. MLR-Abteilung wurde, dass die Dienstposten Obersteuer-mann, Oberbootsmann, Obermaschinist, Artillerie- und Sperr-Meister an Bord aller 12 MLR des Typs HABICHT durchweg mit Männern der Kriegsmarine besetzt waren. Sein MLR mit der Baunummer 2008 betreffend, waren das der Leitende Ingenieur Oberleutnant *Rudi Hoffmann*, Obermaschinist *Malz*, Ober-steuermann *Stietz* und Artillerie-Meister *Walter Neumann*.

Führungspersonal

Einige ehemalige Angehörige der Kriegsmarine mit Wiederverwendung in den Seestreitkräften der DDR nahmen in ihrer Dienstlaufbahn eine Entwicklung vom Kommandant bis zum Abteilungs-, Brigade- und Flottillenchef sowie Kommandeur einer Lehreinrichtung.

Johannes Streubel beendete 1945 als Fähnrich zur See seinen Dienst in der Kriegsmarine. Am 10. Februar 1950 trat er in die Hauptverwaltung der Deutschen Volkspolizei ein (vermutlich HVA) und wurde Instrukteur beim MdI in Berlin. 1954/55 und 1957/58 arbeitete er als Instrukteur in der Abtei-lung Sicherheit beim ZK der SED. Anschließend wurde er Chef der 4. Flottille in Warnemünde. 1961 kam er in das Kommando der Volksmarine in Rostock-

Gehlsdorf. Bis 1964 bekleidete er dort die Dienststellung als Stellvertreter des Chef des Stabes für operative Fragen. Mit der Entlassung von Neukirchen wurde Streubel 1964 Chef des Marinestabes und zugleich zum Konteradmiral ernannt. 1972 berief man ihn zum Direktor des Deutschen Armeemuseums in Dresden.

Gerald Baumbach (ex Fähnrich Kriegsmarine) war Abteilungschef von MLR-Schiffen des Typs KRAKE in der 4. Flottille in Warnemünde. Nach verschiedenen Dienstverwendungen schaffte er es als Kapitän zur See bis zum Stellvertreter des Kommandeurs der OHS der Volksmarine für ausländische Militärkader.

Alfred Schneider (ex Obersteuermann Kriegsmarine) überführte 1950 als Kommandant das erste KS-Boot von Berlin nach Parow, war 1951 Chef der Räumbootabteilung, 1953/54 Chef der Schulbootsabteilung in Parow und anschließend bis 1956 Stabschef des Küstenabschnitts Sassnitz. Im Dienstgrad Korvettenkapitän leitete Schneider ab 1. März 1956 die Aufstellung der Torpedoschnellboot-Flottille (6. Flottille ab 1. Dezember 1956 in Sassnitz). Er war bis Ende 1958 deren Chef.

Herbert Brömmer (ex Oberfunkmeister) wurde nach Dienstverwendungen im Nachrichtendienst der HV Seepolizei 1952 erster Chef der Nachrichtenschule Stubbenkammer auf Rügen.

Werner Elmenhorst, ehemaliger Signalmeister der Kriegsmarine, wurde 1952 Abteilungschef der R-Boote Typ R-218, 1955/56 Chef des Küstenabschnitts II in Sassnitz und schließlich von 1960 bis 1964 Chef der 1. Flottille in Peenemünde. Er löste den bereits erwähnten *Herbert Bauer* (ex Obersteuermann Kriegsmarine) ab, der zuvor von 1957 bis 1959 Chef der 1. Flottille war.

Hans-Joachim Rudolph war als Oberfähnrich Ingenieur (WI) auf einem U-Boot der Kriegsmarine. Er leitete 1953/54 im Dienstgrad Korvettenkapitän die Ingenieur-Offiziers-Lehranstalt in Rostock.

Konrad Lüdemann (ex Fähnrich Kriegsmarine) versah 1952/53 und 1955/56 an der Unterführer- und Mannschaftsschule bzw. Flottenschule in Parow Dienst als Stellvertreter des Kommandeurs und Leiter der allgemeinen Abteilung (Stabschef).

Hans Joachim Landmann (ex Unteroffizier Kriegsmarine) war als Kapitänleutnant von 1956 bis 1960 Stabschef der 1. Flottille.

Gerhard Thomas (ex Unteroffizier Kriegsmarine) befehligte ein Räumboot R-218, dann ein MLR HABICHT und wurde 1960 Chef der KSS-Brigade.

Herbert Böhme avancierte vom ehemaligen Obersteuermann der Kriegsmarine zum Abteilungschef von MLR-Schiffen.

Wolfram Zuch (ex Unteroffizier Kriegsmarine) wurde 1950 für drei Monate erster Abteilungschef der Räumboote R-218. Sein Stabschef war kurzzeitig *Boris Grosse*.

Helmut Tamm befehligte als Kommandant ein Räumboot des Typs R-218 und wurde im September 1951 Chef der 1. Küstensicherungsabteilung. Von 1952 bis 1954 diente er als Stabschef der Räum- und Küstensicherungsdivision in Peenemünde.

Chef der Räum- und Küstensicherungsdivision war seit 1952 Kapitänleutnant *Werner Grützmacher* (ex Feldwebel Kriegsmarine). Er flüchtete jedoch 1953 nach Westberlin.

Die 2. Küstensicherungsabteilung befehligte *Heinz Pilling*. Er wurde 1954 Stabschef der Schulbootsdivision in Parow. Auch er diente in der Kriegsmarine als Unteroffizier.

Erich Weigelt (ex Obersteuermann Kriegsmarine) war 1953 Chef der 3. Küstensicherungsabteilung und anschließend Kommandant eines MLR HABICHT.

Kurt Kmetsch (Jahrgang 1909) kommandierte als Oberleutnant zur See von Dezember 1943 bis Mai 1845 das Schnellboot-Begleitschiff TSINGTAU. Es evakuierte in den letzten Kriegsmonaten Tausende deutsche Flüchtlinge von Danzig nach Travemünde. Über seine Dienstzeit in der Kriegsmarine und Kriegserlebnisse auf See sprach Kmetsch wenig. Kam das Thema dennoch in Offizierskreisen zur Sprache, dann verhielt er sich sehr reserviert. Aus Unkenntnis "beförderten" ihn deshalb einige Offiziere zum Kommandanten eines U-Boot-Begleitschiffes. Als Fregattenkapitän führte Kmetsch von 1953 bis 1955 die Flottenbasis Peenemünde als deren Chef. Von 1957 bis 1959 war Kapitän zur See Kmetsch Kommandeur der Flottenschule in Parow.

Walter Mehlhorn (ex Steuermann Kriegsmarine) war nach seiner Kommandanten-Verwendung auf dem Schul- und Flaggschiff ERNST THÄLMANN anschließend von 1954 bis 1957 Chef des Bergungs- und Rettungsdienstes in Sassnitz.

Kapitänleutnant *Peter Feike* war nach seiner Kommandanten-Verwendung von 1957 bis Anfang der 60er-Jahre Chef Aufklärung im Kommando der Seestreitkräfte in Rostock.

Werner Heim (ex Funkmaat) wurde Lehroffizier "Funk/Nachrichten" und 1955 Stellvertreter für Ausbildung an der Nachrichten-Offizierslehranstalt Kühlungsborn. 1960 leitete er kurzzeitig als Kommandeur die Flottenschule in Parow.

Ingenieur-Personal

Zum Ingenieurpersonal mit Kriegsmarinehintergrund gehörten u.a. *Werner Ziemann* und *Ernst Julius* (beide LI auf Schul- und Flaggschiff), *Rudi Hoffmann* (LI MLR HABICHT), *Hans Lierke, Ernst Schulze, Hannes Kuhfeld* (alle LI auf R-Boot 218), *Ernst Böhme, Heinz Hill, Gerhard Kohn, Bellmann, Werner Schulze, Horst Wilhelm, Otto Kuhlmann* und *Hermann Schumann* (alle LI auf KS-Boot), *Willy Wenig, Kurt Richter, Kurt Jungnickel, Rolf Feckenstedt, Georg Niesobski, Herbert Henke, Horst Voigt* und *Hans Georg Rieschke*.

Vom Werdegang *Hans Georg Rieschke* (Jahrgang 1921) erfuhr der Autor erst im September 1990, nachdem die Zeitschrift "Blaue Jungs" (DMB) eine Suchanzeige meines Vater Gernot Pfeiffer zu überlebenden Besatzungsangehörigen von Zerstörer Z 24 veröffentlichte. Neben seinem Kommandanten, dem Konteradmiral a.D. der Bundesmarine Heinz Birnbacher, erhielt Gernot Pfeiffer auch Post von dem Rostocker Marinekamerad Hans Georg Rieschke.

Aus seinen Briefen ging hervor, dass er der Crew XII/1939 angehörte. Er absolvierte die Offiziersschule in Flensburg-Mürwik. Als Oberfähnrich-Ing. (WI) fuhr er, wie mein Vater, an Bord des Zerstörers Z 24 (i.D. 26. Oktober 1940, Untergang vor Le Verdon 25. August 1944). Im Februar 1943 stieg er gemeinsam mit dem Leitenden Ingenieur, Oberleutnant Willy Burkhard, von Bord. Rieschke absolvierte 1943 die Marineschule Kiel. Anschließend kam er zur 59. Vorpostenflottille, deren Chef zu dem Zeitpunkt Korvettenkapitän Georg Köhler war. Er fuhr als LI auf dem Sicherungsboot 5909 (ex norwegisches Minenräumboot) im Geleit- und Sicherungsdienst vor der norwegischen Küste. Bei Stadtlandet wurde sein Boot werfttreif zusammen geschossen. Es kam zur Instandsetzung in die Werft nach Tönsberg. Im September 1944 erhielt Leutnant-Ing. Rieschke seine Kommandierung als WI auf den Kreuzer KÖLN, auf dem verblieb er bis März 1945. In einer Landkampfeinheit der Marine erlebte er das Kriegsende. Im Mai 1945 geriet Oberleutnant-Ing.

Rieschke in amerikanische Gefangenschaft. Aus nicht näher bekannten Gründen wurde er der Roten Armee übergeben. Rieschke verbrachte anschließend vier Jahre in sowjetischer Kriegsgefangenschaft.

1949 kehrte er nach Deutschland zurück. Als Seepolizei-Rat trat er im Herbst 1950 in den Dienst der HV Seepolizei. Entsprechend seiner ingenieurtechnischen Kenntnisse und Erfahrungen in der Kriegsmarine erfolgte sein Einsatz als Flottilleningenieur in der Räum- und KS-Boot-Division bzw. der Flottenbasis Ost. 1954 wurde Korvettenkapitän Rieschke Leiter der Baubelehrungsabteilung in Wolgast (Tarnbezeichnung F 16). 1955 wechselte er als Entwicklungsingenieur in Uniform zum Institut für Schiffbautechnik in Wolgast (ISW). Mit der 1964 erfolgten Herauslösung des ISW aus der Unterstellung beim Ministeriums für Nationale Verteidigung und Angliederung an das Ministerium für Schwermaschinen- und Anlagenbau arbeitete Reserveoffizier Rieschke in der Vereinigung Volkseigener Betriebe (VVB) Schiffbau Rostock. In seine Zuständigkeit fiel der Marine- und zivile Schiffbau.

Ab 1975 widmete er sich im Arbeitskreis Schifffahrts- und Marinegeschichte (DDR) der "Geschichte Deutsche Marine 1815 bis 1945". Er war Leiter dieser Gruppe und gehörte 1990 zu den Gründern der Marinekameradschaft Rostock. Rieschke verstarb 2002 in Rostock.

Kapitän zur See *Ernst Schulze* wurde Leiter der Schiffstechnischen Überwachung im Kommando der Volksmarine.

Fregattenkapitän *Kurt Richter* bekleidete später die Dienststellung Unterabteilungsleiter Betriebsüberwachung im Schiffstechnischen Dienst. In diesem Bereich arbeitete auch Fregattenkapitän *Willy Wenig* als Oberoffizier für Schiffsmaschinenbetrieb.

Ehemalige Angehörige der Kriegsmarine und der Wehrmacht, vorwiegend Fähnriche und Unteroffiziere aber auch einige Offiziere gelangten beim Aufbau der Seestreitkräfte sofort in Führungsfunktionen. Dazu gehörten u.a. *Wolfgang Rössger* (Stellvertreter Technik im Stab VP-See), *Helmut Neumeister*, *Wilhelm Nordin*, *Heinrich Jordt*, *Wilhelm Hambuch*, *Günter Hoppe*, *Heinz Schreiber*, *Alfred Kafka* (alle Stellvertreter-Positionen an Seepolizei-Schule und Seepolizei-Offiziersschule), *Albrecht Schliecker*, *Gotthard Hoddow*, *Ernst Schulze*, *H.-Werner Rothe* (Chef und Stellvertreter-Positionen in Baubelehrungsabteilung) sowie *Herbert Quil*, *Heinz Lehmann*, *Rudolf Quade*, *Karlheinz Weidhaas*, *Werner Wunderlich* und *Bruno Wansierski* (alle Stellvertreter PK bzw. Leiter Politabteilung). *Rudolf Kühne* und *Bruno Kroß* erhielten leitende Positionen im Finanzressort der Seepolizei in dem auch *Ludwig Jordan* an der Seepolizeischule Parow arbeitete. Zu den Wiederverwendern gehörte auch *Willi Nietzsche* (ex Obersteuermann), dessen damalige Dienststellung in der Seepolizei bisher nicht zugeordnet werden konnte.

Das Fehlen von kriegsgedienten Offizieren aus der mittleren und höheren Führungsebene bewirkte anfangs Wissens- und Erfahrungsdefizite in der Seekriegstaktik sowie im Führen von Schiffsverbänden in See. Im Ergebnis des Anstiegs von Absolventen der Offiziers- und Unteroffiziersausbildung wuchs das Offiziers- und Unteroffizierskorps zahlenmäßig bis 1955 stark an. Damit verringerte sich parallel der Anteil von ehemaligen Angehörigen der Kriegsmarine und Wehrmacht im Dienst der VP-See.

Von 633 Marine-Offizieren Ende 1952 waren 227 (35,86 Prozent) zuvor Angehörige der Kriegsmarine. Dabei überwogen die Dienstgrade Fähnrich und Oberfähnrich sowie Unteroffizier. Bei den 722 Mann dienenden Unteroffizieren per 1. Dezember 1952 sank der Anteil auf 8,4 Prozent (61 Mann). Der Unteroffiziersbestand rekrutierte sich zu 68 Prozent (491 Mann) aus Einheiten der VP- und Grenzbereitschaften. Ende 1955 betrug der Anteil von ehemaligen Angehörigen der Kriegsmarine in allen Dienstgradgruppen der VP-See etwa 500 Mann. Das waren ca. 5 Prozent des Personalbestands der VP-See von gesamt 9.990 Mann.

Ohne die Bereitschaft und das Engagement von ehemaligen Offizieren, Fähnrichen und Unteroffizieren der Kriegsmarine wäre der Aufbau von DDR-Seestreitkräften, sowohl der Flottenkräfte als auch die Organisation und Durchführung der Lehrausbildung, viel problematischer verlaufen, wenn nicht gar unmöglich gewesen.

Um so bedeutsamer ist deren Mut, Passion, Willensstärke sowie Vertrauen in und die Identifikation mit dem neuen Staat — der DDR — zu bewerten. Neben der Notwendigkeit, für sich und die Familie eine neue Lebensgrundlage aufzubauen, bot der Dienst in den Seestreitkräften für die Kriegsgedienten jedoch keine berufliche Sicherheitsgarantie. Diese schmerzliche Erfahrung mussten einige Berufssoldaten der NVA dann Ende der 50er-Jahre machen. Entsprechend eines Beschlusses des SED-Politbüros mussten sie aus dem aktiven Dienst der NVA ausscheiden. (siehe 5.15.)

5.3. Chefinspekteur und Chef des Stabes, 1. März 1951

Neukirchen gehörte mit zu den etwa 50 kriegsgedienten Marinesoldaten im Offiziersrang, die, ab 1950/51 wieder in Marineuniform, nunmehr einen entscheidenden Beitrag sowohl beim Aufbau von Seestreitkräften der DDR als auch für den funktionierenden Dienstbetrieb leisteten. Dieser prägende Einfluss beim Aufbau von 19 Dienststellen (incl. Flottenbasen, Stäben, Arsenalen, Kompanien usw.), im Dienst- und Ausbildungsbetrieb, in der Lehr- und Fachausbildung von Offiziers- und Unteroffiziersanwärtern und Matrosenspezialisten sowie in der Vermittlung von maritimen Brauchtum wurde zu DDR-Zeiten untertrieben oder nur beiläufig erwähnt.

Dagegen wurde die Hilfe und Anleitung sowjetischer Berateroffiziere in deutscher Marineuniform nahezu euphorisch übertrieben. Man vermied es sogar, die vordringliche Kontrollfunktion der sowjetischen Offiziere zu erwähnen, obwohl sich die SMAD seit 10. Oktober 1949 Sowjetische Kontrollkommission (SKK) nannte. Vom 28. Mai 1953 bis März 1954 firmierte das Kontrollgremium in der DDR dann unter "Hohe Kommission der UdSSR".

Das schon damals von Politverwaltungen, -abteilungen und -offizieren verbreitete und gesungene Hohelied auf die "Freunde" wurde trotz der großen Anzahl sowjetischer Berateroffiziere in der Aufbauphase nicht ihrer tatsächlichen Einwirkung auf die Angehörigen der Seestreitkräfte gerecht. Die fachliche Einflussnahme sowjetischer Berater im Offiziers- und Unteroffiziersrang auf die Schiffs- und Bootsbesatzungen, in Fachdiensten und Lehreinrichtungen war geringer als die dominierende Rolle der "Ehemaligen" aus der Kriegsmarine. Diese Erkenntnis bestätigte Friedrich Elchlepp, der seit 28. Februar 1950 nahezu hautnah der sowjetischen Einflussnahme ausgesetzt war, 2001 gegenüber dem Autor.

In diesem Spannungsfeld des aktiven Dienstes von erfahrenen, kriegsgedienten Fachpersonal der Kriegsmarine sowie der Kontrolle und Aufbauhilfe durch sowjetische Militärangehörige bewegte sich Neukirchen. Wie kein anderer Flottenführer kannte er beide Seiten sehr gut aus eigenem Erleben und Erfahrung. Er wusste damit respektvoll umzugehen.

Es gehörte zum Verdienst von Generalinspekteur Waldemar Verner, dass er sich energisch für die Gewinnung von Neukirchen als künftigen Chef des Stabes der HV Seepolizei einsetzte. Es gelang ihm, sich in der Stellenbesetzung gegenüber Parteigremien durchzusetzen. Auch Seepolizei-Inspekteur Friedrich Elchlepp, ehemaliger Oberleutnant der Kriegsmarine und von Anbeginn mit dabei, entsprach neben Neukirchen ebenso dem Führungsanspruch aus maritimer und fachlicher Sicht. Vermutlich sah er sich auch auf dem Posten als Chef des Stabes. Es kam jedoch anders. Elchlepp wurde 1951 Flottenchef der ersten Flottille der HV Seepolizei in Peenemünde. Diese hieß anfänglich Räum- und Küstensicherungsdivision und dann Flottenbasis Ost mit der Tarnbezeichnung K 17. Der Marinestandort Peenemünde war zugleich auch ab dem 3. Oktober 1990 der letzte Stationierungsort als Aufleger-Flottille der bis 1994 abgerüsteten und verkauften Schiffe der Volksmarine.

Neukirchens Trümpfe lagen in seinen Verwendungen in der Kriegsmarine, vom Matrosen bis zum Oberleutnant und in seiner Führungspersönlichkeit innerhalb der NDPD mit anerkannter Autorität. Die SED-Führung sah in Neukirchen einen geeigneten Militärführer mit militärischem Sachverstand, energischem Führungsstil und politischer Zuverlässigkeit.

Verner und Neukirchen haben sich stets verstanden, die Chemie zwischen beiden stimmte auffallend gut. Ganz offensichtlich fanden im Vorfeld von Neukirchens Dienstantritt im Berliner Stabsquartier der HV Seepolizei auch interne Gespräche über den Aufbau der Marine und zur Arbeit des Marinestabes statt.

Mit den Worten "da gehöre ich rein" verabschiedete sich Neukirchen als Zivilist von seiner Frau Irmgard. Am 1. März 1951 erschien er wieder in Admiralsuniform eines Chefinspekteurs der HV Seepolizei. Neukirchen entschied sich, in der Deutschen Demokratischen Republik Soldat zu werden. Er sah in dem Staat eine legitime Alternative zu einem imperialistisch geprägten Deutschland, vor allem zum vorangegangenen Staat des Nationalsozialismus unter Hitler. Angesichts der aus der Ost-West-Konfrontation erwachsenen neuen Kriegsgefahr hielt Neukirchen die DDR für verteidigungsbedürftig und angesichts des Friedensbekenntnisses der Arbeiter- und Bauern-Macht auch für verteidigungswürdig.

Neukirchen startete seine Karriere nahezu als Außenseiter. Er war mit niemandem verbandelt und von niemandem abhängig. Er gehörte in der DDR zu den wenigen Männern der verlorenen Kriegsgeneration, die mehr wollten als nur mitmachen. Seinen rasanten Aufstieg im 36. Lebensjahr verdankte er seinem exzellenten maritimen und militärischen Fachwissen, der exponierten NDPD-Position und Fürsprache von sowjetischer Seite, der Marineabteilung in der SKK in Berlin-Karlshorst.

Neukirchen unterschrieb seine "Eidesstattliche Verpflichtung" für den Dienst in der HV Seepolizei mit rotem Stift erst am 1. Mai 1951. Auf dem Papier im DIN A 4-Format strich er den vorgedruckten letzten Satz: "Ich verpflichte mich, vom Tage der Unterzeichnung ... nicht weniger als drei Jahre zu dienen". Dafür setzte er handschriftlich in rot den Satz: "so lange zu dienen, wie Partei und Regierung es verlangen". Welche Partei er damals meinte, bleibt offen.

Mit seiner Dienstaufnahme bei der HV Seepolizei in Berlin nahm Neukirchen seinen Wohnsitz in der "Kavalierstraße 21" im Berliner Stadtbezirk Pankow. Das Marinestabsquartier befand sich anfangs in Berlin-Wilhelmsruh und ab Juli 1951 in Niederschöneweide, Schnellerstraße 139. Am 16. Juni 1953 verlegte die Marineführung mit Stab und Verwaltung an die Ostseeküste, zuerst nach Stralsund-Parow, dann nach Rostock.

Dienst nach "Statut"

Mit seiner sachlichen, mitunter auch knorrigen Koryphäen-Attitüde erwies sich der Neue, der Gefühlswallungen gern öffentlich bei den Mitarbeitern des Stabes auslebte, als Kontrapunkt zu seinem Vorgänger Scheffler. Zum Bereich Chef des Stabes der HV Seepolizei in Berlin gehörten 1951 der Stellvertreter Stabschef, Stab, Operative Arbeit und Operativer Dienst, Abteilung Organisation, Technische Abteilung, Nachrichten-Abteilung mit diversen Nachrichten-, Sende- und Empfangsstationen, Lehr- und Fachausbildung, Wachzug und Stelle für Verschlusssachen. 1952 kamen der Leiter des SHD hinzu.

Der Chef des Stabes hatte sich im Dienst nach einem vorgegebenen "Statut" zu orientieren. Dieses mehrseitige, geheime Dokument wurde der HV Seepolizei mit ihrer Gründung 1950 von sowjetischen Berateroffizieren übergeben. Das "Statut" definierte das Dienstverhältnis des 'Chefs des Stabes' als 1. Stellvertreter des Leiters der HV Seepolizei. Es reglementierte die Arbeit des Stabes der Seepolizei.

Im Gegensatz zu Scheffler sah Neukirchen die Festlegungen nicht so abstrakt, sondern eher auf die jeweilige Lage und Aufgaben bezogen. Ohne Übertreibung kann man sagen, Neukirchen interessierte sich mehr für die dienstlichen Belange in der HV Seepolizei und ihren Soldaten als denen lieb war. Neukirchen hatte ein Gespür dafür, wo Schwerpunkte gesetzt werden mussten und wo es im Dienstbetrieb klemmte. Das "Statut" bildete in den Aufbaujahren eine Arbeitsgrundlage für die Position 'Chef des Stabes' der als

Seepolizei getarnten Seestreitkräfte. Nachfolgend werden einige Auszüge aus dem Originaldokument zitiert.

"Der Stabschef leitet die Arbeit des Stabes und aller Dienste, die eine ununterbrochene Führung der Einheiten und Verbände gewährleisten. Der Stabschef trägt volle Verantwortung für:

1. Den ununterbrochenen rechtzeitigen Eingang aller Angaben über die Lage auf dem Seeschauplatz und für die entsprechende Information des Leiters der HVS.

2. Die rechtzeitige und genaue Übermittlung der Befehle und Anordnungen an die Einheiten und Verbände, sowie für die Kontrolle der Ausführung derselben.

3. Die Organisation und Gewährleistung einer ununterbrochenen Verbindung mit den unterstellten Einheiten und den anderen Sparten der Volkspolizei.

Auf der Grundlage von Entscheidungen des Leiters der HVS organisiert der Stabschef:

1. Die Zusammenarbeit der Einheiten und Verbände bei der Durchführung des Wachdienstes, bei Räumaktionen und bei der Durchführung anderer Operationen.

2. Den Wach- und Aufklärungsdienst auf See, sowie den Minenschutz auf Schiffen der HVS.

3. Die Sicherstellung der materiellen-technischen Versorgung bei der Durchführung von Einzel- oder ständigen Operationen auf See oder an Land durch den Leiter der Intendantur der HVS und den ihn unterstellten Organen, anhand von erforderlichen Grundanordnungen.

4. Der Leiter des Stabes der HVS leitet und koordiniert die Arbeit der unterstellten Stäbe der Einheiten und Verbände der HVS unter Anstrebung eines guten Einklangs in der Arbeit und einheitlicher Arbeitsmethoden im Stabsdienst. Er gibt Anweisungen in allen Fragen des Stabsdienstes".

Das Statut ermächtigte den Chef des Stabes, "den unterstellten Einheiten und Verbänden Befehle und Anordnungen zu erteilen. Die Anordnungen des Leiters des Stabes sind für alle Verbands- und Einheitskommandeure bindend".

Das Statut verpflichtete den Chef des Stabes, "den Leiter der HVS von den Fragen der Organisation und Führung der Einheiten zu entlasten sowie über den Wach- und Räumdienst und anderen Operationen laufend zu informieren". Der Chef des Stabes muss in der Lage sein, dem Leiter der HVS "zu jeder Zeit einen Bericht geben und ihm Entscheidungen vortragen zu können".

Das "Statut" regelte nach sowjetischem Vorbild die Zusammenarbeit zwischen dem Chef des Stabes und dem Leiter der Polit-Kultur (PK)-Abteilung. Mit dem PK-Apparat bzw. ab 1952 der Politischen Verwaltung verwirklichte die staatstragende SED ihre führende Rolle in den bewaffneten Kräften.

Das bereits im Statut definierte Dienstverhältnis zwischen dem eigentlichen militärischen Führer und seinem Stellvertreter für politische Arbeit widerspiegelte eine problematische Art des militärisch-politischen Systems in den Seestreitkräften der DDR. Der politische Chef konnte alle Maßnahmen des Chefs des Stabes beeinflussen, befördern aber auch behindern oder gar verbieten.

Unter der Stabsregie von Neukirchen ist dem Autor kein Beispiel bekannt geworden, wo er sich vom Leiter PK bzw. der Politischen Verwaltung reinreden ließ. In Abhängigkeit vom Zeitraum der Ausübung dieser Dienststellung betraf das Chefinspekteur Erwin Bartz (1950-1952), Kapitän zur See Heinrich Issleib (1952-1956), Fregattenkapitän bzw. Kapitän zur See Rudi Wegner (1956-1959 sowie 1961-1974) und Fregattenkapitän Heinz Thude (1959-1961).

5.4. Minenräumen, Vorbereitungsphase, Einsatz, 1951-1953

Kaum "on Board" der HV Seepolizei widmete sich Neukirchen mit großer Energie der stabsmäßigen Vorbereitung und seemännisch-fachlichen Ausbildung des Marinepersonals für das Minenräumen vor der mecklenburgischen Ostseeküste. Aus seiner Feder stammen mehrere operative Weisungen und Denkschriften zur Taktik des Minenräumens sowie waffentechnische Beschreibungen der Minenwaffe. 1950, fünf Jahre nach Kriegsende, fielen trotz eingerichteter Schifffahrtzwangswege immer wieder Schiffe mit ihren Besatzungen den in der Ostsee liegenden oder treibenden Seeminen zum Opfer. So stand auch die DDR vor der Aufgabe, die Seeminengefahr im Bereich ihres Küstenvorfeldes, der Schifffahrtzwangswege, Reeden und Hafenansteuerungen zu bannen. Für das Freiräumen benötigte man eigene Minensuch- und Räum-schiffe bzw. -boote.

Räumboote

Die Geburtsstunde der Minensuch- und Räumkräfte der DDR schlug bereits am 29. Mai 1950, genau 18 Tage vor dem offiziellen Aufstellungsbeginn der Hauptverwaltung Seepolizei am 16. Juni 1950. An diesem Maitag erhielt die DDR von der UdSSR die ersten Kriegsschiffe, Räumboote des Typs R 43 der Deutschen Kriegsmarine. Eine Kommission vom Ministerium der Kriegsmari-ne der UdSSR unter Leitung von Kapitän 1. Ranges (Kapitän zur See) M.F. Krochin übergab an die Regierungskommission unter Vorsitz des stellvertre-tenden Ministerpräsidenten der DDR, Heinrich Rau, im Hafen Parow bei Stralsund sechs Räumboote. Zu den Kommissionsmitgliedern gehörten auf sowjetischer Seite Ing.-Kapitän 2. Ranges (Fregattenkapitän) S.I. Stebljanko und Kapitänleutnant I.W. Popow.

Die deutsche Seite war vertreten durch Volkspolizei-Inspekteur Felix Scheffler und Volkspolizei-Kommandeur Walter Friedrich. Das Übergabe-Zeremoniell vollzog sich im Beisein des Vertreters der SKK, Kapitän 3. Ran-ges (Korvettenkapitän) E.I. Leleko. Die R-Boote waren der UdSSR gemäß des Teilungsvorschlages der Dreierkommission von Marinevertretern der Sieger-mächte USA, UdSSR und England über die deutsche Flotte am 15. Oktober 1945 überlassen worden. Die R-Boote trugen in der HV Seepolizei die Typbe-zeichnung R-218.

Die Anfang der 40er-Jahre in Dienst gestellten R-Boote hatten eine Wasserverdrängung von 131,24t. Sie waren 39,50m lang und 5,72m breit. Der Tiefgang des Glattdeckbootes betrug 1.80m. Die Boote waren in Komposit-bauweise gefertigt. Die Spanten bestanden aus Stahl. Die hölzerne Außenhaut war mit einer Doppel-Diagonal-Kawel-Beplankung versehen. Sieben Quer-schotte unterteilten das Boot in acht wasserdichte Abteilungen. Zwei 6-Zylinder Dieselmotoren MWM von je 1.250 PS verliehen dem Boot eine Ge-schwindigkeit von 22,7sm/h. Diese wurde jedoch 1950 nicht mehr erreicht. Die Ausrüstung für das Minenräumen war entweder nicht einsatzklar oder fehlte. Nach Aussagen der ersten R-Boot-Besatzungen der HV Seepolizei be-fanden sich alle sechs R-Boote in einem schlechten technischen, optischen und sanitär-hygienischen Zustand. Eine umfassende Werftreparatur war dringend notwendig.

68

14 Tage später wurden der DDR am 12. Juni 1950 im Wismarer Hafen vier ehemalige dänische Marinefahrzeuge durch die gleiche Marinekommission der UdSSR an die DDR übergeben. Die Minenleger SIXTUS und QUINTUS (je 186t), das Minensuchboot LOSSEN (640t) sowie das Fischereischutzschiff HVIDBJÖRNEN (1.050t) waren zwar schwimmfähig, aber nicht einsatzklar.

Nach aufwendigen Umbau- und Instandsetzungsarbeiten wurden diese Fahrzeuge unterschiedlichen Verwendungszwecken in der HV Seepolizei, VP-See und Seestreitkräften (ab 1956) zugeführt. Die Indienststellung der zunächst als Räum- und dann als Schulschiffe eingesetzten PRENZLAU und FÜRSTENBERG (ex QUINTUS und SIXTUS und) erfolgte im März 1952. Der überhöhte Brückenaufbau verschaffte beiden Schiffen den Beinamen "Hochhäuser". Nach aufwendigem Umbau der HVIDBJÖRNEN trat es im November 1952 als Flagg- und Schulschiff ERNST THÄLMANN in den Dienst der Flotte.

Vorbereitungsphase

Trotz den Schwierigkeiten in der personellen Auffüllung aller Boote bereiteten sich die Besatzungen unter Leitung des Chefs der Räumflottille, Seepolizei-Oberrat Wolfram Zuch, im intensiven Rollentraining im Parower Hafen und auf dem Strelasund auf die Seeausbildung vor. Ab September 1950 stand die Seeausbildung dann unter dem Kommando des Chefs der Räumbootflottille, Seepolizei-Oberrat *Alfred Schneider*. Er gehörte zu den kriegsgedienten Angehörigen der Seepolizei. Die Ausbildung offenbarte erhebliche seemännische und navigatorische Defizite. Havarien waren durch fehlende navigatorische Erfahrungen und seemännische Praxis vorprogrammiert. Dazu erinnerte sich der damalige Seepolizei-Rat *Rudi Wegner*, Politstellvertreter auf dem Boot R-3, an eine Episode, die ernste Folgen hatte. Wegner fuhr in der Kriegsmarine als Maschinist auf Zerstörer Z 7 HERMANN SCHOEMANN (Typ "1934 A"). Sechs Jahre später betrat er wieder die Planken eines viel kleineren R-Bootes aus dem Bestand der Kriegsmarine.

"Die R-Boote übten im freien Seeraum einzeln das An- und Ablegen an einem vor Anker liegenden R-Boot. Unser Kommandant, Seepolizei-Rat *Heinz Kühne*, hatte als erfahrener Seemann diese Aufgabe mehrmals gut gemeistert. Nun hatte umgekehrt R-6 an R-3 anzulegen. Für dieses Manöver ließ der Kommandant von R-6, Seepolizei-Rat *Heinz Jäckel*, seinen ersten Wachoffizier, Seepolizei-Kommissar Schmidt, den Vortritt. Kommandant Jäckel selbst begab sich auf das Vordeck, um von dort alles beobachten zu können. Alles schien gut zu klappen. Der Kurswinkel stimmte und die Geschwindigkeit schien uns, als das vor Anker liegende Boot, auch richtig zu sein. Aber dann bemerkten wir, dass R-6 ohne Fahrtverringerung näher und näher kam. Seepolizei-Rat Jäckel wurde auf der Back seines Bootes unruhig und gab uns wild gestikulierend unverständliche Zeichen herüber. Alles deutete auf eine Kollision. Der erste Wachoffizier auf R-6 schrie auf der Brücke mehrmals Stopp-Stopp! Doch sein Boot bewegte sich ungebremst auf R-3 zu. Er sah sich hilfesuchend um und brüllte schließlich erregt, Stopper als Stopp! Im Ergebnis des misslungenen Anlegemanövers hatte R-3 ein Loch im Achterdeck und R-6 einen beschädigten Vorsteven. Die Ursache, weshalb der erste Wachoffizier die Maschinen nicht auf zurück legen ließ, um die Fahrt aus dem Boot zu nehmen, klärte sich bald auf. Eine Kommission untersuchte die Havarie. Sie fand heraus, dass Schmidt in seinem Fragebogen angegeben hatte, bei der Kriegsmarine als Steuermann ausgebildet worden zu sein. In Wirklichkeit trug er dort die Uniform als Musiker, er blies Trompete. Damit war sein Dienst in der Seepolizei zu Ende. R-3 musste in die Werft."

Im Verlauf der Seeausbildung durften die R-Boote ihre Nase schon in die Ostsee stecken. Die durch häufige Werftinstandsetzungen unterbrochene Seeausbildung umfasste zunächst das Einzelboots- und Verbandsfahren in See, Minenräumen und Minenlegen, die U-Boot-Jagd und schließlich Geleitüberführungen bis zum Seeziel- und Luftzielschießen (anfangs auf Luftball). Mitte der 50er-Jahre kamen die Übungselemente Anlandung und Küstenverteidigung im Zusammenwirken mit der Kasernierten Volkspolizei (KVP) hinzu.

Am 2. Oktober 1950 verlegten R-2, R-3, R-4 und R-6 zur Werftreparatur in die Hanse-Werft nach Wismar. R-1 und R-5 lagen in Warnemünde. Wahrscheinlich wurden beide Boote in der Rostocker Neptun-Werft instand gesetzt. Der Flottillenstab unter Seepolizei-Oberrat Schneider und die Bootsbesatzungen bezogen in Baracken und Zelten in Wendorf, einem Stadtteil von Wismar, Quartier. Die Art und Weise der vorübergehenden Unterbringung führte zur Bezeichnung "Zirkus Schneider". Die Instandsetzungsarbeiten konnten trotz knapper Werftkapazitäten weitgehend bis Ende November 1950 abgeschlossen werden.

Am 23. November 1950 wurde für alle R-Boote (außer R-6) das Einlaufen in die Marinebasis Wolgast befohlen, die sich noch im Bau befand. Dort machten noch vor dem Beginn der Eisperiode die R-Boote im Stichkanal der ehemaligen Kalkbrennerei fest. Weil die Unterkünfte für die Besatzungen noch nicht fertig waren, verlegte der Flottillenstab nach Zinnowitz auf Usedom. Er bezog dort in "Schwabes Hotel" sein Stabsquartier. In dem residierten einst der V-Waffenkonstrukteur Werner von Braun und Generalmajor Walter Robert Dornberger (Kommandeur Heeresversuchsanstalt Peenemünde). Die Bootsbesatzungen wurden u.a. in Ferienheimen "Glück auf" und "Otto Schmirgal" in Zinnowitz vorübergehend einquartiert. "Die Einrichtung in den Häusern und die Unterbringung empfanden wir als erste Klasse. So luxuriös haben wir nie wieder gewohnt", erinnerte sich Rudi Wegner. An Stelle der Ostseeurlauber eroberte die Seepolizei im Winter und Frühjahr 1950/51 die Ferienquartiere auf der Insel Usedom. Deren Besitzer mussten sich der vorrübergehenden Einweisung durch die Seepolizei fügen.

Am 24. April 1951 erteilte Chefinspekteur Neukirchen der Abteilung Stab/Operativ die Weisung zur Ausarbeitung der Taktik für das Räumen von Ankertauminen mit mechanischem Räumgerät vor der Küste Mecklenburgs. Dieser Befehl stand am Beginn einer 17 Monate andauernden Vorbereitungsphase für den eigentlichen scharfen Minenräumeinsatz ab 6. September 1952.

In seiner operativen Weisung beschrieb Chefinspekteur Neukirchen im Teil A die in der Ostsee vermuteten Minenarten. Er erwähnte in dem Dokument u.a. die "Einheitsmine Typ A" (EMA, längliche Form), "Einheitsmine Typ B" (EMB), "Einheitsmine Typ C" (EMC, Kugelform) sowie die "U-Boot-Minen Typ A" (UMA) und "U-Boot-Minen Typ B" (UMB). Bei den Typen EMB (Landungsmenge 225kg TNT) und EMC (Ladungsmenge 300kg Hexanit) handelte es sich um Bleikappen-Kontaktminen, die im 2. Weltkrieg als Ankertauminen in der Nord- und Ostsee zum Einsatz kamen. Die gegen U-Boote eingesetzten Minen UMA und UMB verfügten über ein Gefäß mit der Ladungsmenge von 30kg bzw. 40kg TNT.

Weitere Magnetfernzündungsminen wurden im Verlauf des Krieges von Schiffen und Flugzeugen als Grundminen in vermessenen Seegebieten abgeworfen. Minengefäß und Voreilanker sind zunächst beim Transport fest miteinander verbunden. Beim Wurf ins Meer sank das Voreilgewicht (Anker) mit dem Tiefentau (zur Tiefeneinstellung) auf den Meeresgrund. Der Voreilanker füllte sich mit Seewasser. Das Ankerstahlseil samt Minengefäß spulte sich über eine Trommel vom Anker ab. Der Anker lag auf dem Meeresgrund. Die am Stahlseil aufschwimmende Mine wurde um die zuvor eingestellte Länge unter Wasser gehalten.

Die kriegführenden Länder legten die Minenfelder sowohl als Verteidigungsminensperren vor der eigenen Küste als auch in geheimer Aktion als Angriffsminenfelder vor der gegnerischen Küste aus. Die Royal Navy und Air Force ging im Kriegsverlauf dazu über, Fernzündungsminen auf gegnerische Seeverbindungswege bzw. Hafenansteuerungen per Flugzeug abzuwerfen.

Neukirchens Weisung enthielt im Teil B die anzuwendenden Minenräumverfahren. Erläutert wurden das Strich-, Kreis-, Durchstoß- und Diagonal-Nachprüfverfahren. Abbildungen von Räumformationen gaben den Besatzungen der Räumverbände eine Vorstellung zum Aufbau eines kompletten Räumgestells. Sein Befehl enthielt außerdem Verhaltensvorschriften für die R-Bootsbesatzungen bei unklarem Gerät, geschnittenen Minen oder erlittenen Treffern. Über die tatsächlichen Minenarten und ihre Lage vor der Küste der DDR existierten keinerlei Angaben.

Der Entwurf zur Taktik des Räumens von Fernzündungsminen auf magnetischer, akustischer sowie kombinierter Grundlage mit Fernräumgeräten war zum 31. Mai 1951 fertig. Auch der Räumplan für den Greifswalder Bodden und Seeweg von Wismar nach Warnemünde lag Ende Mai 1951 vor. Im Folgemonat legte die Abteilung Stab/Operativ den Räumplan für die Tromper Wiek vor. In Zusammenarbeit mit einem Offizier des Minenwesens der Lehr- und Fachausbildung wurde eine Denkschrift eines Sperrversuchskommandos erarbeitet. Alle Dokumente mussten Marineoffizieren der Sowjetischen Kontrollkommission in Berlin vorgelegt und von ihnen bestätigt werden. Gemeinsam mit sowjetischen Berateroffizieren wurde die Taktik zum Räumen von Ankertauminen und Fernzündungsminen Mitte Juli 1951 besprochen.

Für die theoretische Sperrausbildung transportierte die HV Seepolizei im Frühjahr 1951 komplette Räumgestelle nach Zinnowitz auf Usedom. Auf der Promenade und am Strand des Seebadeortes, wo sonst die Urlaubsgäste flanierten, übten die R-Bootsbesatzungen das Aus- und Einbringen von Räumgeräten. Dazu wurde im Sandboden der Kurpromenade das Achterschiff eines R-Bootes nachgebildet. Anstelle der Fahrt des Bootes in See zogen die Besatzungen die an Leinen befestigten Bojen und Scheerdrachen auf dem Ostseesand in die entsprechende Räumformation. Auf diese Art und Weise gewannen das Sperrpersonal und die staunenden Urlauber eine Vorstellung vom Aufbau und der Funktionsweise eines komplett in See ausgebrachten Räumgerätes, in diesem Übungsfall vorerst nur im Ostseesand.

Das Training im Aus- und Einbringen des Scheerdrachenräumgerätes (SDG/R) in See sowie Fahren mit SDG/R begann im Juli 1951. Die Kommandanten erlernten das Räumen im Strich-, Kreis- und Durchstoßverfahren. Zum Ausbildungsprogramm gehörte das Heranfahren an eine Seemine, um an ihr eine Sprengpatrone zu befestigen. Zur Übung nutzte man eine Tonne bzw. ein Rollreifenfass.

Während des Formationsfahrens mit ausgebrachten SDG/R kam es 1952 im Seegebiet Adlergrund zur Begegnung mit zwei Schnellbooten (wahrscheinlich S 208 und S 130), die unter britischer Flagge fuhren. Die vom damaligen Korvettenkapitän Hans-Helmut Klose befehligten Schnellboote aus dem Bestand der Kriegsmarine mit in Zivil auftretenden Besatzungen kamen dicht heran. Die Schnellbootfahrer bemühten sich um einen Gesprächskontakt zu den Besatzungen auf den R-Booten. Die Bootsgruppe der Seepolizei befehligte der Kommandant von R-6, Seepolizei-Oberkommissar Herbert Bauer. Die Räumbootfahrer wunderten sich über die Flaggenführung und die deutsch sprechenden Schnellbootsbesatzungen. Die Männer auf den R-Booten reagierten nicht auf die Rufe der Schnellbootsfahrer, worauf beide Boote in rasanter Fahrt wieder abdrehten. Die British Fishery Protection-Schnellbootgruppe unter dem Kommando von Klose fuhren im Auftrag des britischen Geheimdienstes M I 6. Sie klärten Radar-, Funk- und Signalstellen entlang der sowjetischen Küste in der Ostsee auf. Sie setzten Agenten an der baltischen Küste ab oder nahmen sie auf.

Ab Mai 1952 begann die R-Bootsabteilung mit dem übungsmäßigen Räumen von Ankertauminen, akustischen- und Fernzündungsminen in See. Als Räumgeräte standen das Kabelfernräumgerät (KFRG) und das russische Tiefseewasserräumgerät (GBT) zur Verfügung. Das Minenlegen wurde mit Fahrwasserbojen trainiert.

Bewaffnung

Am 9. Juli 1951 erhielten alle R-Boote und die im Dienst befindlichen KS-Boote Bordgeschütze des Typs 2-cm-Flak 38 Zwillingslafette, 2-cm-Flak 38 Einzellafette oder 2-cm-Flak 29 Einzellafette Oerlikon. Diese Rückstoßlader mit einer Schussweite von 2.200m hatten Steckmagazine mit 20 Schuss. Das Geschütz Oerlikon mit einem Trommelmagazin hatte 60 Schuss. Die Doppellafette befand sich auf dem Vorschiff. Einige Boote waren dort auch mit der

Oerlikon bestückt. Die beiden Einzellafetten Flak 38 befanden sich bei allen R-Booten hinter dem Deckshaus.

Die auf Grundlage des Befehls Nr. 114/51 des Chefs der VP-See durchzuführende Bewaffnung unter Leitung von Seepolizei-Oberrat Galatzky war bis zum 18. Juli 1951 abzuschließen. Die Bestückung der Boote mit leichten Bordgeschützen löste unter den Beschäftigten der Peene-Werft Wolgast heftige Diskussionen aus. Jahrelang der antimilitaristischen Propaganda ausgesetzt, protestierten sie gegen die Montage von Bordgeschützen. Ein Teil der Werftarbeiter weigerte sich, die erforderlichen schiffbaulichen Veränderungen an den Booten durchzuführen. Das betraf u.a. das Anbringen von Grätings, Munitionsbehälter und Versteifungen unter Deck. Der Chef der Seepolizei, Generalinspekteur Verner, sah sich auf einer einberufenen Betriebsversammlung veranlasst, den Werftarbeitern die Notwendigkeit der Bewaffnung der Boote zu erläutern. Er erklärte den Arbeitern, dass die DDR gegenüber den Kriegsdrohungen des Westens wehrhaft sein müsse. Außerdem benötige die Seepolizei die Geschütze, um die in der Ostsee und den Seewasserstraßen treibenden Minen zur Detonation zu bringen.

Nach Abschluss der Arbeiten übten sich die Geschützbedienungen im Seezielschießen. Um den Geschützverschleiß und Munitionsverbrauch gering zu halten, diente ein auf dem Bordgeschütz montierter Karabiner als Übungswaffe. Als "Zielscheibe" benutzten die Besatzungen ein Blechfass, das auf eines in See treibenden Floß befestigt war. Jedes über See laut vernehmbare "Peng" markierte einen Treffer im Blechfass. Die Eigenart dieses Seezielschießens verschaffte dieser anfänglichen Übungsmethode die Bezeichnung "Peng-Scheibenschießen". Das Übungsschießen und das scharfe Artillerieschießen erbrachten laut den Monatsberichten des Stabes der Seepolizei im August und September 1951 nur unbefriedigende Ergebnisse.

Damit im Zusammenhang erfuhr auch die allgemeine Borddienstausbildung durch den Chef des Stabes die Einschätzung "ungenügend". Befehle von Chefinspekteur bzw. Konteradmiral Neukirchen ließ der zuständige Seepolizei-Kommandeur Heinrich Schunk im Schubfach seines Schreibtisches verschwinden oder belegte diese mit Gegenanweisungen.

Räumeinsatz

Am 27. August 1952 erteilte der Chef der VP-See den Befehl Nr. 267/52 für das Freiräumen von Ankertau- und Fernzündungsminen im Seegebiet östlich

Rügens, beginnend ab dem 3. September 1952 um 7.00 Uhr. Unter dem Kommando von Seepolizei-Rat Werner Elmenhorst begannen die R-Boote am 6. September 1952 auf der Position Westansteuerung Swinemünde, Tonne 4, das Minenräumen mit SDG/R und KFRG. Zwei Küstenschutz (KS)-Boote der 2. und 3. KS-Abteilung fuhren abwechselnd als Bojenboote. Die Hilfsschiffe Logger 931 und 941, das Motorschiff ALFRED MÄRZ sowie der Seeschlepper WOLF versorgten den Räumverband mit Betriebsstoffen, Ersatzräumgeräten und Proviant.

Obwohl die R-Boote das Minenräumen mit SDG/R wegen schlechter Wetterlage häufig unterbrechen mussten, konnte Ende September das Räumen von Ankertauminen abgeschlossen werden. Anschließend begann das Räumen von elektromagnetischen Fernzündungsminen. Ihr Zündmechanismus mit unterschiedlichen und unbekannten Schrittschaltwerken erforderte ein mehrmaliges Überlaufen im Räumstreifen. Dieses aufwendige Hin und Her wurde zusätzlich durch häufige Ausfälle der eigentlich für den Landeinsatz projektierten Stromaggregate erschwert. Hinzu kamen Defekte in der Stromzuführung. Das erforderte ein Auswechseln der Räumkabel und ihrer Elektroden. Bis November 1952 absolvierten vier R-Boote 15 Überläufe. Drei R-Boote fuhren fünf weitere Überläufe.

Entsprechend den damaligen politischen Gepflogenheiten wurde die Räumaufgabe zu Ehren von Stalins Geburtstag am 21. Dezember 1952 als erfüllt gemeldet. Aus dem Bericht des Flottillenchefs, Kapitän zur See Elchlepp, über den "ersten Minenräumeinsatz eines Marineverbandes der DDR" ging jedoch hervor, dass dieser tatsächlich erst am 15. Januar 1953 beendet wurde.

Innerhalb von vier Monaten räumten die R-Boote in insgesamt 24 Überläufen ein Seegebiet von ca. 15sm Länge und 0,54sm Breite. Dieser Räumstreifen ist als "Flottenzwangsweg I" bekannt geworden, beginnend östlich der Insel Greifswalder Oie und endend nordöstlich von Rügen bei "Adlergrund". Durch diesen minenfreien Seeweg verkürzte sich die Fahrt für zivile- und Marineschiffe von "Adlergrund" zur "Peene" sowie der "Ostansteuerung Stralsund". Die einem Rechteck ähnlich große Fläche hatte die beiden Ausgangskoordinaten 54 Grad 14,30 Minuten Nord und 54 Grad 13,30 Minuten Nord sowie 14 Grad 3,45 Minuten Ost und 14 Grad 4,14 Minuten Ost. Die Koordinaten der Endposition lauteten 54 Grad 28,27 Minuten Nord und 54 Grad 28,36 Minuten Nord sowie 14 Grad 12,06 Minuten Ost und 14 Grad 11,12 Minuten Ost.

Während des Räumeinsatzes wurde keine Mine geschnitten oder gesprengt. Nicht geklärt werden konnte die Ursache einer Minendetonation am 8. September 1953 gegen 6.00 Uhr im Seegebiet nördlich Darßer Ort auf der Position 54 Grad 32,30 Minuten nördliche Breite und 12 Grad 33,24 Minuten östliche Länge.

Im Verlauf ihres Minenräumeinsatzes erhielten die Besatzungen vom Anschneiden des Minenfeldes bis zur Beendigung der Räumaufgabe eine Bord- und Minenräumzulage. Für Mannschaften betrug der Stundensatz 2 Mark, für Unteroffiziere 2,50 Mark und für Offiziere 3 Mark. Der Kommandant erhielt 3,50 Mark. Bei Sprengung einer Mine gab es 10 Mark. Für das Entschärfen erhielten die beteiligten Männer je 20 Mark pro Einsatz.

Bis 1956 wurden die Minenräumkräfte durch 30 Räumpinassen (RPi) vom Typ SCHWALBE verstärkt. Diese 28,2m langen und 4,22m breiten Boote mit zwei Antriebsmaschinen des Typs Bukau-Wolf (540 PS) hatten eine Wasserverdrängung von 59,6t. Die RPi erreichten eine Höchstgeschwindigkeit von 12 kn. Die Räumgeschwindigkeit lag bei 6 bis 8 kn. In der Geschichte der DDR-Seestreitkräfte gingen diese Räumpinassen mit den Beinamen "Arbeitsbienen der Ostsee" ein. Nach der Indienststellung von weiteren 18 RPi SCHWALBE der 3. Bauausführung wuchs deren Schiffsbestand bis Ende 1957 auf 48 Einheiten an. Bis Ende der 50er-Jahre räumten die RPi und MLR HABICHT ein Seegebiet mit einer Gesamtfläche von 440 km².

5.5. Kommandeur Paradeformation HV Seepolizei, 1. Mai 1952

Den ersten massiven Aufmarsch von Marinesoldaten der HV Seepolizei in der Öffentlichkeit befehligte Chefinspekteur Neukirchen am 1. Mai 1952 in Berlin. Die ca. 800 Mann zählenden Paradeteilnehmer in blauer Uniform kamen von der Seepolizeischule Parow, Seepolizei-Offiziersschule Stralsund, Nachrichtenschule Stubbenkammer sowie der Räum- und Küstensicherungsdivision Peenemünde. Die Offiziers- und Unteroffiziersanwärter (Kursanten genannt) sowie Matrosen aus Stralsund und Parow verlegten per Bahn im gedeckten Güterwagen nach Berlin-Schöneweide. Aus Sicherheitsgründen befuhr der Zug die lange Bahnstrecke über Rostock-Bützow-Schwerin-Wittenberge-Neustadt-Nauen nach Potsdam. Von dort ging es dann auf die Bahntrasse des Berliner Südrings. Die Benutzung der direkten Bahnverbindung durch Westberlin war damals undenkbar.

In Schöneweide angekommen, marschierten die Mariner im khakifarbenen Bordanzug, dem ehemaligen U-Boot-Bordpäckchen der Kriegsmarine und mit schwarzer Baskenmütze bis zum naheliegenden Quartier in Schöneweide.

Kein Berliner hatte zuvor eine solche Uniformierung gesehen und konnte sie auch keiner Polizei-Einheit zuordnen. Am frühen Morgen des 1. Mai wurde dann die Uniform 1. Garnitur, bestehend aus blauer Hose mit halbem Schlag, Lederstiefeln, Kieler Bluse und Bändermütze weiß, ausgegeben. Im 8km-Fußmarsch mit Gesang ging es dann von Schöneweide bis zum Marx-Engels-Platz bzw. dem Parade-Bereitschaftsraum "Unter den Linden". Schon allein dieser Anmarsch sorgte für ein unglaubliches Aufsehen unter der Bevölkerung. Stasi-Leute in Zivil flankierten die Marschformation.

Als Kommandierender marschierte Chefinspekteur Neukirchen an der Spitze der aus acht Marschblöcken zu je 90 Mann bestehenden Paradeformation über den damals noch von Ruinen umsäumten Marx-Engels-Platz. Ein Marschblock hatte neun Reihen zu je zehn Mann. Direkt hinter Neukirchen liefen die Seepolizei-Inspekteure Walter Steffens und Walter Kühn, gefolgt von einer Reihenformation von zehn Kommandeuren der Seepolizei. Interessant und zugleich originell war ein an der Spitze der Marschformation getragenes, in Holz eingefasstes 2,50m mal 2m großes Blumengesteck in den Nationalfarben Schwarz-Rot-Gold. In der Mitte der Blumenpracht befand sich ein aus Blumen gesteckter goldener Anker. Die Idee für diese mitgeführte bunte Blumen-Dekoration hatte Irmgard Neukirchen.

Daran schlossen sich mehrere Fahnengruppen und ein 24-Mann-zählendes Orchester der Seepolizei an. Die Musiker in Uniform dirigierte Seepolizei-Kommissar Ernst Weiß. Wegen seines perfekten Stechschritts mit dem Taktstock in der Hand erregte er bei den Berlinern besonderes Aufsehen. Vier Matrosen-Gruppen zu je vier Mann trugen große Porträts von Stalin-Pieck-Grotewohl und Ulbricht auf ihren Schultern. Paradeteilnehmer erinnern sich, dass hinter der Marineformation der Seepolizei, ein Block von jungen Krankenschwestern mit weißer Haube Aufstellung genommen hatte.

Nach diesen Marschblöcken hatten Seesport-Formationen der Landesverbände der 1952 gegründeten Gesellschaft für Sport und Technik (GST) Aufstellung genommen. An deren Spitze marschierten Leichtmatrosen des am 2. August 1951 in Dienst gestellten Segelschulschiffes WILHELM PIECK. Die Seesportler in Matrosenuniform führten auf Lkw-Tieflader zwei Kutter K-10 mit. Die der Bevölkerung zuwinkenden zehn Männer der Kutterbesatzung saßen in 1. Garnitur und ohne Riemen im Boot.

Dieser in der 40-jährigen Geschichte der DDR-Seestreitkräfte einmalige Gross-Aufmarsch sorgte nicht nur bei den Berlinern für Aufsehen. Er dokumentierte für Ost und West, für Freund und Feind die auf Drängen Moskaus forcierte Marinerüstung in der DDR.

Anlässlich des IV. Parlaments der FDJ marschierte die Seepolizei am 1. Juni 1952 in nahezu gleicher Anordnung zur Friedenskundgebung auf dem Karl-Marx-Platz in Leipzig auf. Auch hier erregten die Mariner unter der Bevölkerung wiederum großes Aufsehen. Einzigartig, für diese Zeit jedoch typisch, waren die sowohl in Berlin als auch in Leipzig vor einigen Marschblöcken mitgeführten Transparente mit den Losungen, wie u.a. "Wir schützen unser Volk und unsere Heimat!", "Es lebe die Regierung der Deutschen Demokratischen Republik!", "Auf Friedenswacht — für Friedensvertrag!" und "Gegen Söldnerarmee — für nationale Streitkräfte!"

5.6. Moskauer Rüstungsdiktat 1952, sowjetische Militärberater

Welchen politischen Druck Moskau auf die Militarisierung in der DDR ausübte, belegen Gespräche der SED- und DDR-Staatsführung (Wilhelm Pieck, Otto Grotewohl, Walter Ulbricht) am 1. und 7. April 1952 in Moskau. In Anwesenheit von Molotow, Malenkow, Mikojan und Bulgarin entwarf Stalin "militärische Leitsätze" für den Aufbau von Streitkräften (Land, Luft, See) und einer Rüstungsindustrie in der DDR. Pieck notierte im Stile eines Befehlsempfängers "sofortige Schritte zur Bildung der Volksarmee statt Polizei" und "Volksarmee schaffen, ohne Geschrei. Pazifistische Periode ist vorbei" (laut der Aufzeichnung von Piecks Tochter Elly Winter).

In Moskau beschloss die DDR-Führung um Pieck den Aufbau von nationalen Streitkräften in Verbindung mit "einer Waffenproduktion", d.h. Rüstungsindustrie. Der seitens der UdSSR geforderte und von der SED- und Staatsführung mit aller Konsequenz umgesetzte Militarisierungskurs bedeutete für die DDR eine gewaltige wirtschaftliche Herausforderung. 1953 betrugen die Militärausgaben (ohne Grenze) 1.299,9 Mio. Mark. Das entsprach 5,6 Prozent des Staatshaushaltes. Die Marine erhielt etatmäßig 362,1 Mio. Mark. Tatsächlich wurden 265,7 Mio. Mark verausgabt. Das Bauvorhaben Nord "Marinehauptbasis Rügen" mit allein 1,5 Mrd. Mark an Investitionen für den Zeitraum 1952 bis 1956 sowie zusätzlich 32 Mio. Mark Vorlaufkosten für Projektierung und Barackenbau (10.000 Bauarbeiter, 3.200 Strafgefangene) war darin nicht enthalten.

Parallel begleiteten und kontrollierten sowjetische Marineoffiziere als Militärberater die Gründungs- und Aufbauphase der Seestreitkräfte. Sie nahmen Einfluss auf die Basierungsorte, die Führungs- und Organisationsstruktur der Seestreitkräfte, deren Aufgaben, den Marineschiffbau, das Ausbildungsprogramm des Personals an den Lehranstalten bis hin zu Dienstvorschriften. In Anlehnung an ihre eigenen Vorschriften übertrugen die sowjetischen Berateroffiziere z.B. die Aufgaben und Pflichten für den Chef des Stabes und der Politischen Verwaltung mit den nachgeordneten Politabteilungen, des Chefs für Versorgung, der Operationsabteilung usw. auf die HV Seepolizei bzw. VP-See der DDR.

Das erste Führungsdokument für die Seestreitkräfte "Vorschrift für die Organisation und Einsatz der Verbandsstäbe" (1953) war eine unbearbeitete Übersetzung des russischen Originals. Ebenso die "Gefechtsvorschrift der Seekriegsflotte" als Grundsatzdokument für den Einsatz der Seestreitkräfte sowie die nach russischem Muster eingeführten "Bestimmungen für den Dienst an Bord der Schiffe und Boote der Seestreitkräfte". Der Marinestab war mit der Konzipierung eigener Dienstvorschriften anfänglich überfordert. Das hatte zur Folge, dass die von der Sowjetischen Seekriegsflotte nahezu eins zu eins übernommenen Vorschriften überwiegend nicht den Bedingungen für ihre Anwendung in den Seestreitkräften der DDR entsprachen. Das einzige, was in den Dienstvorschriften fehlte, war der obligatorische Bruderkuss bzw. das wechselseitige Abknutschen von Reling zu Reling bei Begegnungen auf See. So griff man in der Aufbauphase auf Vorschriften der Kriegsmarine zurück, was wiederum den Argwohn der sowjetischen Seite hervorrief.

Nationales maritimes Brauchtum, wie z.B. das Aussehen der Marineuniform in Anlehnung an die Deutsche Kriegsmarine, musste am 1. Oktober 1952 sowjetischen Gepflogenheiten weichen. Auf Skepsis fiel damit im Zusammenhang der Eingang russischer Begriffe in der deutschen Militärsprache. Vor allem unter den kriegsgedienten Marinesoldaten in der Seepolizei gab es wegen der sowjetischen Vorgaben verbreitet Unbehagen und Kritik bis hin zur Ablehnung.

Etwa 55 bis 60 Offiziere der Sowjetischen Seekriegsflotte standen in deutscher Uniform Marinekommandeuren der Seepolizei, VP-See und Seestreitkräfte bis 1958 als Berater zur Seite. Beim Marinechef und Chef des Stabes fungierten abwechselnd Konteradmiral Jurin, die Kapitäne 1. Ranges Kulagin, Starostin, Dobrizki, Borodin, Lukatschewitsch und Konteradmiral Sawitsch-Demjanjuk. Kapitän 1. Ranges Amirow galt als übergeordneter Militärspezialist für die im Aufbau befindlichen Seestreitkräfte.

Jeweils zwei sowjetische Marineoffiziere berieten die Politische Verwaltung (ab 22. Juli 1952, zuvor PK-Abteilung), Stab-Operativ, Verwaltung Lehranstalten (See-, Ingenieur- und Nachrichtenoffiziers-Lehranstalt, Unterführer- und Mannschaftsschule), den Stellvertreterbereich Technik, die Abteilungen Schiffbau, Kader, Organisation und Bauwesen/Unterkunft, Technik und Bewaffnung/Schiffsreparatur sowie Ingenieur-technische Bauabteilung.

Jeweils ein sowjetischer Marineoffizier (Kapitäne 1. Ranges und 2. Ranges) war zentral den strukturellen Elementen der Gefechtsorganisation an Bord beratend im Marinestab und in den Küstenabschnitten bzw. der Flottenbasis Ost und West zugeordnet. Das betraf die Gefechtsabschnitte (GA) Navigation (I), Raketen-Artillerie (GA II), Sperr (GA III, Torpedo, Minen, U-Boot- u. Minenabwehr), Nachrichten/Funktechnik (GA IV) und Schiffsmaschinen (GA V).

In den bis 1956 den Dienstbetrieb aufnehmenden vier Marinestützpunkten, der Räumbrigade, KSS-Brigade und Torpedoschnellbootsbrigade sowie in ca. 15 Dienststellen übten weitere 25 bis 30 sowjetische Offiziere eine beratende und zugleich kontrollierende Funktion aus. Für die Flottenbasis Ost in Peenemünde waren u.a. die Kapitäne zur See Wassiljew und Krasnodjon sowie Kapitän 2. Ranges Schapanow als Berater abkommandiert. Neben den Offizieren hatten auch sowjetische Unteroffiziers- und Matrosenspezialisten eine anleitende Funktion in den Dienststellen der Seepolizei, VP-See und Seestreitkräfte.

Um das quantitative Ausmaß des sowjetischen Einflusses in der Aufbauphase von Seestreitkräften zu verdeutlichen, sei das Beispiel der U-Boot-Lehranstalt Sassnitz-Dwasieden erwähnt. Die Lehranstalt trug damals die Tarnbezeichnung Sonderobjekt "S 7". Kapitänleutnant Gerhard Klippstein verfasste darüber Ende der 50er-Jahre einen Bericht. Nach seiner Erinnerung waren für den geplanten Aufbau einer U-Bootwaffe der VP-See bzw. Seestreitkräfte der DDR zusätzlich 30 sowjetische Berateroffiziere und Unteroffiziere von

September 1952 bis Juni 1953 in Sassnitz eingesetzt. Alle Offiziere trugen das U-Boot-Abzeichen der sowjetischen Seekriegsflotte.

Zu diesen Crateroffizieren gehörten die Kapitäne 1. Ranges Trawkin (zweifacher Held der Sowjetunion), Winitschenko (Held der Sowjetunion), Filow und Nemietz sowie zwei Kapitäne 2. Ranges (u.a. Baradin) und zwei Kapitänleutnante. Ihnen standen vier, zur VP-See abkommandierte Dolmetscher zur Seite. Diese befanden sich nach der Erinnerung von Klippstein und den damaligen Offiziershörern Manfred Kretzschmar und Hans Joachim Westhoff im ständigen Streit über die richtige fachliche Übersetzung von Ausbildungsmaterialien.

Freundschaft in Grenzen

Neukirchen hielt nicht viel von seinem sowjetischen Beratungsoffizier, Kapitän zur See Kulagin. Der stand ihm, wie allen anderen Marinekommandeuren, wie ein Schatten zur Seite. Kulagin wirkte, wie sich Frau Neukirchen erinnerte, ständig nervös, unduldsam und mitunter auch ziemlich dumm. Zudem plagten ihn Magenprobleme.

Kapitän zur See Elchlepp, der ebenfalls unter der Obhut von Kulagin stand, bestätigte aus seiner Erinnerung dessen damaligen Ruf eines "Deutschlandhassers". Kulagin gehörte mit zu den halbgebildeten Offizieren, die der Krieg an die Oberfläche spülte. Ihr Denken und Handeln beruhte weniger auf bilateraler Partnerschaft, sondern tendierte mehr zum Vasallentum der Deutschen. Der damalige Militärgouverneur in Sachsen, Generaloberst Bogdanow, schätzte dazu kritisch ein: "Diese Offiziere waren den Aufgaben, die eine Besatzungspolitik in Friedenszeit erforderte, absolut nicht gewachsen. Sie machten Politik auf eigene Faust". Kulagin war dafür bekannt, den deutschen Marineoffizieren den Dienst nicht leicht zu machen, sondern durch zusätzliche und häufig absurde Forderungen zu erschweren. Er betrachtete die Offiziere der HV Seepolizei nicht als gleichberechtigte Partner, sondern als "stumme Vollstrecker" einer widerspruchslosen Befehlsausführung. Nach Kulagins Ansicht hätten sich die Stabsoffiziere der DDR-Marine in ihrer Dienstausübung nach dem Vorbild der Sowjetischen Seekriegsflotte zu richten.

Kulagins Einwände zu Neukirchens Befehlen und Vorlagen wischte dieser dezent vom Tisch, ohne den Vertreter der Großmacht zu beleidigen. Neukirchen und Elchlepp bewerteten Kulagins fachliche Empfehlungen als wenig hilfreich. Offensichtlich ersetzte dessen Parteiausweis notwendige Fachkenntnis. Die Beratung verlief eher umgekehrt. Als Kulagin endlich 1952 abberufen wurde, war man sowohl auf deutscher als auch sowjetischer Seite froh.

Neukirchen empfand die politisch verordnete Fachberatung in den Dienstbereichen der HV Seepolizei und VP-See als überflüssig. Er setzte u.a. durch, dass bei überraschenden Inspektionen von sowjetischen Berateroffizieren, die oftmals unangemeldet und in Partisanenmanier abliefen, deren Pkw-Fahrer einen Dienstauftrag vom Chef des Stabes benötigen. Es kam wiederholt vor, dass die vom Wachpersonal nicht als Deutsche identifizierten Marineoffiziere keinen Einlass ins Objekt bzw. in die Dienststelle erhielten. Einige wurden wegen all zu lauter Protesttiraden sogar festgenommen. Bei Gegenwehr zögerte das Wachpersonal nicht, ihrer Einlassverwehrung mit der Waffe Ausdruck zu verleihen. Das führte dann gewöhnlich anschließend zu einem riesigen Spektakel.

Die meisten sowjetischen Berateroffiziere legten jedoch ihre Vorbehalte gegenüber den Deutschen aus der Zeit des Krieges ab. Trotz vereinzelt auftretender Siegermentalität waren sie verständnisvoll und bemüht, ihre beratene bzw. anleitende Tätigkeit im Geist von Kooperation und gegenseitigem Respekt auszuführen. Zu ihnen gehörte Kapitän 1. Ranges Abramow. Er war ein kluger Kopf und erfahrener Seemann, dem man nichts vormachen konnte. Er kannte die Lage in den Stützpunkten und auf den Schiffen und Booten. Er wusste zwischen Wunschdenken und Machbarem im Dienst zu unterscheiden. Wegen seiner einfühlsamen Art genoss er Achtung und Ansehen. Mit Zunahme deutscher Absolventen an sowjetischen Offiziersschulen und Akademien ging die Einflussnahme der sowjetischen Berater zurück, bis sie schließlich Ende der 50er-Jahre abgezogen wurden.

Reserviertheit

Offiziere und Unteroffiziere der Seestreitkräfte der DDR, die zuvor in der Kriegsmarine dienten, standen den sowjetischen Ratschlägen und Anweisungen skeptisch und reserviert gegenüber.

Die in Teilen des Offizierskorps bestehende Ablehnung gegen die einsetzende "Sowjetisierung" in der Marine hatte mehrere Ursachen. Viele glaubten damals in den 50er-Jahren an die deutsche Wiedervereinigung mit nationalen deutschen Streitkräften. So antworteten Marinesoldaten bei einer dienstlichen Auszeichnung "Ich diene Deutschland".

Wegen der Schwierigkeiten in der Übersetzung von Lehr- und Ausbildungsmaterial sowie Handbüchern nutzten die Seestreitkräfte in der Aufbauphase Ausbildungsverfahren, Borddienstpläne usw. der Kriegsmarine. Die Folge waren häufig divergierende Ansichten zu maritimen Belangen zwischen den deutschen und sowjetischen Marineoffizieren. Z.B. wurde das 1952 eingeführte Signalbuch der Kriegsmarine in überarbeiteter Form bis 1957 in den Seestreitkräften der DDR verwendet. Erst danach kam für die visuelle und UKW-Nachrichtenverbindungen das Signalbuch der Sowjetischen Seekriegsflotte zur Anwendung.

Den Vorbehalten der Marineoffiziere gegenüber den sowjetischen Beratern in Uniform, die sich u.a. in der Missachtung bis Verheimlichung von Dienstanweisungen widerspiegelte, trat der Chef der VP-See in der Anordnung Nr. 13/53 vom 19. Mai 1953 entgegen. Diese enthielt die Forderung: "Den Dienststellenleitern beigegebenen sowjetischen Beratern sind alle grundlegenden Befehle und täglichen Dienstanweisungen zur Kenntnis zu geben. Die dienstlichen Dokumente sind den Beratern zur Einsichtnahme vorzulegen. Sie sind über den Inhalt von Befehlen durch eine wörtliche Übersetzung zu informieren". Über die Erfüllung dieser Anordnung, war dem Chef der VP-See Vollzug zu melden.

Wegen fehlender Dolmetscher ließ sich diese Anordnung nur bedingt umsetzen. Die Marinesoldaten und Zivilbeschäftigen, die der russischen Sprache mächtig waren, kamen wegen des Übersetzungsaufwandes kaum noch zu ihren eigentlichen Dienstaufgaben. Durch fehlerhafte Übersetzungen kam es wiederholt zur Übernahme russischer Begriffe und Aussagen in die deutsche Militärsprache. Das führte wiederum zu Missverständnissen.

Die Missachtung sowjetischer Empfehlungen, die mitunter zum offenen Meinungsstreit eskalierte, konnte zur Dienstentlassung führen. Im November 1951 musste der Chef der R-Boot- und KS-Boot-Abteilung, Seepolizei-Kommandeur Heinrich Schunk, seinen Hut nehmen. Er hatte sich zu laut den sowjetischen Empfehlungen mit Anordnungscharakter widersetzt. Hinzu kam, dass er auch mit dem Chef des Stabes Neukirchen im Clinch lag.

In die Bundesrepublik und nach Westberlin geflohene Angehörige der Seepolizei und VP-See fielen u.a. durch ihre ablehnende Haltung gegenüber dem sowjetischen Einfluss auf. Dazu gehörte der Chef der Räum- und Küstensicherungsdivision von Peenemünde, Kapitänleutnant Werner Grützmacher (Jahrgang 1920).

Grützmacher floh am 18. März 1953 nach Westberlin. Er wurde an diesem Tag letztmalig gegen 11.30 Uhr in der U-Bahnstation Vineta-Straße im Berliner Stadtbezirk Pankow von Major Neumann (VP-See) gesehen. Seine Frau und Sohn folgten ihrem Mann bzw. Vater 10 Tage später. Als erfahrener Marineoffizier lehnte er die Eingriffe sowjetischer Berateroffiziere in die Dienstorganisation ab. Grützmacher verrichtete von Oktober 1938 bis März 1939 als Freiwilliger Arbeitsdienst in Bützow. Am 1. April 1939 erhielt er seine Einberufung in die Kriegsmarine. Nach der Marineinfanterie- und Geschütz-führer-Ausbildung diente er in der 1., 2. und 9. Schnellbootsflottille. 1943/44 war er Bootsmaat-Ausbilder in der Schnellboot-Schulflottille Swinemünde so-wie Bootsmann-Ausbilder der 15. Schiffsstammabteilung in Epinal (Frank-reich). Als Feldwebel kam er Ende 1944 zur Heeres-Flakschule Greifswald und 1945 zum 1. Panzerjagd-Regiment Liegnitz. Er war Träger des Schnellboot-kriegsabzeichens, Infanterie-Sturmabzeichens, Eisernen Kreuzes Stufe II und der Nahkampfspange. Nach der Kapitulation verbrachte Grützmacher zwei Monate in amerikanischer Kriegsgefangenschaft. 1946 besuchte er die Antifa-Schule in Königs Wusterhausen. Danach war er Personalleiter im FDJ-Landes-verband von Mecklenburg. Im Februar 1948 trat er in den Dienst der Deut-schen Verwaltung des Innern. Er arbeitete in der Hauptabteilung Personal und Schulung und absolvierte die Deutsche Verwaltungsakademie in Forst Zinna. Im Dienstgrad eines VP-Rat trat er am 7. August 1950 in den Dienst der HV Seepolizei. Er wurde Leiter des Chefsekretariats beim Chef der HV Seepolizei in Berlin und dann der Ausbildungsabteilung. Von November 1951 bis Juni 1952 leitete er das Ressort für seemännische Ausbildung an der Seepolizei-Schule in Parow. Anschließend wurde er Chef einer KS-Boot-Abteilung in Peenemünde.

Militärische Dienstgrade, Befehl 9/1952

Am 27. August 1952 erließ der Minister des Innern Willi Stoph den Befehl Nr. 9/1952 über die Einführung militärischer Dienstgrade in der KVP, neuer Rangabzeichen mit entsprechender Abänderung der Uniform sowie einer neu-en Besoldungsordnung. Im Befehl Nr. 286/1952 vom 9. September 1952 ord-nete der Chef der VP-See die Umattestierung des Kaderbestandes zu militäri-schen Dienstgraden mit Wirkung 1. Oktober 1952 an.

Die Änderung der Rangbezeichnung vom Chefinspekteur zum Konter-admiral und Wechsel der goldenen Schulterstücke an der Uniformjacke, jetzt mit einem fünfzackigen Stern, schien für Neukirchen reine Formsache. Marinechef Verner, der von nun an den Dienstgrad Vizeadmiral trug, attestierte seinem Chef des Stabes, Konteradmiral Neukirchen, in einer handschriftlich geschriebenen Beurteilung vom 8. September 1952 eine ausgezeichnete Arbeit. "Seit seinem Eintritt bekleidet Chefinspekteur Neukirchen die Dienststellung als Stabschef der VP-See. Seiner energischen Arbeit ist es zu verdanken, dass sowohl ausbildungsmäßig auf den Schulen wie auch in den operativen Einheiten große Fortschritte erreicht wurden. Seine politische Zuverlässigkeit und sein fachliches Können gestatten den Vorschlag, Chefinspekteur Neukirchen zum Stabschef der VP-See zu ernennen und ihm den Rang eines Konteradmirals zu verleihen."

Ein Jahr später am 22. Dezember 1953, bescheinigte Vizeadmiral Verner dem Chef des Stabes Neukirchen u.a. "große organisatorische Fähigkeiten. Er hat Ordnung in die gesamte Stabsarbeit gebracht. Konteradmiral Neukirchen hat es sehr gut verstanden, die große, umfangreiche Aufgabenstellung, die die VP-See hatte, zu meistern. Seine früheren praktischen Kenntnisse und Erfahrungen der Seefahrt kommen ihm dabei zunutze. Er ist eifrig bemüht, sein fachliches wie auch politisches Wissen ständig zu erweitern, um der Höhe der Aufgaben gerecht zu werden. Seine großen fachlichen Kenntnisse und sein gut fundamentiertes politisches Wissen bringen ihn oft dazu, dass er bei seinen Mitarbeitern das gleiche Können und Wissen voraus setzt und manchmal von ihnen mehr verlangt, als sie schon in der Lage sind, auszuführen. Die mangelhafte Ausführung der von ihm gestellten Aufgaben durch seine Mitarbeiter bringt Konteradmiral Neukirchen nicht selten zu falschen Schlussfolgerungen und unsachlichen Bemerkungen. Durch die Arbeit im Leitungskollektiv ist es ohne weiteres möglich, diese Schwäche bei ihm zu überwinden".

In dieser wörtlich übernommenen und mit stilistischen Fehlern versehenen Einschätzung verwies Verner zugleich auf eine Schwäche von Neukirchen, seine Unbeherrschtheit. Diese Charaktereigenschaft widerspiegelte sich auch in späteren Einschätzungen.

5.7. Geheimdienst-Attacken: Abwerbung-Diffamierung-Denunzierung

Die Flucht des Schwagers von Heinz Neukirchen am 22. Januar 1953 nach Westberlin bot dem amerikanischen Geheimdienst in Westberlin sowohl einen Anlass als auch die Gelegenheit, um eine massive Kampagne zur Abwerbung von Neukirchen zu entfalten. Man wollte den "Admiral des Ostens" zur Umsiedlung in die Bundesrepublik bewegen.

Das Repertoire umfasste zunächst Brief-, Geld- und Geschenksendungen sowie Blumengrüße an seine Ehefrau. In Anspielung auf seine Dienstzeit in der Kriegsmarine versuchte man im weiteren Verlauf, ihn politisch unter Druck zusetzen. Als all dies nicht fruchtete, änderte der Geheimdienst seine Taktik. Anstelle von schönen Grussendungen traten nun Erpressung, böswillige Unterstellungen und Diffamierung seiner Person in den Vordergrund. Gegenüber der SED- und KVP-Führung sollte der Eindruck erweckt werden, dass Neukirchen angeblich im Auftrag des amerikanischen oder englischen Geheimdienstes arbeitete.

Durch gezielte, nach Ostberlin gestreute Informationen wurde er als Agent "Wabo" (Wasserbombe) denunziert. Doch die vom Westen konspirativ gelegte Bombe kam nicht zur Explosion. Neukirchen meldete alle gegen ihn gerichteten Attacken des Westens seinem zuständigen Stasioffizier, VP-Inspekteur bzw. Oberstleutnant Kistowski. Er übergab ihm alle Briefe (ca. 20 Stück), Karten, Geld- und Geschenksendungen. Diesem Umstand haben wir es heute zu verdanken, dass ein MfS-Dossier über Neukirchen existiert. Zugleich geriet Neukirchen u.a. auch wegen seiner verwandtschaftlichen Kontakte in der Bundesrepublik ins Visier des MfS. Neben der Abwehr von diversen Erpressungs- und Einschüchterungsversuchen mit Diffamierung seiner Person beschattete ihn das MfS (auch Stasi genannt) bis zum Tod 1986.

In einem der Stasi vorliegenden Bericht vom 25. März 1953 wurde Neukirchen von einem Marinekameraden wieder erkannt, der ihn als Oberfeldwebel der Kriegsmarine in Erinnerung behalten hatte. Der berichtete ziemlich abfällig über den damaligen Ausbilder in Glückstadt. "Neukirchen war Ausbilder und ein Schwein, der ziemlich schnell Karriere machte". Damit sollte Neukirchen offensichtlich bei seinem neuen Dienstherrn in Verruf gebracht werden.

Nach mehreren im März 1953 eingegangenen Telefonanrufen aus Westberlin erhielt Neukirchen am 4. April 1953 zwei dicke Briefe. In den Umschlägen befanden sich Auszüge einer Westberliner Zeitung. Die Presseartikel enthielten Berichte über Säuberungen in der Seepolizei, so u.a. "Augenzeugen berichten über Spionagefall". Das sollte eine ernste Warnung an die Adresse von Neukirchen sein. Die Verfasser der Artikel behaupteten, dass es Hinweise und Beweise gäbe, dass jemand im Ost-Berliner Marinestab dem Feind Nachrichten liefere.

Wenige Tage später erhielt Neukirchen am 8. April 1953 ein Buchpräsent. In Englisch waren darin die Aufgaben eines Wachoffiziers in der US Navy beschrieben. Dieses Buch mit Widmung eines "Marinekameraden" war eine Anspielung zu Neukirchens Dienstzeit auf dem Minenschiff OSTMARK. Auf einer Abbildung stand mit einem Pfeil gekennzeichnet "Nicht nervös machen lassen, los Heinz komm rüber!" Mit dem Buch erhielt Neukirchen zugleich 100 DM West für z. Zt. "mangelhafte Arbeit" als Agent "Wabo".

Die Briefe an Neukirchen waren inhaltlich so verfasst und aufgemacht, dass der Eindruck entstand, dass er von irgend einer Stelle für Spionagedienste angeworben war, arbeitete und bezahlt wurde. Für diese Tätigkeit erhielt er angeblich monatlich 500 DM West. Weil er aber, wie seitens der Briefabsender unterstellt, schlecht kooperieren würde, erhielt er nur 250 DM West. Diese unregelmäßigen Zahlungen per Brief spülten zusätzliches Geld in die ansonsten stets knappe Devisenkasse der DDR.

Am 12. und 18. Mai 1953 warnten Briefeschreiber Neukirchen, dass man ihn verhaften würde. "Heinz, Du bist der Nächste", der wegen seiner Vergangenheit und Spionagetätigkeit geschasst wird. Im Mai 1953 versuchte der Westen in mehreren, an Neukirchen adressierte Schreiben zudem bei der Sicherheitsabteilung des ZK der SED, in Person Gustav Röbelen, den Eindruck zu erwecken, als würde Neukirchen in den Westen flüchten.

Am 15. Mai 1953 übergab Marinechef Vizeadmiral Verner, dem MfS ein direkt an die Dienstadresse von Neukirchen gerichteten Brief. Der Empfänger war aber zu diesem Zeitpunkt auf einem Kongress der Deutsch — Sowjetischen Freundschaft (DSF). Der Brief enthielt fünf Artikel von Westberliner Zeitungen über die Flucht von Willi Gerber nach Westberlin. Auf einem der Artikel stand am Zeitungsrand: "Heinz, wann kommst Du?"

Mit der Flucht des Kommandeurs der Schiffsstammabteilung in Kühlungsborn, Kapitän zur See Willi Gerber, am 18. April 1953 nach Westberlin, erreichte die Anti-Neukirchen-Kampagne ihren vorläufigen Höhepunkt. Gerber war ein Hochstapler und Krimineller, der unter Mitnahme von Geheimdokumenten und 84.500 Mark Ost nach Westberlin flüchtete. Nach einer zuvor nicht bekannten Gaunerkarriere eines Kriminellen und KZ-Häftlings wurde er im Februar 1945 überraschend Offizier der Roten Armee. Ab 1. September 1945 nahm Gerber eine steile Karriere in der Deutschen Volkspolizei. 1950 trug er bereits den Dienstgrad eines VP-Kommandeurs. "Schein-Kommunist" Gerber hatte sich auch das Vertrauen des Chefs der VP-See erschlichen. Bei Neukirchen und den Offizieren des Stabes der Schiffsstammabteilung blitzte er jedoch wegen seiner marinefachlichen Unfähigkeit ab. Er galt als kränkelnder Aufschneider und Frauenverehrer. Nach der Flucht trug er seine Dienste dem amerikanischen Geheimdienst an. Der setzte Gerber jetzt gezielt auf Neukirchen an. (siehe Pfeiffer in LEINEN LOS!, Heft 4-2014)

Der Chef des Stabes der VP-See rückte ins Visier des amerikanischen Geheimdienstes. Neukirchen erhielt Marineliteratur zur Royal Navy und diverse Post. Jetzt meldeten sich verstärkt angebliche Kameraden aus der gemeinsamen Dienstzeit in der Kriegsmarine. Sie schilderten in Briefen "Diensterlebnisse" auf Minenschiffen und Einsätze gegen den Feind, obwohl Neukirchen gar nicht auf diesen Schiffen fuhr. In der Post lagen auch Briefe von ehemaligen Marineangehörigen, mit denen er angeblich bis 1947 gemeinsam Dienst im britischen Kommando "German Mine Sweeping Administration" (Deutsche Minenräumdienstleitung) versah. Zu dieser Zeit befand er sich bekanntlich in sowjetischer Kriegsgefangenschaft. Mit diesen Briefen und diversen diffamierenden Andeutungen sollte Neukirchen systematisch für eine Flucht in den Westen weich geklopft werden.

Die Briefeschreiber forderten Neukirchen auf, sich nach Westberlin abzusetzen. Dazu solle er alle ihm habhaften Dokumente an sich nehmen und auch seine vollständige Uniform mitbringen. Die Absender der Briefe argumentierten, Neukirchen würde auf der falschen Seite dienen. Dagegen erwarte ihn in der Bundesrepublik eine glänzende Karriere. Eine Marine gab es da aber noch nicht. Die wurde erst 1955 gegründet.

Die Stasi war über dieses Interesse des Westens und die Aktivitäten des amerikanischen Geheimdienstes hochgradig alarmiert. Hinzu kam, dass Informelle Mitarbeiter (IM's) der Stasi über angebliche Treffen von Neukirchen mit "Kameraden in bester Laune" berichteten, mit denen er auf dem Segelschulschiff GORCH FOCK fuhr.

Dem MfS lagen außerdem Informationen vor, wonach angeblich im Familienumfeld von Neukirchen verstärkte Kontakte und Ambitionen für Besuche in Westberlin bestanden haben sollen. Das kann als Beleg dafür gewertet werden, dass sich die Stasi intensiv mit dem familiären Lebensumfeld von Neukirchen befasste. Das war jedoch nicht Gegenstand von Recherchen zu diesem Buch.

Als das Fass der Verleumdungen schließlich am Überlaufen war, informierte Neukirchen aufgebracht am 7. Juni 1953 MfS-Oberstleutnant Kistowski, dass "Wahnsinnige oder Provokateure am Werk sind, um ihn zu denunzieren oder zu Fall zu bringen". Alles würde die Handschrift Gerbers tragen, der nun ebenfalls zur Abschirmung von Neukirchen ins Visier der Stasi geriet. Mit dem Umzug des Marinestabes am 16. Juni 1953 nach Stralsund-Parow schwächten sich die Beeinflussungsversuche des Westens gegenüber Neukirchen ab.

Gegenwind

Auch innerhalb der VP-See gab es Offiziere, die Chefinspekteur bzw. Konteradmiral Neukirchen mit Distanz begegneten oder lieber aus dem Wege gingen. Neukirchens Führungsstärke wurde von Fachoffizieren mit maritimem Sachverstand geachtet, dagegen von Karrieristen und weniger erfahrenen Seeoffizieren gefürchtet. 1953 lieferten IM's an die Stasi Berichte, die Neukirchens harsches Vorgehen als Stabschef belegen, der "all zu oft und zu viel bestraft". Angeblich lautete jedes zweite Wort von Neukirchen: "Ich bestrafe Sie!"

Einige Offiziere unterstellten Neukirchen in seiner Funktion als Chef des Stabes faschistische Führungsmethoden. Sie stellten ihn in seinem Dienstverständnis und in seinen Führungseigenschaften mit einem faschistischen Admiral gleich. Diejenigen, die diese Ansichten vertraten, hatten jedoch nie in der Kriegsmarine gedient. Eine Meldung von übertriebener Härte erreichte sogar die Sicherheitsabteilung des ZK der SED. Bei näherer Betrachtung des Sachverhaltes stellte sich jedoch heraus, dass es hier mehr um die Vertuschung von eigenem Versagen und lascher Dienstausführung ging.

So geschehen am 5. Mai 1953. Ein Küstensicherungsboot (KS-Boot 122) der Flottenbasis Peenemünde verlor beim Ankermanöver in See seinen Anker samt Kette. Das Boot lag zuvor in der Werft und absolvierte seine erste Fahrt. Beim Ankermanöver rauschte dann beim Kommando "Fall Anker" bzw. "Aus der Kette!" die gesamte Ankerkette aus dem Boot. Ganz abgesehen von der Blamage und dem Ärger hatten die Werftarbeiter es offensichtlich versäumt, das Ende der Kette im Innern zu befestigen. Auch bei der Werftabnahme fiel das nicht auf. Der Bootskommandant meldete den Totalverlust dem Operativen Dienst. Daraufhin veranlasste der Offizier vom Dienst (OvD) im Berliner Marinestabsquartier, Oberleutnant Fritz Straeter, beim zentralen Versorgungslager in Wolgast eine Ersatzkette bereit zu stellen. Die gelieferte

Kette passte jedoch nicht. Sie entsprach nicht der Norm des KS-Bootes. Damit glaubte der OvD seine Dienstaufgabe erfüllt zu haben. Mit Beendigung seines Dienstes fuhr er nach Hause.

Neukirchen tobte, weil das KS-Boot nicht einsatzbereit war. Er ließ den Oberleutnant mit dem Dienst-Pkw von zu Hause abholen. Nach Ansicht des Chefs des Stabes kam dieser nicht seinen Dienstpflichten als OvD nach. Denn als bekannt wurde, dass die Kette nicht passte, hätte der Oberleutnant sofort Aktivitäten zur Beschaffung einer normgerechten Ankerkette einleiten müssen, die zur Wiederherstellung der Einsatzbereitschaft des KS-Bootes führten. Neukirchen vermisste bei dem Offizier seemännischen Sachverstand und maritime Verantwortlichkeit. Er beorderte den Oberleutnant in die Yachtwerft nach Berlin-Köpenick, damit dieser dort persönlich die Lieferung einer dort vorrätigen Ankerkette samt Anker für die VP-See in Wolgast veranlasste.

Zuvor machte er den Oberleutnant im Marinestabsquartier rund. Im Beisein von Vizeadmiral Verner und Generalmajor Blechschmidt, dem Chef für Rückwärtige Dienste in der VP-See, musste sich der Offizier von Neukirchen heftige Vorwürfe wegen fachlicher Inkompetenz anhören. "Wofür bezahle ich Sie bei so viel Dummheit. Die Aufgabe hätte ein Matrose oder Schuljunge besser gelöst als Sie". Er beschimpfte den Offizier und nannte ihn "ein Saboteur, Lügner und Idiot".

Das war für den Oberleutnant zu viel. Er reichte wegen Beleidigung im Dienst noch am gleichen Tag seine Entlassung ein. Parallel bezichtigte er Konteradmiral Neukirchen wegen dessen Entgleisungen faschistischer Führungsmethoden. Jetzt kam der Fall an die große Glocke. SED-Funktionäre hielten den Ball flach. Sie überredeten den Oberleutnant, weiter zu dienen. Nach Bearbeitung des Vorfalls beim ZK der SED zog der Offizier angeblich sein Entlassungsgesuch am 9. Mai 1953 wieder zurück. Die Anschuldigungen gegenüber Neukirchen waren ein Feigenblatt für nicht eingestandenes seemännisches Versagen. Neukirchen lehnte Unfähigkeit rigoros ab und stellte hohe, der Dienststellung entsprechende Anforderungen.

5.8. Flotte im Küstensicherungsdienst, 17. bis 23. Juni 1953

Unabhängig vom Volksaufstand des 17. Juni 1953 verlegte der Stab der VP-See in der Nacht vom 15. zum 16. Juni 1953 vom Dienstsitz in Berlin-Niederschöneweide nach Parow, in die damalige Unterführer- und Mannschaftsschule. In den Morgenstunden des 16. Juni traf die Fahrzeugkolonne in Stralsund ein. Ein Vorauskommando unter Stabskommandant Major Neumann (Küstendienst/Verwaltung) und Korvettenkapitän Horst Lehmann hatte dort seit dem Frühjahr die Blöcke 1 bis 5 für den vorrübergehenden Einzug des Marinestabes vorbereitet. Die Möbel und Einrichtungsgegenstände gelangten auf dem Wasserweg per Gütermotorschiffe über die Spree, Oder-Spree-Kanal, Oder, Oderhaff, dem Peenestrom bis nach Stralsund.

Kaum hatte der Marinestab sein neues Hauptquartier bezogen, da mussten sich die Seestreitkräfte der ersten militärischen Herausforderung seit Staatsgründung vor vier Jahren stellen. In ihrer Namensgebung tarnte sich die Marine bis Februar 1956 noch mit dem Pseudonym VP-See. 1953 betrug ihre Personalstärke 7.492 Mann. Darunter befanden sich 921 Offiziere, 1.022 Unteroffiziere, 2.204 Offiziers- und Unteroffiziersanwärter, 2.285 Matrosen sowie 1.060 Zivilbeschäftigte. Zum Schiffsbestand der VP-See gehörten im Juni 1953 das Flagg- und Schulschiff ERNST THÄLMANN (zuvor DORSCH), 1 MLR Typ HABICHT, 18 KS-Boote (5 in Werftreparatur), 6 Räumboote Typ R-218, 5 Schulboote und 8 Hilfsschiffe. Das am 27. April 1953 in Dienst gestellte erste MLR vom Typ HABICHT (Bord-Nr. 611) kam nicht zum Einsatz. Es befand sich noch in der Erprobungs- und Ausbildungsphase. Weitere 8 KS-Boote der 1. Baureihe gehörten seit dem 14. Juni 1952 zur Hauptverwaltung der Deutschen Grenzpolizei. Diese war seit 16. Mai 1952 dem Staatssicherheitsdienst unterstellt.

Einige Wochen später erließ Stasi-Minister Zaisser am 7. Juni 1952 die Polizeiverordnung "Über die Verstärkung des Schutzes der Ostseeküste der DDR". Die Verordnung markierte den Beginn des Grenzregimes an der mecklenburgischen Küste. Von nun an bestand eine der Küste vorgelagerte 3-Meilenzone und land-seitig eine 5km breite Schutzzone. Der in See verlaufende Schiffs-, Personen- und Güterverkehr durchlief die in den Häfen eingerichteten Passier- bzw. Zollkontrollpunkte. Alle Wasserfahrzeuge mussten gebietsweise bei den Grenzpolizei-Kommandos registriert sein und einen zugeordneten Anlegeplatz haben. Das Verlassen der 3-Meilenzone war nur mit Sondergenehmigung gestattet.

Der Einsatz bewaffneter Kräfte der KVP, der VP-See und VP-Bereitschaften an der Seite sowjetischer Militärs am 17. Juni 1953 und an den folgenden Tagen erfolgte nach innen, gegen die eigene Bevölkerung und keinen Gegner von außen. Politische und ökonomische Probleme, Arbeitsnormerhöhungen, aber auch die hohen Rüstungsausgaben verursachten in der DDR eine Staatskrise. Hinzu kam die Abwanderung von Facharbeitskräften nach Westberlin und Westdeutschland.

Die DDR drohte den "Wettbewerb der Systeme" gleich zu Beginn ihrer Existenz zu verlieren. Die SED-Propaganda und Berichterstattung der Staatsmedien war damals geprägt von einem durch "imperialistische Mächte inszenierten konterrevolutionären Putschversuch unter Beteiligung eines kleinen verführten Teils der Arbeiterschaft". Die Rädelsführer des Aufstandes würden im Auftrag westlicher Geheimdienste handeln und den Anweisungen des RIAS-Rundfunksenders in Westberlin folgen. Diese Scheinargumente dienten der Rechtfertigung des Militäreinsatzes gegen einen vermeintlichen Gegner von außen.

Dagegen bezeichnete der Schriftsteller Rolf Hochhuth den "Aufstandsversuch vom 17. Juni 1953 als ehrenvollsten Tag in der deutschen Geschichte" des 20. Jahrhunderts, als ein Ereignis von "unantastbarer Würde". Die Erhebung, die Berliner Bauarbeiter durch ihre Arbeitsniederlegung spontan und mutig entfesselten, wurde zum Symbol des Strebens nach Veränderung der politischen und wirtschaftlichen Verhältnisse in der DDR. Die im Organisationsgrad und ihren Zielvorstellungen regional unterschiedlich ausgeprägte Streik- und Demonstrationsbewegung stand am Beginn eines historischen Emanzipationsprozesses, der letztlich in den revolutionären Aufbruch im Herbst 1989 mündete.

Aus einschlägiger Literatur geht hervor, dass etwa 500.000 Werktätige in 373 Ortschaften und Städten demonstrierten. Das entsprach einem Anteil von 7 Prozent der Arbeiterschaft. 113 von 181 Kreisstädte der DDR wurden bestreikt. Sowjetische Militärkommandanten verhängten in 13 von 14 Bezirksstädten sowie 167 von 217 Stadt- und Landkreisen den Ausnahmezustand. Nach Schätzungen der Stiftung zur Aufarbeitung der SED-Diktatur sollen in den Junitagen etwa 125 Menschen getötet worden bzw. an ihren Verwundungen gestorben sein. Nach vorläufigen Erkenntnissen wurden 18 Bürger von sowjetischen Truppen standrechtlich erschossen. Obwohl sich die Erhebung nicht gegen die sowjetische Besatzungsmacht richtete, wurde in jenen Tagen hinter der etablierten DDR-Regierung die reale Macht sichtbar. Vermutlich sind während der Juni-Ereignisse 40 russische Soldaten aufs ehrenvollste gefallen. Weil sie sich weigerten, gegen Demonstranten die Schusswaffe einzusetzen, wurden sie von den eigenen Leuten erschossen.

Ob Konteradmiral Neukirchen in seiner Position als Chef des Marinestabes diese Ursachen mit ihren gesellschaftlichen Auswirkungen damals erkannte, ist nicht überliefert. Zum ersten Mal seit April 1945 befehligte er wieder Flottenkräfte im "Einsatz". Dieser Verantwortung schien er sich bewusst gewesen zu sein. Marinechef Verner, der in jenen Tagen mehr auf Kommandeurs-Besprechungen, Dienst- und Parteiversammlungen gemeinsam mit sowjetischen Beraterofizieren agierte, konnte sich auf seinen Stabschef verlassen. Im engen Kontakt und in Abstimmung mit dem Chef der Flottenbasis-Ost in Peenemünde, Kapitän zur See Elchlepp, koordinierte Neukirchen souverän den Einsatz der Marinekräfte in See.

Auffallend in seiner Befehlsgebung war die mehrfache Präzisierung bis Rücknahme von zuvor erteilten Anweisungen in Abhängigkeit von der Lage. Er geriet dabei u.a. in Widerspruch zu den oftmals überstürzten und überzogenen Anweisungen des zentralen MdI-Stabes in Berlin. Er stellte sich im Verlauf des Einsatzes der Marinekräfte einer unzulässigen und zugleich gefährlichen Dramatisierung der Lage entgegen. Das schwächte nicht seine Position, sondern festigte eher sein Ansehen in der Truppe. Dies findet seine Bestätigung im nachfolgend geschilderten Ablauf der Ereignisse.

Alarmierung

Am Mittwoch des 17. Juni 1953 erhielt der Chef der VP-See, Vizeadmiral Waldemar Verner, um 14.30 Uhr vom Minister des Innern (MdI) den Befehl, Alarmbereitschaft herzustellen. Verner befahl "Bereitschaftsstufe I" für alle Marineeinheiten. Auf See operierende Marineschiffe und Boote, einschließlich des SHD, liefen bis 19 Uhr in ihre Stützpunkte bzw. Häfen ein. 25 Prozent der Kräfte standen in Sofortbereitschaft. Die übrigen Einheiten befanden sich in einer 60-Minuten-Bereitschaft. Beim Stab der VP-See in Parow wurde ein Einsatzstab mit 145 Offizieren und 39 Unteroffizieren gebildet. Alle 19 VP-See-Dienststellen gingen zur verstärkten Objektbewachung über.

Verner befahl, bis 17 Uhr Alarmkompanien zu jeweils 120 Mann aufzustellen. Das betraf die Seeoffizier-Lehranstalt (Stralsund), Unterführer- und Mannschaftsschule (Parow), Ingenieuroffiziers-Lehranstalt (Rostock), U-Boot-Lehranstalt (Saßnitz/Dwasieden), Schiffsstammabteilung (Kühlungsborn), Flottenbasis Ost (Peenemünde) sowie Baubelehrungs- und Wirtschaftsabteilung (Wolgast). Die Nachrichtenoffizier-Lehranstalt (Stubbenkammer) stellte einen Alarmzug mit 42 Mann.

Flottenbasis Ost

Am 18. Juni löste der Chef der Flottenbasis Ost, Kapitän zur See Friedrich Elchlepp, auf Anweisung des Marinestabes um 13.42 Uhr Alarm aus. 10 bzw. 12 Minuten später meldeten die 3. KS-Boots-Abteilung und R-Boots-Abteilung "einsatzklar". Um 14.06 Uhr waren die 2. KS-Boots-Abteilung und das MLR 611 klar zum Einsatz. Die 1. KS-Boots-Abteilung benötigte 26 Minuten. Der Logger RUDEN 931 und Tanklogger VILM 941 meldeten um 14.10 Uhr "einsatzklar". Das Seeklarmachen der Boote verlief schnell und exakt. Alle R- und KS-Boote hatten seit der "Bereitschaftsstufe I" Treibstoff, Öl und Wasser gebunkert, Munition und Verpflegung übernommen. Auf Anweisung des Chefs der VP-See hatten drei Bootsgruppen zu je drei Fahrzeugen den Küstensicherungsdienst in Seegebiete der Hafenansteuerungen vor Wismar, Warnemünde und Saßnitz aufzunehmen. Nach Einweisung der Gruppenführer legten die befohlenen Boote nacheinander ab.

Die **1. Gruppe** unter Kapitänleutnant Pilling, bestehend aus den KS-Booten 111, 121 und 122, lief um 15.47 Uhr in Richtung Wismar aus. Ihr oblag die Sicherung des Seegebietes von der Ansteuerungstonne Wismar bis zur Tonne 4a und die Kontrolle der Wismarer Bucht.

Zeitgleich legte die von Oberleutnant zur See Weiss geführte **2. Gruppe** mit den KS-Booten 124, 131 und 134 mit Kurs Warnemünde ab. Sie hatte die Aufgabe, am Seeweg 1 zwischen den Tonnen 7 und 12 auf Ost-West-Kurs pendelnd, den Patrouillendienst aufzunehmen.

Die **3. Gruppe**, bestehend aus den R-Booten 511, 514 und 516 verließ bereits um 15.45 Uhr den Marinestützpunkt in Richtung Sassnitz. Das Kommando über die R-Boote hatte Leutnant zur See Bleyl. Ihm wurden drei Fahrzeuge des Bergungs- und Rettungsdienstes mit Gruppenführer Leutnant zur See Richter unterstellt. Dazu gehörten der Hochsee- und Bergungsschlepper WISMAR 925, der Reedeschlepper 926 sowie das Boot LUMME 923. Sie patrouillierten im Seegebiet der Ansteuerung von Sassnitz. Die Operationszone der R-Boote verlief nordwestlich von Kap Arkona (Krieges-Flak) bis Adler Grund.

Die Nordansteuerung von Stralsund sicherten Schulboote aus Parow. Diese, von Kapitänleutnant Alfred Schneider befehligte und zeitweilig der Flottenbasis Ost unterstellte **4. Gruppe** bestand aus den Schulbooten 912 (KS-Boot) und PRENZLAU sowie dem Logger 913. Ihr Operationsgebiet verlief von der Tonne Gellen bis zu der nordwestlich von Dornbusch vorgelagerten See.

Eine **5. Gruppe**, mit den KS-Booten 114, 132 und 135 unter Unterleutnant zur See Rades, bezog an der Tonne Osttief, nahe der Greifswalder Oie, Position. Sie wurden am 19. Juni durch die KS-Boote 112 und 125 abgelöst. Einen Tag später übernahmen R-Boote diese Position.

Der Seewetterbericht lautete: Wind aus Richtung Südost der Stärke 3 bis 4, See 2 bis 3, die Sicht schwach diesig und nach Nebelauflösung 9 sm. Am Abend des 19. Juni drehte der Wind auf Nordwest bis West der Stärke 5.

Abstützpunkt der 1. Gruppe war der kleine Fischerhafen Tarnewitz. Noch nie zuvor hatte hier ein Boot der VP-See fest gemacht. Außer einem Pier-Anleger aus Holz gab es dort nichts, weder Wasser- noch E-Anschlüsse. Diesel und Wasser mussten im naheliegenden Hafen Wismar getankt werden. Da die Wassertiefe im Hafen Tarnewitz nicht bekannt war, musste das zuerst einlaufende KS 122 mit einem Tiefgang von ca. 1,50m ständig loten. Es verlief alles gut. Während zwei Boote auf See patrouillierten, lag das dritte im Hafen in Bereitschaft. Die Besatzung erhielt sogar Landgang zum Baden am Ostseestrand. Eine rote Leuchtkugel galt als verabredetes Signal für die Rückkehr innerhalb von 10 Minuten. Eine Probe ergab, dass auf die Seelords Verlass war.

Einsatzbefehle

Marinechef Verner erteilte am 18. Juni den Befehl "Alle Sassnitzer volkseigenen Fischkutter kontrollieren. Anweisung an die Kutter erteilen, sofort in den nächsten Hafen der DDR einlaufen. Die Durchführung des Befehls ist mit allen Mitteln, auch mit Waffengewalt zu erzwingen. Stündliche Lagemeldung der in See befindlichen Boote durch Funktelegramm." Dieser Befehl verschärfte die Lage erheblich. Seine Umsetzung bedeutete, notfalls auch Bordgeschütze gegen zivile Fischkutter einzusetzen. Dem war sich offensichtlich der Chef des Stabes bewusst. Neukirchen forderte präzise Lagemeldungen. Seine im weiteren Verlauf ergangenen Befehle trugen zur Deeskalation bei. Um 16.23 Uhr präzisierte Konteradmiral Neukirchen den Befehl an die vor Sassnitz operierenden Boote 924 und 925: "Alle ein- und auslaufenden Fischerboote kontrollieren." Eine Stunde später erhielten die Schulboote der 4. Gruppe die gleiche Anweisung, jedoch mit dem Nachsatz: "Kutter dürfen nur mit Genehmigung der Grenzpolizei See auslaufen". Dazu hatte Kapitänleutnant Schneider Verbindung mit dem Boot der Grenzpolizei aufzunehmen.

Um 22.25 Uhr stellte der Gruppenchef der R-Boote per Funk die Anfrage, ob auch private Sassnitzer Kutter einzubringen sind. In Kenntnis der Lage präzisierte Konteradmiral Heinz Neukirchen nochmals um 22.40 Uhr die zuvor erteilten Einsatzbefehle: "Fischkutter, die sich in See südlich des 55. Breitengrades befinden, weiter fischen lassen. Alle Kutter, die in der Ostsee das Gebiet 55 Grad nördliche Breite und 12 Grad westliche Länge überlaufen, sind ins südlich gelegene Seegebiet zu verweisen. Bei Nichtbefolgung einbringen." Das bedeutete, die Fischkutter sind in die Heimathäfen zu geleiten.

Am Morgen des 19. Juni erging an die Boote der VP-See die Weisung: "Alle ein- und auslaufenden Fischerkutter kontrollieren. Wenn Papiere klar, weiter laufen lassen und mitteilen, dass das Fischen über den 55. Breitengrad nicht gestattet ist. Im Weigerungsfall sind Fischer aufzubringen."

Besonders die um Rügen operierenden Kräfte gerieten mit Fischkuttern in Kontakt. Allein am 19. und 20. Juni wurden 20 Fahrzeuge kontrolliert. Sie fischten vorwiegend bei Adler Grund. R 516 meldete am 19. Juni um 2.18 Uhr: "Vier volkseigene Kutter gestellt. Geleite sie nach Sassnitz." Das Aufbringen dieser Kutter erwies sich jedoch als ein Irrtum. Der Chef der Flottenbasis Peenemünde befahl daraufhin: "Fischereifahrzeuge nur bei Fluchtverdacht einbringen, sonst fischen gestattet." Selbst vier westdeutsche Fischkutter blieben nicht von den Kontrollen der VP-See verschont. Außer einem verbalen Protest blieb das Vorgehen der VP-See ohne Folgen.

Im Verlauf der Seeraumüberwachung funkte R 514 um 6.40 Uhr "Zerstörer 712, Nationalität unbekannt auf Position 54 Grad 50,1 Minuten Nord und 14 Grad 9 Minuten Ost mit Ostkurs gesichtet". Vermutlich handelte es sich dabei um einen russischen Zerstörer, der unbeeindruckt seinen Kurs nahm.

Weil sich der Rostocker Logger ROS 123 CLARA ZETKIN bei Annäherung von KS 124 mit erhöhter Fahrtstufe von West- auf Nordkurs drehend angeblich der Kontrolle durch die VP-See entziehen wollte, wurde das Fahrzeug am 19. Juni, kurz vor 16 Uhr, ca. 3 sm nördlich der Tonne Warnemünde, gestellt. Eskortiert von KS 124 und KS 134 lief der Logger unter den staunenden Blicken der Ostseeurlauber um 16.45 Uhr in Warnemünde ein. Selbst der 1,5sm nördlich der Tonne "Gellen" mit Zielhafen Stralsund einlaufende schwedische Schoner LENIA blieb nicht von einer Kontrolle durch die Schulbootgruppe am 21. Juni um 0.10 Uhr verschont.

Es gab auch Bootsbesatzungen, die in Unkenntnis über die dramatische Situation im Land und mit Verwunderung über die ungewöhnliche Aufgabenstellung ausliefen. Das bestätigte der I. WO auf dem KS 125, der damalige Maat Joachim H. Rudek.

"In aller Eile wurden Verpflegung und besonders Munition übernommen, die sonst nicht ständig an Bord war. Dann liefen wir aus auf die zugewiesene Position. Am Tage mussten wir ein- und auslaufende Fahrzeuge kontrollierten. Dazu setzte der I. WO (also ich) mit einem Schlauchboot über. Ich war bewaffnet und sah mir die vorgelegten Bücher an, ohne zu verstehen, was ich tat. Niemand hat uns auf so eine Aufgabe vorbereitet. Also taten wir so, als ob wir wussten was wir tun. Unser Funker hatte mittlerweile einen (falschen) Sender erwischt, über den wir uns dann informierten".

Der Vorposteneinsatz vor den Hafenansteuerungen Wismar, Warnemünde, Stralsund, Sassnitz und Wolgast wurde noch bis 23. Juni aufrecht gehalten. Nach Erinnerung von Rudek lagen die KS-Boote noch einige Tage an der Warnemünder Ostmole in Bereitschaft. Langeweile und Fragen über die Sinnhaftigkeit des Bereitschaftsdienstes dominierten. Dennoch wurde der SED-Propaganda über die angeblich von "ausländischen Mächten und ihrer Helfershelfer von Westberlin aus inszenierte faschistische Provokation bzw. Putsch" mehrheitlich Glauben geschenkt. Das bewiesen die im Marinestab eingehenden "Resolutionen zur patriotischen Pflichterfüllung" und "Verurteilung der faschistischen Provokation" sowie Aufnahmeanträge in die SED (152) und FDJ (80).

MdI-Stab Berlin im Befehlschaos

Den Anlass für das rigide Vorgehen gegen die DDR-Fischkutterflotte in der politisch überhitzten Lage lieferte der Betriebsleiter vom Fischkombinat Sassnitz. Um das Übergreifen von Streiks auf den Betrieb zu verhindern, veranlasste er am Vormittag des 18. Juni für alle noch im Hafen befindlichen Kutter, zum Fischfang auszulaufen. Diese Anweisung ohne parallele Information sowohl an den Stab der VP-See in Parow und der Grenzpolizei See als auch der sowjetischen Kommandantur in Sassnitz hatte fatale Folgen. Nach dem Auslaufen befürchtete der Leiter der Grenzpolizei von Sassnitz dass die Fischkutter in Richtung Westen flüchten und meldete das so unbedacht weiter. Diese Annahme avancierte in der örtlichen sowjetischen Militärkommandantur zu der Eil-Meldung direkt an das MdI in Berlin "80 Fischkutter auf Westkurs".

Trotz dem Stab der VP-See vorliegenden Informationen über das normale Ein- und Auslaufen der Kutter und deren Fischfang in bekannte, traditionelle Seegebiete, bestand der MdI-Einsatzstab in Berlin unter Generalmajor Wagner auf den Einsatz der VP-See und Grenzpolizei See gegen die angeblich nach Westen flüchtenden Fischkutter. Die KS-Boote der 1. Gruppe sollten mit Unterstützung der Grenzpolizei See die DDR-Kutter in der Mecklenburger Bucht abfangen.

Marinestabschef Neukirchen bezweifelte die Massenflucht der Fischkutter. Er behielt in der chaotischen Situation einen klaren Kopf. Die Kommandanten auf See und Küsten-Signalstellen bestätigten seine Erkenntnisse über das normale Verhalten der Fischkutter in See. Keines der Fahrzeuge floh in den Westen. Am Abend des 19. Juni musste der MdI-Stab in Berlin seine voreilig getroffene Anweisung zurücknehmen. Die DDR-Fischkutter brachen weder in Kursrichtung Westdeutschland noch zur dänischen oder schwedischen Küste durch. Befürchtete "Republikfluchten" von Personen in See blieben ebenso aus, wie das Eindringen von Diversanten in die DDR-Territorialgewässer. Am Abend des 19. Juni erging deshalb an die R-Boote der Befehl, wieder in den Stützpunkt Peenemünde einzulaufen.

Der Berliner MdI-Stab saß einer weiteren Falschmeldung auf. Er befahl dem Stab der VP-See den Einsatz von Marinekräften auf der Insel Usedom gegen angeblich dort abgesetzte feindliche Fallschirmjäger. Neukirchen ließ das umgehend prüfen und schickte motorisierte Streifen über die 445 km² große Ferieninsel. Die Streifen der VP-See konnten keine "feindlichen Fallschirmjäger" oder gar "Diversanten" ausmachen. Es stellte sich heraus, dass irgendein Offizier im MdI-Stab die zweitgrößte Deutsche Insel Usedom als ideales Einsatzgebiet für Fallschirmjäger hielt. Seine Annahme avancierte in Berlin zur Hiobsmeldung, die dann an der Küste wie eine Seifenblase zerplatzte.

Funkverkehr überlastet

Im Zeitraum 18. bis 23. Juni wechselten zwischen den Stäben der VP-See in Parow und des MdI in Berlin etwa 800 Telegramme und Funksprüche auf der Operativ-Welle. Wegen der vorgeschriebenen stündlichen Lagemeldung nach

Berlin mussten laufende Funksprüche innerhalb der VP-See häufig unterbrochen werden. So kam es vor, dass ein Funkspruch eine Laufzeit von mitunter mehreren Stunden hatte. Auch der Funkverkehr über "Welle LF 2" der Flottenbasis Ost zur Befehlsübermittlung an die im Einsatz befindlichen Boote war völlig überlastet. Innerhalb von 53 Stunden, vom Auslaufen bis 20. Juni (21.45 Uhr), wurden 232 Funksprüche abgesetzt. Etwa 20 Prozent betrafen Störungsmeldungen an Bord. Auch hier erreichten die Funksprüche mitunter eine Laufzeit von bis zu sechs Stunden.

Sowohl Konteradmiral Neukirchen als auch Kapitän zur See Elchlepp rügten die Defizite in der Kommunikation zwischen den Stäben und Einsatzkräften, die laxe Kommandosprache der Funkteilnehmer und erheblichen Schwächen des Chiffrierpersonals. Das Funkpersonal an Bord war dermaßen überlastet, dass operative Befehle des Chefs des Stabes und der Flottenbasis auf See teilweise nicht empfangen wurden. Das betraf vor allem die 2. KS-Bootsgruppe im Seegebiet vor Warnemünde bis zum Darss.

Flottillenchef Kapitän zur See Elchlepp traf dazu die Einschätzung: "Der Gruppenführer der 2. Gruppe erfüllte die gestellten Aufgaben nur ungenügend. Die über Funk gegebenen Befehle wurden nicht richtig ausgeführt. Die befohlene Position der 2. Gruppe wurde mit 12 Stunden Verspätung eingenommen". Besonders krass bewertete er die Kommandoführung auf dem KS 131. Hier vergingen von der Befehlserteilung: "sofort in Warnemünde einlaufen" bis zur Befehlsausführung 30 Stunden! Ein Reserveboot musste in See den Einlaufbefehl überbringen. Wie sich dann heraus stellte, war auf dem KS-Boot 131 die Funkanlage defekt. Selbst das Bord-Radio gab keinen Ton mehr von sich. Der Kommandant des Bootes kannte weder die aktuelle Befehls- noch politische Lage. Wegen der vielen Funkpannen erhielten die in See operierenden Boote über die Küsten-Signalstellen optisch ihre Befehle. Zur Sicherstellung der Verbindung und Versorgung (Post, Zeitungen, Lebensmittel, Verbrauchsstoffe) zu den im Einsatz befindlichen Booten existierte ein täglicher Kurierverkehr nach Warnemünde und Tarnewitz.

Polizistenprügel am 'Alten Strom' Warnemünde

Am 22. Juni lief das KS-Boot 131 zu Reparaturarbeiten in Warnemünde ein. Wegen verdorbene Lebensmittel an Bord, gestattete der Kommandant seinen Männern, ins Warnemünder "Atlantik" Essen zu gehen. Das Boot lag querab am Holzanleger der Mittelmole des 'Alten Strom' von Warnemünde. Unterleutnant zur See Bruno P. wusste nicht, dass in Rostock-Warnemünde der Ausnahmezustand verhängt wurde und striktes Landgangverbot bestand. Offensichtlich hatte er auch nicht die in den Dünen vom alten "Teepott" bis zur Stolteraa mit Geschützen eingegrabenen sowjetischen Soldaten beim Einlaufen bemerkt. So begab sich ein Teil der Besatzung unter Leitung eines Bordoffiziers gut gelaunt ins Restaurant "Atlantik".

Eine am 'Alten Strom' patrouillierende Streife der KVP wurde auf die bei Hamburger Schnitzel und Rostocker Pils sitzenden blauen Jungs aufmerksam. Der Streifenführer, ein Leutnant der KVP mit drei Soldaten, forderte die Mariner zur Ausweiskontrolle auf. Diese quittierte ein Bordoffizier mit der Bemerkung: "Was wollt ihr Landhopser überhaupt von uns?" In den Wortgefechten ergriffen die Seelords Partei für ihren Offizier. Weil seine Männer nicht vom Landgang zurückkehrten, ruderten der Kommandant mit dem Bootsmann per Schlauchboot auf die andere Seite des 'Alten Strom'. Es gelang ihm, die in Streit geratenen Soldaten zu besänftigen. Vom Streifenführer erfuhr der Unterleutnant vom Landgangverbot. Auch die inzwischen im "Atlantik" eingetroffene andere Hälfte der KS-Boot-Besatzung durfte ohne Einwand des KVP-Streifenführers essen. Nichts Schlimmes ahnend, ruderte der Kommandant zurück zum KS-Boot. Der KVP-Leutnant erstattete jedoch Meldung. Die KVP schickte umgehend Verstärkung, einen Zug bewaffneter Soldaten in Khaki-Uniform mit zwei Lkw.

Zum Abschluss ihres Landgangs postierten sich die Männer vor dem "Atlantik" zum Gruppenfoto, 14 mit einem Lächeln der Zufriedenheit in die Kamera blickende Seelords. Dann war die Fröhlichkeit für alle vorbei. Kommandant, Bootsmann und ein Matrose sahen, wie ihre Kameraden unsanft auf die Lkw verladen wurden. Gegenüber der KVP-Übermacht hatten die Mariner keine Chance. Derart in die Mangel genommen, schrie einer der Verhafteten zum KS-Boot herüber: "Mach die Kanone klar!" Der an Bord verbliebene Matrose rannte zur 20-mm-Oerlikon, doch der Kommandant befahl: "Halt, weg von der Waffe!" All das bekamen die KVP-Soldaten und eine zum Ort des Geschehens beorderte sowjetische Streife mit.

Von nun an lag der weitere Ereignisverlauf im Ermessen des sowjetischen Militärs. Es dauerte nicht lange und es erschien ein sowjetischer KGB-Offizier samt Dolmetscher beim Kommandanten von KS 131. Er bat ihn, zur "Klärung eines Sachverhaltes" mitzukommen. Ohne seine Vorgesetzten über den Vorfall Meldung zu erstatten, fuhr Unterleutnant Bruno P. bereitwillig in die sowjetische Kommandantur. Hier verhörte ihn ein sowjetischer Major.

Über den KS-Boot-Kommandant ergossen sich immer die gleichen Fragen: "Welchen Auftrag haben Sie? Weshalb liegt das Boot KS 131 im Hafen? Sind Waffen an Bord eingesetzt worden?" Parallel durchsuchten sowjetische Soldaten das Boot. Obwohl der Marineoffizier den Waffeneinsatz immer wieder verneinte, glaubte ihm der Major nicht. Ein Soldat präsentierte eine 20-mm-Kartusche von KS 131. Fatal, die leere Hülse galt für den Major als Indiz für den Waffeneinsatz. Dem Argument: "die Hülse stamme vom letzten Schießen vor sieben Tagen und hatte sich unter der hölzernen Geschützgräting verklemmt", wollte der Major nicht glauben.

Inzwischen glühten die Drähte zwischen den Stäben des sowjetischen Militärs, MdI und der VP-See. Ein Lkw brachte die Besatzung am 24. Juni zum Stab der VP-See nach Parow. Dort ergoss sich über den Kommandanten von KS 131 eine Schimpfkanonade von Vizeadmiral Verner. "Durch ihn sei ein Schatten auf die junge Marine gefallen!" Konteradmiral Neukirchen flüsterte dem geschockten Unterleutnant zu "In dieser Situation müssen Sie mit dem Kopf entscheiden und nicht mit dem Herz!"

Von Parow ging es nicht nach Sibirien, wie damals gemunkelt wurde, sondern zur Flottenbasis in Peenemünde. Hier wurde der Marineoffizier in einem engen Raum unter Bewachung gestellt. Zur Essenausgabe fand er unter dem Teller einen Zettel mit der Nachricht "Ihr werdet alle erschossen!" Zu diesem Szenario kam es nicht. Vor dem angetretenen Personal der Flottenbasis degradierte deren Chef Unterleutnant Bruno P. zum Matrosen mit sofortiger Entlassung aus der VP-See. Zuvor nahm man ihm noch wegen des an Bord von russischen Soldaten zerschlagenen Geschirrs in Regress.

Die Schwere des Vorkommnisses bewog die Sicherheitsabteilung des ZK der SED, sich am 27. Oktober 1953 mit dem Warnemünder Zwischenfall zu befassen. Ihr Bericht "Zur Situation in der KVP" enthielt u.a. die Feststellung: "Trotz Alarmbereitschaft und Landgangverbot ging die Besatzung in eine Kneipe. Ein Matrose verblieb als Wache an Bord. Ein Leutnant und Unterleutnant (VP-See) widersetzten sich der Aufforderung einer KVP-Streife, sofort zurück an Bord zu gehen. Eine motorisierte KVP-Bereitschaft und sowjetische Streife eilten zu Hilfe und verhafteten die Besatzung. Der Matrose an Bord machte das Schiffsgeschütz feuerbereit. Die Grenzpolizei konnte das verhindern." Diese Darstellung entsprach jedoch nicht den Tatsachen.

Landeinsatz

Neben dem Küstensicherungsdienst kamen 3.217 Marinesoldaten für Patrouillen-, Wach- und Streifendienste in neun Küstenstädten zum Einsatz. Sie sicherten auf Anweisung des MdI Betriebe, Verwaltungen, Verkehrs- und Versorgungsobjekte, Brücken, Postämter und Hotels im Bezirk Rostock.

Besonders dramatisch verlief der Einsatz von Alarmkompanien der VP-See, KVP-Bereitschaften und des sowjetischen Militärs gegen streikende Werftarbeiter in Stralsund und Warnemünde. Die an der Polit-Schule der KVP in Berlin-Treptow ausgebildeten Offiziersschüler der VP-See wurden vom 18. bis 21. Juni zur Sicherung der Übergangsstellen zu den Westsektoren Berlins in der Invaliden-, Chaussee- und Brunnenstraße herangezogen. Ausgerüstet mit dem Karabiner K 98 bewachten sie mit einer sowjetischen Panzereinheit die Helmut-Just-Brücke und Werksteile von Bergmann Borsig.

Anerkennung und Verweigerung

Die MdI-Zeitung "Der Kämpfer" vom 4. Juli 1953 würdigte im Stile des damaligen Zeitgeistes den Einsatz der "vorwiegend jungen Volkspolizisten (KVP) zum Schutz der demokratischen Errungenschaften und Betriebe gegen verbrecherische Rowdys. Überall dort, wo Einheiten der Volkspolizei für den Ordnungsdienst zum Einsatz kamen, gelang es ihnen, kurzfristig das verbrecherische Treiben zu beenden. Ohne zu schwanken und zu zögern folgte die Volkspolizei den gegebenen Weisungen."

Im Gegensatz zu dieser euphorischen Einschätzung, gab es in der VP-See Offiziere, Offiziersanwärter und Mannschaften, die den Einsatz gegen die Bevölkerung ablehnten. 214 Marineangehörige wurden wegen Befehlsverweigerung, ihrer Befürwortung gegenüber den Streiks der Arbeiter und ihrer Unmutsäußerungen über den Einsatz des sowjetischen Militärs im Juni und Juli 1953 fristlos aus der VP-See entlassen.

Im Zeitraum Mai bis September 1953 desertierten 55 Marineangehörige in die Bundesrepublik, darunter sechs Offiziere und sechs Unteroffiziere. Diese Zahlen blieben jedoch geheim. Sie passten nicht in das öffentliche Bild von propagierter Zustimmung gegenüber der Politik der SED- und Staatsführung.

5.9. "Clausewitz der Marine", 1955

Ein akademischer Studienkurs an der Leningrader Seekriegsakademie "K. E. Woroschilow" führte Neukirchen im Oktober 1954 für 14 Monate erneut in die Sowjetunion. Er gehörte zu den ersten Führungskräften der DDR-Marine, die diesen Kurs für leitende Kader der KVP und NVA an der Newa absolvierten. Vizeadmiral Verner besuchte erst anschließend von August 1955 bis November 1956 diesen Lehrgang an der Leningrader Seekriegsakademie. Normalerweise betrug die Studiendauer 24 Monate. Der russischen Sprache mächtig, absolvierte Neukirchen den Kurs für Führungskader mit dem Abschlussexamen "Ausgezeichnet" (otlischno). Zum Lehrprogramm gehörten u.a. operative Kunst und allgemeine Taktik der Seestreitkräfte sowie dialektischer und historischer Materialismus.

Der Chef der Akademie, Admiral Iwan Jumaschev, und der Chef für akademische Kurse, Konteradmiral Beljaew, bescheinigten Neukirchen Zielstrebigkeit und Organisationsvermögen. Beide Admirale urteilten, dass Neukirchen arbeitsliebend und standfest ist. Er stellt hohe Forderungen an sich selbst und seinen Unterstellten. Einmal gefasste Entschlüsse werden von ihm konsequent umgesetzt. Hervorgehoben wurden Neukirchens seemännische Erfahrungen. Er wirke jedoch "etwas verschlossen und hochmütig". Das Attest enthielt die Schlussfolgerung: "Zur Festigung seines theoretischen Wissens ist es sinnvoll, ihn in die Dienststellung des Chef des Stabes eines Verbandes einzusetzen".

Zu seinen Studienkollegen in Leningrad gehörten ein polnischer, bulgarischer und rumänischer Admiral. Alle drei wurden anschließend in ihren Heimatländern Chef der Seestreitkräfte, so u.a. Konteradmiral Jan Wisniewski Chef der Polnischen Seekriegsflotte.

Nach seiner Rückkehr im Dezember 1955 und Wiedereinsatz in die Funktion des Chefs des Stabes der VP-See bzw. Seestreitkräfte soll ihn der Chef der KVP, Generalleutnant Heinz Hoffmann, überschwenglich als "Clausewitz der Marine" bezeichnet haben.

Der namhafte preußische Generalmajor Carl von Clausewitz (1780-1831) galt als Heeresreformer und Militärwissenschaftler. In seinem hinterlassenen Hauptwerk "Vom Kriege" (1832/34) definierte er u.a. Zweck, Ziel und Mittel von Kriegen. Er befasste sich mit der Theorie des Krieges, mit der Strategie und Taktik sowie Philosophie. Seine von ihm entwickelten militärischen Leitsätze werden bis heute an Militärakademien gelehrt. Von daher gereichte ein solcher, von Hoffmann genannter Vergleich Neukirchen zur Ehre. Er erscheint aber doch etwas überzogen. Mit Ausnahme von Kapitän zur See Friedrich Elchlepp gab es damals keinen leitenden Seeoffizier in den DDR-Seestreitkräften, der ein ähnlich profundes Bildungsspektrum besaß, wie Konteradmiral Heinz Neukirchen.

5.10. Forcierter Marineaufbau

Unter der Regie vom Chef des Stabes Neukirchen erfolgten der schnelle Aufbau der Flottenbasis Ost in Peenemünde (1. Flottille) und der Flottenbasis West in Warnemünde/Hohe Düne (4. Flottille). Mit seiner Dienstausübung war der Aufbau weiterer Dienststellen verbunden. Dazu gehörten: der Küstenabschnitt Sassnitz (3. Flottille bis 1958), Hafen- und Reedeschutz Sassnitz und Tarnewitz, die Schulbootsflottille in Parow (bis 1957) und Baubelehrungsflottille (9. Flottille, ab 1960 Erprobungszentrum Wolgast) sowie Schnellbootsflottille in Sassnitz dann Dranske (6. Flottille ab 1963).

Die im Zeitraum 1956 bis 1965 wechselnden Strukturen dokumentieren, dass man nach einer optimalen Organisationsstruktur für die maritimen Kräfte suchte. Im Gegensatz zu den Typflottillen der Bundesmarine waren die aufgestellte 1., 4. und 6. Flottille der Seestreitkräfte der DDR aufgabenorientierte Verbände für bestimmte Verantwortungsräume in See.

Rasant stieg der Personalbestand von 2.922 Mann im Jahr **1951** um das 2,56 fache auf 7.492 Angehörigen Ende **1953** an. Im Dezember **1954** betrug die Personalstärke der VP-See 9.291 Mann und erreichte schließlich Ende **1955** eine Gesamtstärke von **9.990 Mann**. Darunter befanden sich 533 Soldaten, die zuvor in der deutschen Wehrmacht und Kriegsmarine dienten. Das entsprach einem Anteil von 5,33 Prozent. Am stärksten war hier die Gruppe von 256 ehemaligen Unteroffizieren der Kriegsmarine, nunmehr in Führungspositionen, vertreten.

Marineschiffe

Kontinuierlich wuchs der Bestand von Marineschiffen und Booten. Ende **1953** verfügte die VP-See über **72** einsatzklare Schiffe und Boote. Dazu gehörten: 1 Schul- und Flaggschiff, 4 MLR Typ HABICHT, 6 R-Boote Typ R-218, 18 KS-Boote, 5 Schulboote, 3 Räumpinassen Typ SCHWALBE, 12 Hilfsschiffe und

21 Fahrzeuge des SHD. Hinzu kamen 8 KS-Boote unter der Flagge der Grenzpolizei See bzw. Grenzpolizei der DDR. **1956** erhöhte sich der Schiffsbestand auf **89** Kampfschiffe, 16 Hilfsschiffe und 25 Fahrzeuge des SHD.

Durch den Import und die Indienststellung von sowjetischen Marineschiffen erhöhte sich der Schiffsbestand **1958** auf **131** Einheiten, darunter befanden sich 2 KSS Typ RIGA und 14 Torpedoschnellboote Projekt 183.

Im 10. Jahr des Bestehens der Seestreitkräfte verfügte die Marine der DDR **1960** über **159** Kampfschiffe und Boote, darunter 4 KSS Typ RIGA, 12 MLR Typ HABICHT, 10 MLR Typ KRAKE, 12 U-Jagdschiffe Typ 201 M, 18 KS-Boote, 48 Räumpinassen Typ SCHWALBE, 27 Torpedoschnellboote Projekt 183, 2 Leichte Torpedoschnellboote Typ HYDRA, 24 Hafen- und Reedeschutzboote Typ DELPHIN und TÜMMLER I und II.

Zu den Marineschiffen, deren Projektierung Neukirchen begleitete, gehörten Minenleg- und Räumschiffe Typ KRAKE, Kleine und mittlere Landungsschiffe des Typs "46" und ROBBE sowie Leichte Torpedoschnellboote (LTS) des Typs ILTIS und HYDRA. Unter Neukirchens Leitung fanden Projektbesprechungen statt, in denen er Einfluss auf den Schiffsneubau nahm. Wichtig erschienen ihm dabei Aspekte des Einsatzes aus operativer Sicht.

Neukirchen nahm auch an Erprobungsfahrten teil, u.a. auf dem in Roßlau entwickelten Torpedoschnellboot FORELLE. Dazu ist eine Episode vom damaligen Kommandanten, Leutnant zur See Horst A., überliefert. An einem schönen Sommertag 1958 tauchte Konteradmiral Neukirchen in Begleitung eines sowjetischen Admirals im Marinestützpunkt Sassnitz auf. Er beabsichtigte, mit seinem Gast an einer Erprobungsfahrt an Bord der FORELLE teilzunehmen. Bei dieser Gelegenheit wollte er sich u.a. von der bei hoher Fahrtstufe am Vorschiff aufbauenden Seewasserwand überzeugen. Diese ab etwa 36 kn Fahrt über Bord kommende See (Wasserwand) klatschte auf die offene Brücke. Bordoffiziere unterbreiteten den Vorschlag, einen Überbau aus Plaxiglas (einer Art Kalotte) über die Brücke samt Fahrstand zu setzen.

Ob diese Notwendigkeit tatsächlich bestand, wollte Neukirchen selbst sehen. Nach dem Auslaufen näherte sich das Boot der Tonne 5 vor Sassnitz. Neukirchen begab sich in die richtige, schützende Ecke in der offenen Brücke des Bootes und zwinkerte dann dem Kommandanten zu. Der verstand, "Geben Sie mal ordentlich Fahrt!" Und so geschah es. Es ging ein ordentlicher Ruck durch das Boot. Der sowjetische Admiral verlor den Halt. Das Seewasser klatschte aufs Boot in die offene Brücke. Der Beweis war sichtlich erbracht. Mit Ausnahme von einem waren alle nass.

Die FORELLE erreichte auf den Meilenfahrten in der Tromper Wiek mit zwei je 2.500 PS Hochgeschwindigkeitsmotoren des Typs "20 KVD 25" eine Geschwindigkeit von 43,5 kn bei See 3 bis 4. Der leitende Maschinist Joachim Mattner erinnert sich, dass sich sowjetische Marineoffiziere sehr detailliert über das in der DDR entwickelte Schnellboot und dessen Fahreigenschaften interessierten. Auf einer anderen Erprobungsfahrt 1958 in der Tromper Wiek kam das Kommando "Alle anschnallen!". Ein sowjetischer Offizier, der den Maschinenraum sogar mit Fotoapparat inspizierte, hielt diesen Firlefanz als gestandener Seemann nicht für nötig. Als die Maschine einkuppelte und das Boot plötzlich mit der Fahrt anging, gab es einen ordentlichen Ruck. Das Boot machte einen Satz nach vorn. Der Offizier fand sich mit einer Platzwunde am Kopf in einer Ecke des Maschinenraums wieder. Er hatte begriffen und schwieg.

Mattner und der damalige Meister Adolf Herbst erwähnten sogar einen Geschwindigkeitsrekord von 52,5 kn bei spiegelglatter See. Diese Zahl blieb geheim. Das hätte die sowjetische Seite aufhorchen lassen. Die Schnellbootsfahrer der Seestreitkräfte hatten jedoch einen Grund, um in einer Sassnitzer Kneipe ordentlich einen drauf zu machen.

Übungen

Die erste taktische Übung absolvierte die VP-See vom 14. bis 23. Oktober 1952. Den Plan und Ablauf erarbeitete Neukirchens Marinestab in Berlin. Die unter Leitung von Vizeadmiral Verner stehende Übung bestand in einer Geleitüberführung von drei Transportern und zwei Hilfsschiffen durch alle schwimmenden Einheiten der VP-See von Sassnitz nach Warnemünde unter Einwirkung eines angenommenen Gegners. Am 20. Oktober um 5 Uhr begann in See die Formierung des Geleits.

In Auswertung der Übung mussten die Vorschriften für das Verbandsfahren und Sperrwesen, die Luftabwehr und U-Boot-Bekämpfung sowie den Nachrichtendienst überarbeitet werden. Nach Ansicht von Neukirchen offenbarte die taktische Ausbildung der Seeoffiziere gravierende Mängel. Er setzte sich deshalb vehement für die Intensivierung der operativ-taktischen Ausbildung ein. Eine Maßnahme war u.a. die Durchführung von Gruppenübungen.

Das geschah z.B. am 11. Februar 1953 unter dem Thema "Der Küstensicherungsdienst an der Küste der DDR". An dieser unter Leitung des Chefs des Stabes stehenden Übung nahmen alle Abteilungsleiter des Stabes der VP-See, der Chef und sein Stabschef der Flottenbasis Ost, die Chefs der MLR-Division und KS-Boot-Division, der Leiter des Bergungs- und Rettungsdienstes mit seinem Stabschef sowie der Chef und Stabschef der Baubelehrung teil. Das Ergebnis der Übung schätzte Neukirchen mit dem Prädikat "Befriedigend" ein.

Die taktische Übung "Landungsabwehr und Überführung eines Geleits auf dem See-Zwangsweg von Peenemünde bis nördlich Rügen, Tonne 7" vom 3. bis 13. Oktober 1953 leitete Vizeadmiral Verner. Er führte zugleich die Kräfte der Seite "Rot". Die Gegnerkräfte der Seite "Blau" kommandierte Kapitänleutnant Alfred Schneider. Auch hier offenbarten sich wiederum Mängel in den taktischen Fähigkeiten der Seeoffiziere zur Durchführung von Geleitzügen. Bestandteil der Übung war die Sicherung von küstennahen Seeverbindungen durch Kräfte der Flottenbasis Ost und Einheiten der in Swinoujscie (Swinemünde) stationierten Baltischen Flotte.

Am 9. Dezember 1953 legte Neukirchen ein Geheimdokument zur Absolvierung von Übungen im Ausbildungsjahr 1953/54 vor. Vorgesehen waren je eine taktische Übung für alle Kräfte der VP-See und der Flottenbasis Ost, eine Kommandostabsübung, je ein Planspiel der VP-See und Flottenbasis Ost sowie vier Tagungen für alle Admirale und Stellvertreter des Chefs der VP-See sowie Abteilungsleiter.

Unter der Regie vom Chef des Stabes Neukirchen fand im März 1954 eine Stabsübung der VP-See zur Organisation der U-Boot-Abwehr in Flottenstützpunkten und der Küste vorgelagerten See statt. Zwei Monate später leitete Neukirchen im Mai 1954 eine Kommando-Stabsübung zur Landungsabwehr an der Küste der DDR.

Schließlich absolvierte die VP-See vom 20. bis 24. September 1954 ihre größte Taktische Übung. Sie stand unter dem Thema "Die Verteidigung der Küsten der Insel Rügen im Zusammenwirken mit Land- und Luftstreitkräften". Daran beteiligten sich erstmals Truppen der KVP mit Artilleriekräften und der Luftstreitkräfte (VP-Luft). Angenommen wurde eine Kriegslage im 8. Monat zwischen den Kräften "Blau" und "Rot". Die Seite "Blau" bereitete eine Seeanlandung vor, die von der Seite "Rot" zu verhindern war. Die von Kapitän zur See Elchlepp kommandierten Kräfte der Seite "Rot" umfassten alle einsatzfähigen Kampf- und Hilfsschiffe der Flottenbasis Ost, des Küstenabschnitts Sassnitz und der Schulbootsabteilung Parow. Auch Schiffe des Bergungs- und Rettungsdienstes sowie des SHD wurden zu dieser Übung herangezogen.

Die KVP stellte zur Küstenverteidigung vier Batterien mit je vier 13-cm-Geschützen. Diese hatten eine angegebene Geschoss-Reichweite von 10,8 sm. Die gefährdeten Küstenabschnitte Rügens wurden pioniermäßig ausgebaut.

Die in einem Dokument zu dieser Übung angenommenen Kräfte der Luftstreitkräfte waren vom damaligen Größenwahn geprägt. Danach stellte die Luftwaffenbasis Ribnitz-Damgarten für die Übung 350 Jäger MiG-15, 300 Bomber IL-28, 50 Torpedoflugzeuge und 15 Aufklärer. Von der Luftwaffenbasis Peenmünde kamen ebenfalls 350 Jäger MiG-15, 240 Bomber IL-28, 50 Torpedoflugzeuge und 20 Aufklärungsjets zum Einsatz. Insgesamt lag der Übung eine fiktive Luftstreitmacht von 1.375 Kampfflugzeugen zu Grunde.

Der Leiter der Übung, Vizeadmiral Verner, hatte sich mit seinem Chef des Stabes, Konteradmiral Neukirchen, auf dem Flagg- und Schulschiff ERNST THÄLMANN eingeschifft. In dieser groß angelegten Übung ging einiges schief. So z.B. tauchten in der Prorer Wiek, dem Seegebiet der Anlandung, Hafen- und Reedeschutzboote des Typs DELPHIN auf, die dort entsprechend der Übungslage nichts zu suchen hatten. Eine Überprüfung ergab, dass die Besatzungen einfach nur mitmachen wollten.

Im April und Mai 1955 fanden Kommandostabsübungen zur See-, Luft- und Landverteidigung einer Flottenbasis statt. Diese erfolgten wiederum im Zusammenwirken mit Einheiten der Land- und Luftstreitkräfte der KVP. Den nationalen Übungen der VP-See folgten Übungen mit polnischen und sowjetischen Marineeinheiten.

Besuch um Mitternacht

Im Sommer 1954 erhielt ein auf der Reede vor Sassnitz liegendes MLR vom Typ HABICHT der 1. Baureihe von der Küstensignalstelle den Spruch: "Schiff bereit halten zur Übernahme des Chef des Stabes!" Neukirchen kam kurz vor 24 Uhr mit einer Barkasse längsseits. Der Kommandant erstattete an Bord Meldung. Neukirchen sagte: "Ich habe noch nichts gegessen und würde gern einen Mittelwächter zu mir nehmen".

Diese zusätzliche Mahlzeit, häufig handelte es sich dabei um eine schmackhafte warme Suppe, erhielt die Besatzung zum Wachwechsel um Mitternacht. Der Kommandant befahl dem Politstellvertreter an Bord, Leutnant Fritz Herfurt, für Konteradmiral Neukirchen den Mittelwächter zu servieren. Der Politstellvertreter vermied es, den Koch zu wecken. Er ging in die Kombüse, um für den Chef des Stabes das besagte Essen zu holen. Das war offensichtlich bereits verzehrt. Herfurt nahm sich einen Kanten Brot und beschmierte dann einige Schnitten mit Margarine und Salz. Dann klappte er diese zusammen, legte sie auf einen Teller und brühte noch schnell einen Malz-Kaffee der Marke "Muckefugg". Das war ein Bohnenkaffee-Ersatz, auch Landkaffee oder "im Nu" (schnell zubereitet) genannt. Heute nennt man diesen Kaffee "Caro".

Dann servierte der Politstellvertreter Neukirchen das "Essen". Der bedankte sich und kaute, sagt aber noch nichts. Erst einige Stunden später gestand er dem Kommandanten: "Ich bedanke mich, bilde mir nichts auf den Chef des Stabes ein, aber ich empfehle ihnen, anderen Gästen etwas Gehaltvolleres als nur Margarine-Schnitten zu servieren". Damit war für Neukirchen die Sache erledigt, er machte kein Theater wegen des Missgeschicks. Dem Kommandant jedoch war die Blamage anzumerken.

Kurierfahrt

Im Sommer 1956 lag das Flagg- und Schulschiff ERNST THÄLMANN im Hafen Sassnitz. Dessen Kommandant, Kapitänleutnant Fritz Dorn, erteilte dem Politstellvertreter, Oberleutnant Fritz Bieler, den Befehl, ein wichtiges Dokument zum Kommando der Seestreitkräfte in Rostock zu bringen. Bieler schwang sich in Uniform auf sein Motorrad RT 125/1, ein leichtes Krad der Marke IFA, und fuhr in Richtung Rostock. Er hatte Stralsund passiert und näherte sich auf der Fernverkehrsstraße 105 Ribnitz. Kurz vor dem Ort bemerkte er am Straßenrand einen Pkw mit Reifenpanne. Daneben stand der Chef des Stabes Neukirchen und rauchte eine Zigarette, während der Fahrer versuchte, das Rad zu wechseln. Bieler kehrte um, stoppte vor dem Admiral und erstattete ihm Meldung: "Oberleutnant Bieler, Politstellvertreter auf Flagg- und Schulschiff auf Kurierfahrt zum Kommando Seestreitkräfte. Kann ich ihnen meine Hilfe anbieten und Sie mitnehmen?"

Neukirchen musterte Bieler von oben bis unten. Der Oberleutnant hatte seine Schirmmütze hinter das braune Offizierskoppel vor dem Bauch gesteckt. Die Motoradbrille saß noch auf der Stirn. Marinemäßig sah das alles nicht aus. Bielers Motorrad registrierte der Chef des Stabes nur beiläufig. Neukirchen entgegnete: "Oberleutnant, ich habe es zwar eilig aber Sie erwarten doch wohl nicht, dass ich mich auf Ihr motorgetriebenes Fahrrad setze".

Rundfahrt in See

Im Sommer 1957 erschien Konteradmiral Neukirchen mit einigen Generalen und Offizieren des Ministeriums für Nationale Verteidigung in der 1. Flottille in Peenemünde. Die in Feldgrau gekleideten Offiziere aus Strausberg wollten einmal zur See fahren. Die Wahl für den Ausflug in die Pommersche Bucht fiel auf das KS-Boot 118 unter Kommandant Leutnant zur See Rolf Ziegler. Die KS-Boote hatten zuvor eine Umrüstung als U-Jagdboote erhalten. Sie besaßen nunmehr die hydroakustische Ortungsstation "Tamir 10" zur U-Bootsuche.

Als sich alle an Bord eingefunden hatten, gab der Chef des Stabes dem Kommandanten den Befehl zum Auslaufen. Das Boot lief aus dem Stützpunkt Peenemünde in den Greifswalder Bodden. Die See war in diesem Tage nur leicht bewegt. Für Neukirchen, der sich oben auf dem Signaldeck aufhielt, war das zu ruhig. Er flüsterte dem Kommandant zu: "Können Sie die Landeier nicht mal unter Wasser setzen?"

"Nichts leichter als das", erinnerte sich Kommandant Ziegler. Auf einem vermeintlichen Kurs zur U-Boot-Suche fuhr er zur Freude von Neukirchen harte Ruderlagen in See. Einige in Feldgrau gekleidete Offiziere gerieten wegen der wechselnden Boots-Krängung ins Wanken, andere wurden etwas blass. Dann steuerte Ziegler sein Boot einige Male durch die Wellen der Hecksee. Die auf der Back des Vorschiffes versammelten Gäste ahnten nicht, was passieren würde. Durch die nun auf dem Oberdeck überkommende See wurden alle etwas nass. Damit hatten sie nun gar nicht gerechnet. Neukirchen stand seelenruhig auf dem Signaldeck und freute sich über das Schauspiel seiner in Feldgrau durchnässten Kollegen. Damit war die Demonstrationsfahrt in See beendet. Die Offiziere aus Strausberg waren um eine Erfahrung reicher.

Havarien, Seeunfälle

Zusehens beschäftigten den Marinestab Havarien und Seeunfälle (Wassereinbrüche, Feuer im Schiff, Maschinenschäden, Grundberührung) in der VP-See. Diese nahmen von 1952 bis 1955 kontinuierlich zu. 1952 ereigneten sich in der

VP-See 17 Havarien. Davon allein 12 Grundberührungen von Schiffen. 1953 stieg die Unfallzahl auf 26 und erreichte 1955 den Wert von 41. Häufige Ursachen waren Unsicherheiten und Mängel der Kommandanten in der terristischen Navigation. Zwei schwere Havarien ereigneten sich 1957 und 1958, an deren Analyse und Auswertung Neukirchen persönlich Einfluss nahm.

Im Frühjahr 1957 havarierte das **MLR 626** des Typs HABICHT in der Tromper Wiek. Das Schiff mit der Baunummer 2012 wurde am 17. November 1955 in Dienst gestellt. Nach dem "Meile-Laufen" mit verschiedenen Fahrtstufen, Geschwindigkeiten, Drehkreisen usw. zur Bestimmung der Manöverelemente des Schiffes entschloss sich der Kommandant, Oberleutnant zur See Jochen Müller, küstennah zu ankern. Auf der Fahrt zur Ankerposition in der Tromper Wiek orientierte sich der Kommandant nach seiner Funkmessstation, der Radaranlage LYN 10.

Müller geriet jedoch trotz Radar zu dicht an Land. Sein Schiff setzte auf die Untiefe "Große Steine" in Höhe Königshörn auf. Die Folge war ein Riss von ca. 12m Länge am Kiel des Vorschiffs. Trotz großer Mühen in der Leckbekämpfung unter Leitung des LI, Oberleutnant Karl Heinz Baum, gelang es den Männern nicht, den Wassereinbruch im Inneren des Schiffes zu stoppen. Hinzu kam, dass auch die Lenzpumpe ausfiel. Das MLR lief im Vorschiff mit seinem 4- und 8-Manndeck voll Seewasser.

Nach der Eilmeldung an den Operativen Dienst in Rostock, nahm sich Konteradmiral Neukirchen sofort der MLR-Havarie an. Er beorderte u.a. den Hochsee- und Bergungsschlepper WISMAR zur Position des auf Grund gelaufenen MLR. Zuvor begab sich Neukirchen in Sassnitz auf die WISMAR. Zeitzeugen berichten, dass er mit großer Sachkenntnis und Ruhe die Bergung des MLR-Schiffes leitete. Es gelang, das Leck im Schiffsinnern abzudichten und das MLR unter Einsatz leistungsstarker Wasserpumpen zu lenzen. Das MLR wurde dann in die Werft Wolgast geschleppt.

Die anschließende Havarieverhandlung fand im Marinekommando Rostock statt. An der hatten alle Kommandanten, Gruppen- und Abteilungschefs der VP-See teilzunehmen. Konteradmiral Neukirchen leitete die Havarieverhandlung in einer sehr sachlichen Art und Weise. Beteiligte Seeoffiziere empfanden die Verhandlung wie eine Lehrvorführung.

In deren Verlauf konnte der MLR-Kommandant nichts zu seiner Entlastung vortragen. Er wurde für schuldig gesprochen, fahrlässig gehandelt zu haben. Dennoch kam es im Verlauf der Verhandlung zu einer Kontroverse zwischen dem Chef der VP-See, Vizeadmiral Verner, und dem Kommandant, Oberleutnant zur See Müller. Verner bewerte in einer unsachlichen Manier und mit einem nahezu flegelhaften Verhalten das Vorkommnis in See. Er unterstellte dem Kommandant einen "fehlenden Klassenstandpunkt". Er sei "zu dämlich, sein Schiff zu steuern und beschädigte in sträflicher Art und Weise Volkseigentum". In Anerkenntnis seiner Schuld konterte Müller und verwahrte sich gegenüber diesen "Argumenten" und persönlichen Beleidigungen. Es herrschte tiefes Schweigen im Saal, man hätte das Fallen einer Stecknadel im Klubhaus hören können. Neukirchen blieb souverän. Er ging nicht weiter auf den Disput ein. Er blieb sachlich und ruhig. Der Kommandant wurde seiner Dienststellung enthoben und wegen des von ihm verschuldeten Materialschadens zu einer Regressstrafe von 6.200 Mark verurteilt.

Oberleutnant zur See Müller erhielt seine Versetzung zur Unteroffiziersschule nach Parow. Hier war er Fachlehrer für "Astronomische Navigation, Meteorologie und elektronautische Geräte". Nachdem er seine finanzielle Schuld mit Hilfe eines Darlehens seines Vaters beglichen hatte, stellte er einen Entlassungsantrag aus dem aktiven Dienst der NVA. 1960 übersiedelte er in die Bundesrepublik.

Das nächste Desaster ereignete sich am 30. März 1958. An diesem Tag strandete das **MLR 6-33** vom Typ HABICHT etwa 100m vor der Steilküste Sassnitz-Dwasieden. Darüber berichtete der Autor ausführlich im Buch "Seestreitkräfte der DDR. Abriss 1950-1990".

5.11. Schiffskommandant im Selbstverständnis von Neukirchen

Wenn Neukirchen zur Seeausbildung oder Kontrolle an Bord kam, führte ihn sein Weg stets auf die Brücke an die Seite des Kommandanten. Dort oder bereits an der Stelling nahm er die Meldung des Kommandanten entgegen und bedankte sich. Häufig verließ er die Brücke erst wieder beim Festmachen an der Pier. Die Mehrzahl der Kommandanten hatten ihren Chef des Stabes besonders ins Herz geschlossen. Für die Seeoffiziers-Generation der 50er-Jahre war Neukirchen ein Vorbild als Marineoffizier. Das erwähnte Karl Heinz Kremkau, der als Kommandant und Abteilungschef auf MLR, KSS und U-Jagdschiffen bis Mitte der 70er-Jahre zur See fuhr.

"Wenn der Chef des Stabes an Bord kam, dann begab sich der Konteradmiral sofort zum Kommandant des Schiffes und sagte: 'Kommandant melde mich an Bord!' Jeder Kommandant war stolz, wenn sich Neukirchen gerade sein Schiff ausgewählt hatte. Ein Wesenszug an Neukirchen war, dass er sich bei einer Seefahrt zuerst den Betrieb an Bord schweigend ansah, bevor er fast väterlich seine Hinweise zur Verbesserung gab. Diese teilte er dem Kommandanten unter vier Augen mit. Dazu wurde man von ihm beiseite genommen. Wenn er an Bord kam und die Seeausbildung inspizierte, existierte trotz des Unterstellungsverhältnisses immer eine gelöste Stimmung. Als Kommandant habe ich bei ihm nie eine verbissene proletarische Stimmung empfunden. Im Gegensatz zu anderen Flottenchefs war er nie ein Parteiarbeiter in Marineuniform. Sein Umgang mit jungen Seeoffizieren mit noch geringer seemännischer Praxis war ihm Herzenssache, Schulmeisterei dagegen fremd. Auch lachte er gerne. Sein Spitz- oder Kosename 'Donnergroll' empfand ich nicht als angsteinflößend, sondern eher Respekt gebietend".

Auch Dietrich Dembiany, der von 1959 bis 1962 als Kommandant auf dem KSS FRIEDRICH ENGELS fuhr, bestätigte diesen Eindruck. "Als Kommandant eines Küstenschutzschiffes hatte ich mehrmals die Möglichkeit Neukirchen persönlich kennen zu lernen. Wir hatten Respekt vor diesem stattlichen Marineoffizier mit tiefer Stimme. Für mich war er ein kluger Offizier mit hohen Fachkenntnissen und umfangreichen seemännischen Erfahrungen".

Die Kommandanten nahmen bei Neukirchen eine gewisse Sonderstellung ein. Sie mussten jedoch auch höllisch aufpassen, wohin sich der Chef des Stabes an Bord begab. Er interessierte sich nahezu für alles, von der Funktionstüchtigkeit der Rettungsmittel bis hin zur Qualität der Bordverpflegung. Auch musste der Leitende Ingenieur an Bord damit rechnen, dass Neukirchen irgendwo überraschend in einen seiner Betriebsräume unter Deck auftauchte.

Es hatte sich unter den Kommandanten herum gesprochen, dass Neukirchen in einem unbeobachteten Moment mit Vorliebe einen Rettungsring über Bord warf. Dann kam gewöhnlich von dem Besatzungsmitglied, das zuerst und hoffentlich auch sehr schnell den Ring in See bemerkte, der Ruf "Mann über Bord". Jetzt hatte der Kommandant mit entsprechenden Kommandos und Handlungen all das einzuleiten, um den in der See treibenden "Schiffbrüchigen" so schnell wie möglich zu retten. Dazu zählten u.a. Flagge setzen, Kurs ändern, Kutter aussetzen usw. Die Handlungen der Besatzung beim Kommando "Man über Bord" waren ein häufig geübtes Szenario an Bord jeden Schiffes. Neukirchen überprüfte mit der Stoppuhr in der Hand die Zeit, die verstrich, bis der "Mann" wieder an Bord war. Auch wenn die Zeit in der Norm lag, folgte seine Belehrung: "es gibt nichts Wichtigeres an Bord, als den eigenen Mann in Seenot zu retten". Er sprach aus seiner Erfahrung im Krieg.

Während Neukirchen an Bord war, ließ er keine Gelegenheit aus, um den Wissensstand vor allem junger Seeoffiziere im Fachgebiet Navigation und Schiffsführung zu überprüfen. So musste auch Leutnant zur See Kremkau 1956 in seiner Dienststellung als I. WO eines MLR Typ HABICHT eine solche Prüfung über sich ergehen lassen.

"Unser MLR lief in der Pommerschen Bucht. Der Admiral wollte von mir wissen, wie lange es dauern würde, bis wir das "Kieler Ufer" der Tromper Wiek in Sicht bekämen. Das war von verschiedenen Faktoren abhängig. Ich rechnete und rechnete, schob alle Grundrechenarten auf der Skala meines Rechenschiebers hin und her. Neukirchen stand schweigend daneben und schmunzelte, während mir der Schweiß auf die Stirn trat. Ich meldete ihm das Ergebnis. Er lächelte mich an und wollte wissen, ob ich all diese Formeln auf der Offiziersschule gelernt und ob ich die auch immer im Kopf parat habe. Er nahm das Leuchtfeuerverzeichnis zur Hand, schlug die betreffende Seite auf und bestätigte mein Ergebnis. Sehen Sie, das hat 1 Minute gedauert und Sie kämpfen hier 10 Minuten mit dem Rechenschieber".

Neukirchens Laune war auch abhängig von den gezeigten Leistungen der Besatzung an Bord und der exakten Einhaltung des vorgegebenen organisatorischen Ablaufs der Seeausbildung bzw. Übung. Schlendrian oder Laxheit im Dienst duldete Neukirchen nicht. Dazu ist folgende Episode aus dem Jahr 1956 überliefert.

Der Chef des Stabes erschien zu einer See-Übung im Stützpunkt Peenemünde. An Bord des MLR (Bau-Nr. 2008) Typ HABICHT meldete sich Konteradmiral Neukirchen beim Kommandant, Oberleutnant Gerhard Chartron: 'Melde mich an Bord, legen Sie ab!' Das MLR legte von der Pier ab, ohne einen Kommentar von Neukirchen, und lief dann über "Osttief" zum Flottenzwangsweg der Nord-Ansteuerung von Swinemünde, Kurs 330 Grad. Es herrschten an dem Tag sommerliche Temperaturen bei fast Windstille auf See. Etwa 5sm südöstlich der Insel Greifswalder Oie lag ein R-Boot des Typs SCHWALBE (RPi) im Rahmen der Übung vor Anker. Das MLR näherte sich dem Boot. Neukirchen erkannte sofort, dort war "Ruhe im Schiff". Die RPi-Besatzung lungerte an Oberdeck ihres Bootes in lässiger Anzugsordnung. Den

Männer stand offensichtlich der Sinn mehr nach Sonnenbaden und weniger für die Seeausbildung.

Die RPi-Besatzung hatte Pech. Sie erkannte zu spät die am Topp des MLR wehende Flagge "Gamma". Sie galt damals als Flaggen-Zeichen für ein "neutrales Schiff" in Schiedsrichterfunktion während dieser See-Übung. Die Flagge "Admiral an Bord" mit goldenen Sternen als Rang- und Kommandozeichen gab es erst ab Oktober 1957. Am 30. September 1957 beschloss der Ministerrat der DDR die Einführung der Flaggenordnung der NVA.

Neukirchen ließ sich ein Megaphon, Flüstertüte genannt, geben und brüllte in geringer Distanz zur RPi-Besatzung herüber: "Was ist das für ein Seeräuberhaufen, der Kommandant sofort an Oberdeck!" Der erschien dann auch, bekleidet mit Turnhose und Badelatschen. Der Schreck muss ihm förmlich durch alle Glieder gefahren sein, als er den Admiral sah. Er verschwand sofort, um seine Uniform anzuziehen. In der Zwischenzeit tobte Neukirchen auf der Brückennok des MLR. Er machte dem RPi-Kommandanten auf offener See klar, welche Aufgaben er als Kommandant zu erfüllen hatte. Das sei weitaus mehr, als das, war der zur Zeit wahrnahm. Nach Abschluss der Seeausbildung hatte sich der Kommandant beim Stabschef zu melden.

5.12. Dienst im Bereich Chef des Stabes, 1959/60

Zur Struktur bzw. den Dienstbereich Chef des Stabes gehörten 1959/60 der 1. Stellvertreter des Chefs des Stabes, die Stellvertreterbereiche operative Arbeit und operative Ausbildung, Organisation/Auffüllung, Hauptgefechtsstand beim Chef Seestreitkräfte (HGS), täglicher Gefechtsdienst (OP-Dienst) mit Chiffrierabteilung sowie der Funk- und Fernschreibstelle, Abteilung Aufklärung mit Funkaufklärung Stubbenkammer/Rügen, Abteilung Allgemein, Abteilung Nachrichten mit diversen nachgeordneten Unterabteilungen und Einheiten, insgesamt ca. 400 Marinesoldaten.

Konteradmiral Neukirchen erwartete, dass seine Befehle ohne Zeitverzug ausgeführt werden. Wenn diese mal nicht nach seinen Vorstellungen in anderer Art und Weise umgesetzt wurden, dann respektierte er jedoch auch plausible Erklärungen, meist mit dem Nachsatz "das hätte auch von mir sein können". So z.B. konnte sich 1960 der fachlich sehr visierte Flaggartillerieoffizier Kapitänleutnant Hans Koch, Absolvent der Krylow-Akademie Leningrad

1958, eine humoristische Bemerkung auf Neukirchens Kritik zur Schießausbildung nicht verkneifen. Der Konteradmiral bemängelte in Auswertung einer Übung das lasche Tempo der Schussfolge der Schiffsartillerie auf den teilnehmenden MLR Typ HABICHT und KRAKE sowie KSS Typ RIGA. Er meinte, seine Großmutter hätte das schneller gemacht. Daraufhin entgegnete der Flaggoffizier für Artillerie, "er könne sich diese Großmutter gut vorstellen, wenn er sich den Konteradmiral so ansehe". Alle lachten, auch Neukirchen. So einen Kommentar konnte sich nur ein Offizier leisten, der bei Neukirchen Anerkennung genoss. Er liebte Mitarbeiter, die schöpferisch arbeiten konnten, einen eigenen Standpunkt vertraten und keine Kriecher waren. Dienstgrad und Alter spielten bei Neukirchen eine untergeordnete Rolle. Sachkenntnis und logisches Denken waren gefragt.

Koch erwähnte eine weitere Episode zum damaligen Luftzielschießen. Die Übung wurde von sowjetischen Einheiten sicher gestellt. "Das Zusammenwirken wurde in einer speziellen Anordnung geregelt. Diese legte fest, in welcher Reihenfolge, welche Einheiten an welchen Ort bzw. Position ihre Schießaufgabe zu erfüllen hatten. Da die Wetterlage den jeweiligen Schießverlauf beeinflusste, hatte ich dem Chef der Torpedoschnellboote gestattet, von den in der Anordnung festgelegten Zeitplan abzuweichen. Neukirchen machte mich darauf aufmerksam, dass das doch seine Anordnung wäre. Ich erwiderte, dass ich in seinem Interesse gehandelt hätte. Kein Kommentar."

Der Chef des Stabes Neukirchen arbeitete vorausschauend und war gegenüber Neuem in der Militärtechnik sehr aufgeschlossen. 1960/61 erschien in der Tageszeitung "Neues Deutschland" die Mitteilung, dass Ingenieure in Jena die erste elektronische Ziffernrechenanlage ZRA-1 für die DDR entwickelt hatten. Neukirchen lass diese Mitteilung und stellte sich und an seine Mitarbeiter die Frage, wie man diese technische Errungenschaft für die Marine nutzten kann. Man gelangte im Marinestab zu der Überlegung, eine Anwendung für Feuerleitanlagen der Schiffsartillerie zu prüfen. Dazu wurde der Flaggartillerieoffizier Hans Koch zu einem Programmierlehrgang für die ZRA-1 nach Jena delegiert. Im Anschluss daran erarbeitete Koch eine Studie über Einsatzmöglichkeiten von elektronischer Rechentechnik in der Marine. Diese von Neukirchen veranlasste Neuerung hatte dann große Bedeutung für die 1965 im Kommando der Volksmarine gebildete Unterabteilung Mechanisierung und Automatisierung der Truppenführung. Die Leitung dieser Unterabteilung lag in den Händen von Fregattenkapitän Koch. Den Denkanstoß zur Nutzung und

Einführung elektronischer Rechentechnik in der NVA gab Neukirchen zu einem Zeitpunkt, als man im Ministerium für Nationale Verteidigung in Strausberg noch nicht daran dachte.

Kontrollen unter Leitung des Stabschefs waren gefürchtet. Von den Kontrolloffizieren verlangte Neukirchen treffende Analysen des vorgefundenen Zustandes und des fachlichen Dienstvermögens der Besatzungsangehörigen. Nach Anhörung der Kontrollergebnisse musste man auf überraschende Fragestellungen gefasst sein. Man war gut beraten, auf Neukirchens Fragen präzise und konkret zu antworten.

"Seine Eminenz, Heinz Kardinal Neukirchen"

Anfangs war es in den Seestreitkräften üblich, als Anredeform von Admirals- und Kapitänsdienstgraden, diese mit "Herr Admiral" bzw. "Herr Kapitän" anzusprechen. In den 50er-Jahren schlich sich dann, vermutlich in Angleichung an die Anrede in der sowjetischen Armee und Flotte, die auch in der SPD und SED übliche Anrede "Genosse" ein. Das war für die ehemaligen Angehörigen der Kriegsmarine sehr gewöhnungsbedürftig. Der Groll darüber saß bei einigen Offizieren tief. Es dauerte einige Zeit, bis sich diese Anredeform entgegen aller maritimen Traditionen seit der Kaiserlichen Marine durchsetzte. Hinzu kam etwa ab 1960, dass nunmehr der volle Dienstgrad in der Anrede genannt werden musste, also anstelle "Genosse Admiral" hieß es jetzt "Genosse Konteradmiral". Dazu schilderte der von 1958 bis 1981 im Marinestab in Rostock in der Abteilung See- und Luftaufklärung tätige Kapitänleutnant Ewald Tempel die folgende amüsante Begebenheit auf einer Lagebesprechung im Frühjahr 1961.

"Kapitänleutnant Roland Kraft, geb. in Riga, ein mit angenehmen baltischem Akzent klingendes Deutsch sprechend, war in den 60er-Jahren einer von vier operativen Diensthabenden auf dem Hauptgefechtsstand (HGS) des Chefs der Volksmarine. Täglich um 8 Uhr wurde dem Chef des Stabes, Konteradmiral Neukirchen, die Lage auf dem Seeschauplatz der letzten 24 Stunden gemeldet. An dieser Lagebesprechung nahmen alle mit der operativen Führung, Sicherstellung und Logistik der im Einsatz befindlichen Kräfte und Mittel befassten Abteilungsleiter teil. Die Anspannung vor der Lage war für die Vortragenden durch das Ordnen der Ereignisse und Fakten meist sehr groß.

Die Lage begann mit Eintreten von Konteradmiral Neukirchen, verbunden mit dem Haltung gebietenden Ruf 'Genossen Offiziere' durch den

Leiter des HGS, Kapitän zur See Erich Thieme. Den Lagevortrag erstattete zu Beginn Kapitänleutnant Kraft. Der konzentrierte sich derart auf seine Meldung und Aufzeichnungen, dass ihn ungewohnte Umstände (neue Anredeform) in Kombination mit der Autorität des Admirals aus der Fassung brachten. Aus dem gewollten 'Genosse Konteradmiral' und dem immer noch im Kopf festsitzenden 'Genosse Admiral', wurde bei dem sichtlich angespannten Kraft, der noch schnell auf die neue Anredeform umschalten wollte, ein mit rollendem baltischen 'r' exakt gesprochener 'Genosse Kardinal'.

Die plötzlich einsetzende Stille und Fassungslosigkeit unter den Lageteilnehmern dauerte nur ein paar Sekunden. Dann erschallte eine herzhafte, nicht mehr zu unterdrückende spontane Lachsalve bei allen, um den riesigen Kartentisch stehenden Offizieren. Zugleich richteten sich die Blicke auf Neukirchen. Der Admiral soeben vom 'Pontifex' zur Eminenz erhoben, lachte schallend und laut mit. Denn er lachte gern über einen gelungenen Scherz. Gab es doch in der Lagemeldung der letzten 24 Stunden kaum einen Anlass, der in dieser Runde eine morgendliche Fröhlichkeit auslöste. Diese überraschende Aufheiterung im Dienst übertrug sich an diesem Tag vom HGS auf alle Fachabteilungen im Marinekommando Rostock-Gehlsdorf. Kapitänleutnant Kraft hat mit seinem Versprecher den maritimen Dönt'ches ein weiteres lustiges Geschichtchen hinzu gefügt."

Zum bessern Verständnis des Rituals der täglichen Lagemeldung bedarf es einer Erläuterung. Kapitänleutnant Tempel nahm fast täglich an der morgendlichen Lagemeldung im HGS teil. Diese erfolgte unter Neukirchen in der Reihenfolge: 1. Gegnerlage, 2. Lage und Handlungen eigene Kräfte, 3. geplante Handlungen (Seeausbildung, Erprobungen, Vorpostendienst, Überführungen, Werftaufnahmen usw.), 4. Wetterlage und 5. Vorkommnisse in den letzten 24 Stunden.

Zum festgelegten Teilnehmerkreis der Lagebesprechung gehörten seine Stellvertreter Operativ, Organisation/Auffüllung und Allgemein, Offiziere der Stellvertreterbereiche des Chefs der Volksmarine für Rückwärtige Dienste, Ausbildung, Technik und Bewaffnung sowie Offiziere der Politischen Verwaltung. Hin und wieder war auch der Militärstaatsanwalt und ein Offizier des MfS anwesend. Zu Lage- und Entschlussmeldungen von laufenden eigenen Übungen oder des Warschauer Paktes wurde ein gesonderter Teilnehmerkreis festgelegt. Das betraf Offiziere des Stabes, die zur Planungsgruppe gehörten oder über ein Spezialwissen verfügten, wie z.B. für Unterwasser-, Minen- und

Landungsabwehr, NATO-Seestreitkräfte, Seefliegerkräfte, Nachrichtenmittel und -verbindungen.

Die Meldungen durch die hierzu zuständigen Offiziere Chef Aufklärung, Operativer Diensthabender usw. erfolgten in straffer militärischer Form und Haltung vor der entsprechenden Lagekarte. Admiral Neukirchen duldete dabei keine Redundanz, Weitschweifigkeit oder gar Agitation. Wenn sich ein Offizier in langatmigen Ausführungen verlor oder um den heißen Brei herum redete, dann unterbrach er dessen Geschwafel.

Trotz seiner umgänglichen Art empfanden einige Offiziere Neukirchens Ansprüche in der operativen Stabsarbeit zum Fürchten streng. Nach den Ausführungen gab Neukirchen an den Vortragenden gerichtete Fragestellungen frei. Das war ein allgemein gefürchteter Moment. Man musste auf alles gefasst sein. Tempel berichtete, dass es wiederholt zu begründeten Einwänden kam. Neukirchen wies in seiner Amtszeit angefertigte Stabsdokumente, Karten oder Schriftstücke zur Bestätigung zurück, wenn diese in Inhalt und Form nicht seinen Vorstellungen von traditioneller maritimer Stabskultur entsprachen. Der jeweils verantwortliche Offizier erhielt Gelegenheit zur Überarbeitung und Wiedervorlage eines neuen Entschlusses bzw. Dokuments.

5.13. Image: "Admiral Donnergroll" im Ledermantel

Neukirchens stattliche Gestalt von 1,87m Größe, sein kräftiger Gesichtsausdruck gepaart mit einer tiefen, energisch klingenden Stimme in Verbindung mit einem oftmals autoritären, mitunter auch unbeherrschten Auftreten, verschafften ihm schon bald ein Markenzeichen besonderer Art. In der Marine trug er den Beinamen 'Donnergroll', gleichsam wie Blitz und Donner eines Gewitters. Das sich mitunter im Dienst etwas über einen Unterstellten zusammenbraute, war bei Neukirchen deutlich wie ein Grollen anzumerken. Er konnte sehr ungemütlich werden, wenn man es an Stabskultur fehlen ließ, sich auf eine Dienstberatung ungenügend vorbereitet hatte oder gar einen Termin nicht einhielt.

Neukirchen lehnte langatmige, weit schweifende oder gar vom Thema abweichende Ausführungen ab. Solchen Rednern setzte er abrupt ein Ende. Kurze prägnante Ausführungen waren bei ihm angesagt. Ansonsten drohten Fragen oder eine Blamage. Wenn er seinen Unterstellten zuhörte, dauerte es nicht lange und kritische Zwischenfragen, den Kern der Sache treffend, schlugen beim Vortragenden ein, wie Blitz und Donner. Er tolerierte aber auch das Eingeständnis von Fehlern bei eigenverantwortlichem Handeln im Gegensatz zur Tatenlosigkeit. "Absicherer", die lieber abwarteten, was Vorgesetzte sagen, stießen bei Neukirchen auf Ablehnung. Neukirchens sachliche, direkte und nüchterne Art empfanden jene Offiziere und zivilen Mitarbeiter, die mit ihm zu tun hatten, als wohlwollend. Doch er wusste auch mit überraschenden Ansichten und Fragen zu irritieren. So waren z.B. seine Kontrollen und Besuche gefürchtet. Wenn der Stabschef bei der Truppe erschien, und das passierte häufig ohne Ankündigung, kam Bewegung in den Stützpunkt oder auf dem Schiff. Wegen seines Gespürs gegenüber Missständen ging ihm der Ruf voraus "jetzt geht's rund, jetzt gibt's Donner".

Seine Grimmigkeit resultierte noch aus einem anderen Grund. Nach seinem Empfinden waren Positionen in der Marine zu sehr mit Offizieren besetzt, denen es an maritimen Fachkenntnissen mangelte sowie keine oder nur geringe Marine-Erfahrungen einbrachten. Im Gegensatz dazu erwiesen sie sich häufig als stramme, linientreue SED-Genossen mit Ambitionen zum Schönreden.

Neukirchen bevorzugte im Offiziers- und Unteroffizierskorps Personal aus der ehemaligen Kriegsmarine. Im Dienstalltag galt sein Interesse besonders den Schiffs- bzw. Bootsbesatzungen und der Seeausbildung. Während der Schießausbildung und von See-Übungen fuhr er oftmals an Bord mit.

Ledermantel

Zu einem, den Marineangehörigen bekannten äußeren Erscheinungsbild von Neukirchen gehörte der zur Uniform häufig von ihm getragene schwarzbraune Ledermantel. Dieser wurde generell von den Kommandeuren einschließlich Kommandanten, selbst zum Ausgang bzw. beim Landgang, getragen. Der Ledermantel erinnerte zum Teil an das Auftreten der Admiralität der Kriegsmarine. Mitunter bot sich ein grotesker Anblick, wenn die Marinesoldaten im Kampfanzug bei Übungen zu einem Meeting Aufstellung genommen hatten und die Kommandeure im Ledermantel mit weißem Schal, wie zu einem Restaurantbesuch, vor ihren Unterstellten eine Ansprache hielten.

Das Tragen des Ledermantels basierte auf dem Befehl Nr. 65/54 vom 28. April 1954, erteilt durch den Minister des Innern. Der Befehl regelte die "Bekleidungs- und Ausrüstungsnormen und Tragezeiten für den Personalbestand der KVP". Danach betrug die Ausstattungsnorm für Generale und Admirale "ein (1) Ledermantel mit der Tragezeit von fünf (5) Jahren". Angeblich waren die Mäntel selbst zu bezahlen. Zunächst gehörte der Ledermantel oder die lange Lederjacke zur Ausstattungsnorm für alle Bordoffiziere. Das Maschinen- und Sperrpersonal trug kurze Lederjacken und lange Lederhose. 1957 und 1960 regelte die NVA-Bekleidungsvorschrift DV-10/5 das Tragen des Sommer- oder Ledermantels (Dienstuniform 1) im Dienst und Ausgang je nach den Witterungsverhältnissen.

Eine vom Chef der Seestreitkräfte im Juni 1957 getroffene Anordnung schränkte das Tragen der Lederbekleidung für Schiffs- und Bootsbesatzungen ein. Kommandanten, Flottillenchefs und Admiralen war das Tragen des Ledermantels weiterhin gestattet. Fortan geriet der Ledermantel zu einem Statussymbol in den Seestreitkräften bis hinein in die 60er-Jahre. Ab November 1967 galt in der NVA die Festlegung, den Ledermantel nur noch zur Felddienstuniform aufzutragen.

5.14. Fassungslosigkeit über Kaderentscheidung, 1959

Neukirchens Souveränität als Chef des Stabes war in der Marine allgegenwärtig. Nur einmal erlebte ihn seine langjährige Sekretärin, Renate Jermakow (geb. Tietz), ziemlich schockiert und fassungslos. Das passierte im Frühjahr 1959, als er erfuhr, dass Kapitän zur See Wilhelm Ehm von der SED- und NVA-Führung zum Nachfolger von Waldemar Verner als Chef der Seestreitkräfte auserwählt worden war. Das traf ihn völlig unvorbereitet. Neukirchen rechnete fest damit, dass er mit Verners Ernennung 1959 zum Chef der Politischen Hauptverwaltung dessen Nachfolger als Chef der Seestreitkräfte werden würde. Das bestätigte auch seine Ehefrau in einem Interview mit dem Autor. Neukirchen fühlte sich als erfahrener Flottenoffizier befähigt und dazu berufen, den Chefposten in der Marine einzunehmen. Ihm war bewusst, was er geleistet hatte und ihm war auch klar, dass das auch andere wussten. Im Gegensatz zu Neukirchen, hatte Ehm jedoch von Anfang an das richtige Parteibuch der SED.

Als die 16. Armee am 8. Mai 1945 in Kurland kapitulierte, geriet Wilhelm **Ehm** (Jahrgang 1918) in sowjetische Kriegsgefangenschaft. Als Oberfunkmeister gehörte er dem Armee-Nachrichten-Park 521 in der 16. Armee an. Im Kriegsgefangenen-Lager 7212 arbeitete er als Elektriker in der Brigade 71.

Er wurde dort Bestarbeiter und Aktivist, bis ihm schließlich die Leitung der Brigade übertragen wurde. Am 15. Dezember 1947 kehrte er aus sowjetischer Kriegsgefangenschaft zurück in die SBZ. Seine anschließenden Bewerbungen als Elektriker blieben erfolglos. Am 1. Februar 1948 trat er der SED-Ortsgruppe Göhren bei. Die delegierte ihn am 1. April 1948 auf die Kreisparteischule der SED in Binz auf Rügen. Anschließend war er Sekretär für Organisation in der SED-Kreisleitung Rügen, ab 1949 deren 2. Sekretär. Von Januar bis Juni 1950 besuchte Ehm die SED-Landesparteischule in Wiligrad.

Nach Lehrgangsabschluss folgte er dem Ruf der SED zum Eintritt in die HV Seepolizei am 10. Juli 1950. Im Dienstgrad Seepolizei-Rat versah er zunächst Dienst als Offizier für Fernmeldewesen. Nach einem Jahr war er Seepolizei-Oberrat. 1952 stieg er als VP-Kommandeur zum Leiter der allgemeinen Abteilung beim Stab der Seepolizei in Berlin auf. 1953/54 war er stellvertretender Leiter des Nachrichtendienstes der VP-See. Daran schloss sich die Leitung der Abteilung Organisation im Kommando der Seestreitkräfte von 1954 bis 1957 an. In dieser Funktion war Ehm dem Chef des Stabes Neukirchen unterstellt. Am 15. Juli 1957 wurde er zum Kapitän zur See befördert. 1958 übertrug man Ehm den Chefposten für die Rückwärtigen Dienste. Parallel mit seiner Berufung zum Chef der Seestreitkräfte erhielt er am 1. August 1959 seine Ernennung zum Konteradmiral.

Ohne jemals Wachoffizier und Kommandant eines Schiffes oder gar Kommandeur eines Verbandes bzw. Flottille gewesen zu sein, nahm Ehm als ewiger Stabsoffizier in den Seestreitkräften der DDR eine steile Karriere bis zum Chefposten. Die Kaderpolitik der SED ermöglichte es, dass sich Abteilungsleiter Ehm und kurzzeitiger Chef für Rückwärtige Dienste über seinen Vorgesetzten, dem Chef des Stabes Neukirchen, als Chef der Seestreitkräfte positionieren konnte. Dass sich Neukirchen hintergangen fühlte, ist zu vermuten. Er ließ sich das jedoch nicht bei seinen Unterstellten bzw. Mitarbeitern anmerken. Diese waren über den unverhofften Karrieresprung von Ehm sehr überrascht und verwundert.

Als im SED-Politbüro die Entscheidung über die Verwendung von Vizeadmiral Verner als künftiger Chef der Politischen Hauptverwaltung der NVA fiel, wurde damit bereits 1958 der künftige Chefposten für die Seestreitkräfte der DDR vakant. Entsprechend dem Beschluss der Sicherheitskommission des ZK der SED vom 15. April 1957 über "Nomenklatur leitender Kader des MfNV" stand somit bereits schon 1958 insgeheim der Nachfolger von

Verner fest. Das gibt Anlass zu der Vermutung, dass mit der Berufung von Ehm zum Chef für Rückwärtige Dienste, eine Admiralsdienststellung und zugleich die eines Stellvertreter des Marinechefs, dessen Ambitionen für den künftigen Chefposten von "ganz oben" geregelt waren.

Es ist nicht bekannt, welche Gedanken Ehm bewegten, als er von dieser internen Personalentscheidung des SED-Politbüros erfuhr. In keiner bis 1957 über Ehm verfassten dienstlichen Attestation stand der Hinweis "vorgesehen als Chef der Seestreitkräfte".

Die Tatsache, dass sich das Vorgesetzten-Unterstellten-Verhältnis in Kürze umkehren würde, war schon außergewöhnlich. Aus dem einstigen Unterstellten Ehm (bis Ende 1957) wurde ab 1. August 1959 der Vorgesetzte von Neukirchen. Damit der Dienstgrad auch stimmte, ernannte man Ehm noch schnell zum Konteradmiral.

In der "Kaderentscheidung Ehm" muss auch dessen Qualifikation hinterfragt werden. Die schien offensichtlich in das damalige Gesamtbild des Offiziersbestandes der NVA zu passen. Aufschlussreich ist eine 1957 von der Kaderverwaltung des Ministeriums für Nationale Verteidigung angefertigte Analyse über die Qualifikation des Offizierskorps in der NVA. Danach hatten etwa 50 Prozent der NVA-Offiziere "mangelnde oder keine militärische Qualifikation" und "ein schlechtes Bildungsniveau". 21,5 Prozent (4.468) aller NVA-Offiziere waren 1957 ohne jegliche militärische Ausbildung. 18,9 Prozent (3.919) absolvierten lediglich eine einjährige Ausbildung. Ehm mit seiner in Komotau abgeschlossenen 8-Klassen-Volksschule kann in diese Statistik eingeordnet werden.

Ohne jegliche Bordpraxis, erreichte Ehm nie das fachliche Format von Neukirchen. Neukirchens Persönlichkeitsbild in der Marine wurde vor allem durch seine vom Dienstrang unabhängigen natürlichen Autorität geprägt. Kein anderer Admiral in den Dienststellungen als Chef oder Chef des Stabes hat dieses hohe Ansehen in der 40-jährigen Geschichte der DDR-Marine je wieder erreicht. Neukirchen war von Anbeginn seit 1951 als Chef des Stabes der eigentliche Flottenchef. Generalinspekteur bzw. Vizeadmiral Verner verstand es, die fachliche Überlegenheit seines Chef des Stabes all die Jahre zu akzeptieren und geschickt zu nutzen. Neukirchen hielt auf diese Weise Verner den Rücken für politische Belange frei. Dagegen sah Verners Nachfolger Ehm in Neukirchen eher einen mit autoritären Zügen der Unfehlbarkeit und von Führungs-ambitionen geprägten Marinefachmann. Diesem heimlichen Widersacher stand er nun in der Dienststellung als Chef der Seestreitkräfte vor.

Obwohl Neukirchen von Anbeginn seines Dienstes in den Seestreitkräften eine Dienststellung als Vizeadmiral bekleidete, wurde ihm dieser Dienstgrad erst 1964 mit Verabschiedung aus dem aktiven Dienst verliehen. Während Verners Zeit als Chef der VP-See und Seestreitkräfte vermied man es, seinen Stabschef ebenfalls zum Vizeadmiral zu ernennen. Als Verner dann am 1. August 1959 Chef der Politischen Hauptverwaltung (PHV) in Strausberg und schließlich 1961 zum Admiral (entspricht Generaloberst) befördert wurde, konnte man, aus Rücksicht auf sein Nachfolger Ehm, Neukirchen nicht den Dienstgrad eines Vizeadmirals verleihen. Der Zug war abgefahren. Selbst in Vertretung von Ehm (1961 bis 1963) blieb ihm dieser Rang versagt.

5.15. Integration und Ausgrenzung: Wehrmachtsoffiziere befristet im Dienst der NVA

Mit dem Beschluss des SED-Politbüros am 15. Februar 1957 über die Versetzung von ehemaligen Wehrmachtsoffizieren aus dem aktiven Dienst der NVA in den Ruhestand war das Ende der ohnehin befristeten Verwendung von Angehörigen der Wehrmacht und Kriegsmarine im Dienst der NVA eingeläutet. Die von der Sicherheitsabteilung des ZK der SED vorgelegte geheime Beschlussvorlage enthielt u.a. eine Liste mit Personalangaben zu 452 ehemaligen Wehrmachtgeneralen und -offizieren, die unter den Beschluss fielen. Diese Aufstellung basierte auch auf Recherchen des Stasi-Apparates.

Vorgesehen war die Ersetzung des Chefs des Hauptstabes, Generalleutnant *Vincenz Müller* und seines 1. Stellvertreters Generalmajor *Bernhard Bechler* (ex Major). Auf der Liste der durch Pensionierung zu ersetzenden Führungskader standen der Chef der Luftstreitkräfte, Generalmajor *Heinz-Bernhard Zorn* (ex Major), und sein Stellvertreter Oberst *Walter Lehweß-Litzmann* (ex Oberst i.G.) sowie der Chef der Luftverteidigung, Oberst *Gerhard Bauer* (ex Leutnant). Der Chef des Militärbezirks V, Generalmajor *Hermann Rentzsch* (ex Hauptmann) und dessen Stabschef Oberst *Job von Witzleben* (ex Major i.G.) fielen ebenso unter die Rubrik von zu ersetzenden Führungskadern der NVA, wie auch acht Chefs von Verwaltungen im Ministerium für Nationale Verteidigung und vier Divisonskommandeure.

Der Chef des Stabes der Seestreitkräfte, Konteradmiral *Heinz Neukirchen*, fehlte in der Auflistung. Dafür befanden sich unter den Genannten auch 30 Offiziere der Seestreitkräfte, die wegen ihrer Dienstzeit als Offiziere in der Kriegsmarine in die Reserve versetzt werden sollten. Davon allein 24 Marineoffiziere bis 1959. Tatsächlich befanden sich Ende der 50er-Jahre noch etwa 40 kriegsgediente Marineoffiziere in leitenden Positionen der Seestreitkräfte der DDR. Das entsprach 2,56 Prozent von etwa 1.560 Fachoffizieren. Dazu gehörten u.a. der Stellvertreter für Technik im Marinekommando Rostock Kapitän zur See *Heinz Müller* (ex Oberleutnant zur See) sowie der Leiter des SHD, Fregattenkapitän *Albrecht Schliecker* (ex Oberleutnant).

Unter Mithilfe von Marinekameraden, die in den 50er-Jahren ihre Offizierslaufbahn in den Seestreitkräften der DDR begannen, und auf der Grundlage von Personaldokumenten konnten bisher etwa 160 ehemalige Fähnriche und Unteroffiziere der Kriegsmarine, die im Dienst der Seestreitkräfte der DDR standen, namentlich ermittelt werden.

Die Liste des SED-Politbüros regelte auch den Zeitpunkt der vorgesehenen Entlassung. Sie enthielt Festlegungen, wer wann gehen sollte und wohin. Das war alles streng geheim. Keiner der Betroffenen hatte Kenntnis von dem Geheimbeschluss und ahnte nicht, dass die Tage im Dienst der NVA gezählt waren. Nach Ansicht der SED-Führung würden die ehemaligen Generale und Offiziere der Wehrmacht angeblich nicht mehr dem politischen Anspruch an eine antifaschistische Arbeiter-und-Bauern-Armee entsprechen. Die Konzentration von ehemaligen Wehrmachtsoffizieren in Stabs- und Kommandostellen der NVA rief in der SED-Führung zunehmend Misstrauen hervor. Damit im Zusammenhang konnte nicht länger toleriert und öffentlich vermittelt werden, dass der Anteil von Wehrmachtsoffizieren in Führungspositionen der NVA höher war, als die Anzahl von ehemaligen Widerstandskämpfern gegen den deutschen Faschismus.

Die SED-Führung sah sich außerdem veranlasst, im Rahmen ihres offensiv geführten Propagandafeldzuges gegen die Verwendung von ehemaligen "Nazi-Generalen und Admiralen der Wehrmacht" beim Aufbau der Bundeswehr den Anteil von Wehrmachtsoffizieren innerhalb der NVA zu reduzieren. So nahm auf Drängen der SED-Führung und vermutlich unter der Federführung von Erich Honecker, der seit November 1956 Sekretär der Sicherheitsabteilung beim ZK der SED war, der quantitative Anteil von "Ehemaligen" im Offizierskorps der NVA bis 1960 kontinuierlich ab. Ob Honecker der Initiator für die Beschlussvorlage des SED-Politbüros war, ist nicht bekannt. Auch der Historiker Daniel Niemetz (Literaturverzeichnis) konnte das nicht ermitteln.

Honeckers rechte Hand als "Zuarbeiter" in Personalangelegenheiten war der Chef der Verwaltung Kader im Ministerium für Nationale Verteidigung, Generalmajor Ewald Munschke. Der führte eine geheime Liste mit Namen von 511 NVA-Offizieren, die aus dem aktiven Dienst der NVA herausgelöst werden sollten. Die Stasi hatte zu Jahresbeginn 1957 etwa 470 ehemalige Wehrmachtsoffiziere im Visier. Es wird deutlich, dass die Zahlen zwischen den im Politbürobeschluss und den von der Stasi und des Ministeriums für Nationale Verteidigung erfassten Offizieren schwankten. Aus Geheimhaltungsgründen existierten ganz offensichtlich verschiedene Kriterien in der Erfassung von ehemaligen Kriegsgedienten im Dienst der NVA.

Die bis 1959/60 vorgesehenen Entlassungen bzw. Pensionierungen von ehemaligen Wehrmachtsoffizieren im Dienst der NVA ging nur schleppend voran. Ein Grund war das Fehlen von adäquatem qualifiziertem Führungspersonal. Der Minister für Nationale Verteidigung und zugleich Mitglied des SED-Politbüros, Generaloberst Willi Stoph, hatte den Beschluss von 1957 nicht per Unterschrift mit gezeichnet. Vielleicht ahnte er, dass ihm der Ersatz dieser leitenden Kader in der NVA mehr Probleme bereiten würde, als deren weiterer Verbleib in der jeweiligen Position.

Mit der Ernennung von Generaloberst Heinz Hoffmann im Juli 1960 zum Minister für Nationale Verteidigung kam es dann zur weiteren Umsetzung des Politbürobeschlusses. Hoffmann erkannte, dass einige der "verdienstvollen" Militärs nicht mehr den gestiegenen Anforderungen an die Führung und Organisation moderner Streitkräfte gewachsen waren. Kenntnis- und Führungsdefizite führten in der Truppe zum Vertrauensverlust bei den unterstellten Soldaten. Das Auftreten von einigen, schon etwas gealterten kriegsgedienten NVA-Offiziere in der Öffentlichkeit war dem Ansehen der NVA nicht förderlich. Zum Teil wirkte deren persönliches Erscheinungsbild sogar lächerlich.

Statistik von Integration und Ausgrenzung

Daniel Niemetz und Rüdiger Wenzke (Literaturverzeichnis) ermittelten, dass die Hauptverwaltung Ausbildung (HVA), zu der die HV Seepolizei gehörte, im Juni 1951 einen Offiziersbestand von 10.206 Mann hatte. Darunter befanden sich 3.391 Offiziere (33,23 Prozent), die zuvor der Wehrmacht und Kriegsmarine angehörten. Von diesen "Ehemaligen" standen 431 Mann in der Wehrmacht und Kriegsmarine im Offiziersrang. Das entsprach 4,22 Prozent. Zum gleichen Zeitpunkt trugen 956 Offiziere der HVA (9,37 Prozent) in der Wehrmacht einen Unteroffiziersdienstgrad. 2004 Mann (19,63 Prozent) der HVA-Offiziere kamen aus dem Mannschaftsbestand der Wehrmacht und Kriegsmarine.

Die Forschungsergebnisse von Niemetz und Wenzke belegen, dass der Offiziersanteil von "Ehemaligen" bis 1955 etwa 4 Prozent von der Gesamtzahl aller KVP-Offiziere betrug. Mit Gründung der NVA am 1. März 1956 erreichte der Offiziersbestand etwa 17.600 Mann. Davon waren 4.800 Offiziere (27,27 Prozent) ehemalige Wehrmachtsangehörige, wovon knapp 500 Soldaten im Offiziersrang standen. Im Verhältnis zum Gesamtoffiziersbestand waren das 2,84 Prozent.

Anschließend setzte bis 1959/60 ein allgemeiner Entlassungs- bzw. Pensionierungsschub unter den kriegsgedienten Generalen und Offizieren ein. Dazu gehörten u.a. der Chef des medizinischen Dienstes der KVP und NVA, Generalmajor Prof. Dr. *Karl Walter*, der Chef Verwaltung Motorisierung im Hauptstab dann Verwaltung Panzertruppen, Generalmajor *Arno von Lenski* (ex Generalleutnant) und der Chef Waffentechnischer Dienst, Generalmajor *Hans Wulz* (ex Generalmajor). Gehen mussten auch der Stellvertreter des Hauptstabes der NVA, Oberst *Immanuel Göhringer* (ex Oberstleutnant) und der Chef Verwaltung Transportwesen, Oberst *Bernhard (von) Watzdorf* (ex Oberst).

Der ranghöchste und eigentlich führende "militärische Kopf" in der KVP und NVA war Generalleutnant *Vincenz Müller* (ex Generalleutnant), seit 1952 Stabschef der KVP und dann der NVA. Am 20. Januar 1958 richtete er handschriftlich sein Entlassungsgesuch an Generaloberst Willi Stoph, dem damaligen Minister für Nationale Verteidigung. "Aus gesundheitlichen Gründen beantrage ich die Entbindung von der Stelle des Stellvertreters des Ministers und Chef des Hauptstabes im Ministerium für nationale Verteidigung und meine Entlassung aus dem Dienst der Nationalen Volksarmee".

Ein Grund seines Entlassungsgesuches waren auch Kontroversen mit SED-Chef Walter Ulbricht. Die Stasi fand außerdem heraus, dass Müller angeblich im November 1932 an militärischen Planspielen des damaligen Reichsministers Kurt von Schleicher (Generalleutnant a.D. seit 1. Juni 1932) gegen die SA und KPD beteiligt gewesen war. Dem ging die Demission der Regierung Franz von Papen durch verlorene Reichstagswahlen voraus. Die im

Reichswehrministerium entworfenen Pläne basierten auf der Annahme, dass im Falle eines Bürgerkrieges die Reichswehr den SA-Männern und KPD-Genossen unterlegen wäre. Um einen eventuellen Bürgerkrieg vorzubeugen, ernannte Reichspräsident Paul von Hindenburg Schleicher am 3. Dezember 1932 zum Reichskanzler.

Major Vinzenz Müller soll im Auftrag von Schleicher die Absetzung der Regierung Papen vollzogen haben. In welchem Maße Müller als Offizier in der politischen Abteilung des Reichswehrministeriums und dann als Berater beim Befehlshaber des Wehrkreis III Berlin in der Planungserarbeitung involviert war, konnte nie geklärt werden.

Am 12. Mai 1961 verstarb Müller unter mysteriösen Umständen. Er stürzte aus dem Fenster im 1. Stock seiner Villa in Berlin-Schmöckwitz. Die Partei- und Staatsführung übte sich in Verschwiegenheit über Müllers Tod. Gewöhnlich zogen es Generale vor, sich mit ihrer Dienstpistole zu erschießen und nicht aus geringer Höhe aus dem Fenster zu springen oder zu fallen. Bekannt war, dass Müllers Gesundheit durch ein chronisches Asthmaleiden stark angegriffen war. Zur Todesursache existiert die Version, dass sich Müller bei einem nächtlichen Asthma-Anfall zum Fenster begab, um nach Frischluft zu schnappen. Halb bewusstlos, verlor er dabei vermutlich die Balance und fiel aus dem Fenster.

Eine vom 1. Januar 1959 datierte NVA-Personalstatistik besagt, dass sich im Januar 1957 von 464 ehemaligen Offizieren der Wehrmacht und der Kriegsmarine noch 109 Uniformträger in leitenden Dienststellungen der NVA befanden. Darunter dienten 30 im Ministerium für Nationale Verteidigung, 19 in Kommandos von Teilstreitkräften und Militärbezirken, 19 an Offiziersschulen sowie 41 in Divisionen und Regimentern. Die Kommandeure der 4., 6. und 8. Mot.-Schützendivision sowie der 9. Panzerdivision, alle im Dienstrang eines Oberst stehend, waren ehemalige Offiziere der Wehrmacht. Dazu gehörten *Karl Nacke* (ex Oberstleutnant) und *Willi Riedel* (ex Major). Der Kommandeur der 9. Panzerdivision, Oberst *Reinhold Tappert*, war ein ehemaliger Untersturmführer in der 6. SS-Gebirgsdivision Nord.

Der Historiker Daniel Niemetz recherchierte, dass 1957 ein NVA-Oberst enttarnt wurde, der als Major der Wehrmacht an Erschießungen sowjetischer Kriegsgefangenen und Zivilisten beteiligt war. Er wurde 1957 von einem DDR-Gericht wegen "Verbrechen gegen die Menschlichkeit" zu lebenslanger Haft verurteilt. Nach einem Amnestieerlass des Vorsitzenden des Staatsrates der DDR, Walter Ulbricht, kam er 1970 wieder in Freiheit.

Auf einer Pressekonferenz des Gipfeltreffens der Außerminister der Großmächte in Genf erklärte am 29. Mai 1959 der stellvertretende Minister für Nationale Verteidigung und Chef des Hauptstabes der NVA, Generalleutnant Heinz Hoffmann, vor der Presse: "Es gibt offensichtlich einige falsche Annahmen in Bezug auf die Anzahl der ehemaligen Offiziere der Hitlerarmee in unserer Nationalen Volksarmee. Die Zusammensetzung unseres Offizierskorps sieht von diesem Gesichtspunkt aus folgendermaßen aus: 80 Prozent der Generale und Offiziere der Nationalen Volksarmee waren nicht Angehörige der faschistischen Armee. 12 Prozent dienten als Soldaten, 7 Prozent als Unteroffizier, Feldwebel usw. und 1 Prozent als Offizier". Hoffmann reagierte damit u.a. auf die vom Leiter des Presse- und Informationsamtes der Bundesregierung, Felix von Eckardt, erhobene Forderung, leitende Generale in der NVA und Bundeswehr auf ihre Wehrmachtsvergangenheit zu überprüfen.

Einige NVA-Kommandeure überstanden den Entlassungsfeldzug bis hinein in die 70er-Jahre. Dazu gehörten u.a. die Oberste *Willi Riedel*, *Kurt Schützle* und *Job von Witzleben*. Riedel wurde 1974 mit dem Vaterländischen Verdienstorden in Silber geehrt.

Neben Konteradmiral Heinz Neukirchen gab es weitere ehemalige Offiziere der Kriegsmarine, die über die 60er-Jahre hinaus in Führungspositionen der Seestreitkräfte und Volksmarine im aktiven Dienst verblieben.

Dazu gehörten u.a. Kapitän zur See Dr. *Friedrich Elchlepp* (1960 bis 1984 Havariekommissar der DDR), Kapitän zur See *Günter Freitag* (bis 1978 Leiter Abteilung Ausbildung im Kommando der Volksmarine), Kapitän zur See *Karl Nitzsche* (bis 1973 Leiter Rechenzentrum Kühlungsborn), Fregattenkapitän *Otto Neubert* (bis 1973 Oberoffizier Schießausbildung im Kommando Volksmarine), Fregattenkapitän *Siegfried Günter* (bis 1973 Leiter I-Basis Wolgast) und Fregattenkapitän *Willi Bolle* (bis 1965 Leiter Unterkunftsabteilung im Kommando Volksmarine).

Der Direktor des Militärgeschichtlichen Instituts der DDR in Potsdam, Generalmajor Prof. Dr. *Reinhold Brühl*, wurde am 31. August 1989 als letzter ehemaliger Wehrmachtsoffizier (ex Leutnant) aus dem aktiven Dienst der NVA verabschiedet. Bei der Bundeswehr war Admiralarzt a.D. Dr. Ernst Müller der letzte kriegsgediente Wehrmachtssoldat, der am 31. März 1989 aus dem Dienst ausschied. Er diente im Sanitätswesen der Bundeswehr.

Bundeswehr im Vergleich

In der Bundewehr war das personelle Startkapital von reaktivierten Offizieren der Wehrmacht und Kriegsmarine in der Aufbauphase weitaus höher als in der NVA. Laut einer 1993 veröffentlichten Studie des Militärgeschichtlichen Forschungsamtes standen im Spätherbst 1957 etwa 44 ehemalige Generale und Admirale der Wehrmacht sowie Tausende ehemalige Wehrmachtsoffiziere aktiv im Dienst der Bundeswehr.

In seiner 2007 vorgelegten Dissertation "Von der Wehrmacht zur Bundeswehr" untersuchte Matthias Molt (Literaturverzeichnis) den bedeutenden Anteil von ehemaligen Offizieren der Wehrmacht als Wiederverwender beim Aufbau der Bundeswehr. Im Verlauf der ersten Reaktivierungswelle 1955/56 von ehemaligen Berufssoldaten der Wehrmacht für die Bundeswehr wurden nach Recherchen von Molt 8.140 Offiziere der Wehrmacht eingestellt. Entgegen anderer Literaturangaben ermittelte Molt, dass 1964 die Anzahl aller bisherigen Wehrmachts-Wiedereinsteller 13.438 Offiziere betrug, vom Leutnant bis zum General. Das entsprach damals 59,28 Prozent aller aktiven Offiziere (22.668 Mann) der Bundewehr.

Von diesen ehemaligen Offizieren entfielen 1.973 Offiziere auf die Bundesmarine, darunter sechs Admirale. Das entsprach 14,68 Prozent aller Wehrmachts-Wiedereinsteller im Offizierskorps der Bundeswehr. In der Gründungsphase der Bundesmarine 1955/56 traten lt. Molt allein 1.083 kriegsgediente Offiziere in die Marine ein. Das waren immerhin 54,89 Prozent aller von 1955 bis 1963 eingestellten ehemaligen Offiziere der Kriegsmarine.

Unter Berücksichtigung der Personalstärke der Bundesmarine von ca. 7.700 Mann in den Jahren 1955/56 betrug der Anteil von ehemaligen Offizieren der Kriegsmarine 14 Prozent. Mit zunehmendem Personal der Bundesmarine auf 28.000 Mann im Jahr 1962 verringerte sich der Zahl kriegsgedienter Offiziere auf 7 Prozent.

Der Chef des Marinestabes in Rostock, Konteradmiral Neukirchen, verfolgte aufmerksam, welche ehemaligen Flaggoffiziere der Kriegsmarine in Führungspositionen der Bundesmarine eine Verwendung fanden. Der damalige Offizier in der Abteilung Aufklärung, Ewald Tempel, berichtete, dass Neukirchen dem Chef Aufklärung im Kommando der Seestreitkräfte, Kapitänleutnant Peter Feike, 1957 die Weisung erteilte, eine Auskunftsdatei zu allen Flaggoffizieren der Bundesmarine bis hin zu Fähnrich-Dienstgraden der Kriegsmarine zu führen. Diese wurde an Hand von Meldungen der nordwestdeutschen Tagespresse und Informationen der NVA-Militäraufklärung in Berlin laufend aktualisiert. Die bis Mitte der 60er-Jahre geführte Personal-Datei zu Admiralen und Offizieren der Bundemarine enthielt neben den Dienstverwendungen auch personelle und bildungsrelevante Angaben.

Reduzierung Wehrmachtsoffiziere in NVA

Im Juni 1959 befanden sich noch 173 ehemalige Offiziere der Wehrmacht und Kriegsmarine im Dienst der NVA. Die größte Anzahl mit 32,93 Prozent (57) waren Kommandeure bzw. Stellvertreter von NVA-Schulen und Akademien. Sie arbeiteten am Institut für Militärgeschichte oder versahen Dienst im Lehr- und Wissenschaftsbereich an Offiziersschulen der NVA. 19 Generale und Offiziere (11 Prozent) der ehemaligen Wehrmacht waren Chefs von Verwaltungen, deren Stellvertreter und Abteilungsleiter im Ministerium für Nationale Verteidigung. 18 Offiziere (10,4 Prozent) bekleideten Positionen als Stellvertretende Chefs der Militärbezirke und in Kommandos der Teilstreitkräfte.

Nur noch wenige "Ehemalige" verblieben in Kommandofunktionen der NVA. Dazu gehörten u.a. Konteradmiral *Heinz Neukirchen* als Chef des Stabes der Seestreitkräfte, Oberst dann Generalmajor *Georg Reymann* als Chef Nachrichten sowie zwei Oberste als Stabschefs im Kommando der Luftstreitkräfte/Luftverteidigung und des Neubrandenburger Militärbezirks V.

Bis 1960 verringerte sich die Wehrmachtszugehörigkeit unter den NVA-Offizieren auf 129 Mann. 1962 waren es noch 84. Nach der Recherche von Rüdiger Wenzke versahen sieben Jahre nach dem Politbürobeschluss noch 67 ehemalige Wehrmachtsoffiziere Dienst in der NVA. Auffallend ist dabei der hohe Anteil von 50,1 Prozent der im Lehr- und Wissenschaftsbereich der NVA tätigen Generale und Offiziere. Zu ihnen gehörten u.a. Generalmajor *Heinrich Heitzsch* (ex Major) als 1. Stellvertreter des Chefs der Militärakademie Dresden, Generalmajor *Bernhard Bechler* (ex Major) als Stellvertreter des Chefs der Militärakademie, Oberst dann Generalmajor *Reinhard Brühl* (ex Leutnant) als Direktor des Deutschen Instituts für Militärgeschichte in Potsdam, Generalmajor *Helmut Borufka* (ex Leutnant) als Stabschef der Grenztruppen der DDR, Generalmajor *Georg Reymann* (ex Hauptmann) als Chef Nachrichten der NVA und der Leiter des Zentralen Armeelazaretts in Bad Saarow, Oberst *Hans Gestewitz* (ex Unterarzt).

Schweigen

Dass immer mehr kriegsgediente Offiziere aus dem aktiven Dienst der NVA entlassen wurden, blieb Neukirchen nicht verborgen. Die zunehmende Pensionierung durch die von der SED-Führung angeordnete Entlassung von ehemaligen Wehrmachtsgeneralen und -offizieren aus dem aktiven Dienst der NVA mit paralleler Vermittlung in zivile Positionen der Wirtschaft, Verwaltung, Organisationen, musste für Neukirchen eine Signalwirkung haben. Besonders die von politischen Intrigen begleitete Abwicklung seines NDPD-Parteifreundes und Wehrmachtskameraden Generalleutnant Vincenz Müller hätte Neukirchen zu denken geben müssen.

Die Ansichten von Konteradmiral Heinz Neukirchen zu den Dienst-Entlassungen von Kriegsgedienten sind dokumentarisch nicht überliefert. Zeitzeugen und seine Ehefrau machten dazu gegenüber dem Autor einige Andeutungen. Auffallend war sein scheinbar ruhiges, nahezu teilnahmsloses Verhalten gegenüber seinem einstigen Aufbegehren als NDPD-Funktionär bei politischer und beruflicher Diskriminierung von ehemaligen Wehrmachtsangehörigen. Jetzt 1959/60 verhielt er sich scheinbar schweigsam.

Neukirchens Verhalten passte sich zunehmend dem politischen System an. Neukirchen orientierte sich nunmehr an die Realität, der Allmacht der SED. Diese hatte die Eigenart zurückzuschlagen, wenn man sie nicht hinreichend beachtete. Bei seiner Intelligenz und den exzellenten Verbindungen muss Neukirchen die Handschrift von Honecker & Co in dem Feldzug gegen militärische Führungskader der NVA mit Wehrmachtshintergrund erkannt haben. Dass insgeheim auch an seinem Stuhl gesägt wurde, muss ihn beschäftigt haben. Vielleicht wollte er es auch nicht wahr haben. Seine Souveränität und Unabkömmlichkeit ließen ihn offensichtlich glauben, dass diese politisch motivierten Kaderentscheidungen an ihm vorbei gehen würden.

Im März 1960 erlitt Neukirchen einen Herzinfarkt. Er wurde im Marinelazarett des Sundkrankenhauses in Stralsund medizinisch versorgt. Neben der hohen Arbeitsbelastung, seinem enormen Kaffee-, Tee- und Zigarettenkonsum (täglich 60 Stück Marke "Turf" oder "Orient") war auch der angestaute Ärger über alles Dienstliche ein Grund seiner gesundheitlichen Probleme.

Frau Neukirchen machte in einem Interview gegenüber dem Autor Andeutungen, dass mit dem Weggang von Verner, ihr Mann 1959/60 zunehmend deprimiert und unausgeglichener wirkte. Ihn beschäftigten Dinge, über die er nicht sprechen wollte. Selbst sein Arbeitszimmer zu Hause blieb in dieser Zeit verschlossen. Bemerkenswert ist in diesem Zusammenhang, dass sich Neukirchen nicht an dem von der SED und den DDR-Medien geführten Propagandafeldzug gegen die Verwendung von ehemaligen Wehrmachtsgeneralen und Admiralen der Kriegsmarine im Dienst der Bundeswehr beteiligte.

Mit dem Aderlass von Kriegsgedienten im Offiziersrang der NVA war zugleich ein kontinuierlicher Aufstieg von ehemaligen Unteroffizieren der Wehrmacht in Führungspositionen der NVA verbunden. Zu diesen Kadern, die Ende der 50er-Jahre bereits den Dienstgrad eines NVA-Oberst trugen und es bis zum General brachten, gehörten u.a.: Generalmajor *Siegfried Riedel* (ex Feldwebel) Eintritt VP 1947 und von 1960 bis 1963 Chef des Hauptstabes, Generaloberst *Fritz Streletz* (ex Unteroffizier) 1948 Eintritt in VP-Bereitschaft Zerbst und von 1979 bis 1989 Chef des Hauptstabes, Generaloberst *Horst Stechbarth* (Ex Unteroffizier) 1949 Eintritt in VP-Schule Biesenthal und von 1972 bis 1989 Chef der Landstreitkräfte, Generaloberst *Wolfgang Reinhold* (ex Feldwebel) von 1972 bis 1989 Chef der Luftstreitkräfte/Luftverteidigung, Generalleutnant *Arthur Kunath* (ex Feldwebel) Eintritt VP 1948 und 1965 bis 1971 Chef Raketentruppen/Artillerie und 1971 bis 1978 Stadtkommandant von Berlin sowie Generalmajor *Karl Wilhelm* (ex Bootsmaat) 1946 Eintritt in VP und von 1969 bis 1982 Stellvertreter Chef Grenztruppen. Dazu gehörte auch der ehemalige Oberfunkmeister (Oberfeldwebel) der Wehrmacht und Chef der Volksmarine (1959 bis 1961 und 1963 bis 1987), Admiral Wilhelm Ehm.

Im Frühjahr 1964 meldete Armeegeneral Heinz Hoffmann dem für Sicherheitspolitik im ZK der SED zuständigen Politbüromitglied Erich Honecker den Abschluss der seit 1957 laufenden Aktion der Entlassung und Pensionierung ehemaliger Wehrmachtsoffiziere innerhalb der NVA. Damit war auch insgeheim die Entscheidung über den Verbleib von Konteradmiral Heinz Neukirchen in der Volksmarine gefallen. Auch vor dem Hintergrund der vom Westen seit 1962 verstärkt gegen Neukirchen als Chef der Volksmarine geführten Propaganda-Attacken sah sich nunmehr die SED-Führung im Mai 1964 zum Handeln veranlasst. (siehe Kapitel 6.6.)

Kriegsgediente als Lehroffiziere an Offiziershochschule

Der Autor hatte 1968 mit Beginn seiner Marinelaufbahn an der damaligen Offiziersschule in Stralsund einen Personalfragebogen in die Hand bekommen, in der die Verwendung in der Wehrmacht, der letzte Dienstgrad sowie die Kriegsgefangenschaft zu beantworten waren. Damals kannte keiner den Hintergrund dieser Fragestellung. Die Geburtsjahrgänge der 1968 eingestellten Offiziers-schüler bzw. Anwärter waren 1948 bis 1950. Vielleicht kamen die Personalfra-gebögen aus der Mottenkiste der Seepolizei.

Die Offiziersausbildung von 1968 bis 1972 an der Offiziersschule, ab 1970 Offiziershochschule der Volksmarine, hat der Autor u.a. von Kompanie- und Lehroffizieren erfahren, die ehemals in der Kriegsmarine dienten. Zu den bis Anfang der 70er-Jahre an der Offiziershochschule verbliebenen Offizieren gehörte u.a. der Fachgruppenleiter Kapitän zur See *Reinhold Banse* und die Kompanieoffiziere, Fregattenkapitän *Rudolf Eckstein* und Fregattenkapitän *Alfred Grosser*, alle Leutnante der Kriegsmarine.

Eckstein begegnete der Autor bereits in der Aufnahmeprüfung an der Offiziersschule. Er wirkte auf uns streng militärisch und in allem penibel ge-nau. Unter Eckstein absolvierten mehrere Offizierslehrgänge die mehrwöchige Grundausbildung. Stets in exakt sitzender Uniform gekleidet mit einer Hosen-bügelfalte, so schneidig wie ein Messer, machte Eckstein allen jungen Männern gleich zu Beginn der Ausbildung klar, woher hier am Strelasund künftig der Wind weht. Er erklärte, dass wir hier auf dem Areal der ehemaligen 11. Schiffs-stammabteilung und in Persona den Geist der Deutschen Kriegsmarine spüren werden. Das überraschte einige Kameraden, gleich zu Beginn des Marinediens-tes so viel Geschichte auf einmal und auf so persönliche Art vermittelt zu be-kommen. Eckstein verstand es, uns Exaktheit und Ordnung auf dem Exerzier-platz, beim Marschieren, im Kleiderspind oder in wiederkehrenden Anzugs-musterungen beizubringen. Befehle und Kommandos waren gewöhnlich laut und deutlich zu wiederholen. Die anfänglichen Zeiten beim Überwinden der Sturmbahn oder im 3.000m-Lauf entsprachen teilweise nicht seinen Vorstel-lungen über Marinetraditionen. Nach Ecksteins Ansicht gäbe es unter uns Of-fiziersbewerbern noch zu viele "Weicheier", die besser als Steward auf Passa-gierdampfern anheuern sollten. In der Tat zogen einige nach dem Drill und Marine-Hauch von gestern dann doch wieder das Zivilleben vor.

Später, als Lehroffizier für Geschichte hatte der Autor Gelegenheit, sich mit dem Dienst von Eckstein (Jahrgang 1912) unter verschiedenen Diensttherrn näher zu beschäftigen. Er überließ dem Autor für die Forschung persönliche Dokumente, Ausweise und Urkunden. In Ecksteins Stralsunder Wohnung hing ein großes Ölgemälde über dem Sofa. Es zeigte das Flagg- und Schulschiff ERNST THÄLMANN der VP-See. Auf dem fuhr Oberleutnant zur See Eckstein als I. WO. Unmittelbar nach dem Krieg diente er im Wasserschutzpolizei-Kommando "Elbe". Wegen seiner Zugehörigkeit als Offizier der Kriegsmarine sah sich der Kommandeur der Wasserschutzpolizei Magdeburg gemäß einer internen Dienstanweisung veranlasst, ihn zu entlassen. Im März 1950 erhielt Eckstein plötzlich Post von der Hauptverwaltung für Ausbildung (HVA) in Berlin. Man bat ihn, sich bei der HVA zu bewerben. Das tat Eckstein. Er erhielt zunächst am 22. Mai 1950 einen ablehnenden Bescheid. Ein Jahr später kam im Juli 1951 ein positiver Einstellungs-Bescheid von der HV Seepolizei.

Lehrgruppenleiter, Kapitän zur See Reinhold *Banse*, versah als Leutnant Ing. und Leitender Ingenieur (LI) Dienst auf einem U-Boot der Kriegsmarine. Der inzwischen weißhaarige Lehroffizier genoss unter uns Offiziersschülern ein hohes Ansehen. Er war ein erfahrener Lehroffizier im Fach Kolben- und Strömungsmaschinen sowie Maschinenelemente. Seine Vorlesungen hielt er in freier Rede. Er brillierte mit Beispielen aus seiner Marinepraxis. Seine Seminarstunden waren ein Highlight in der Ausbildung. Nebenbei erfuhren wir auch viel über den Aufbau und die Funktionsweise eines deutschen U-Bootes und seines Einsatzes im Krieg. Obwohl das nicht Lehrgegenstand war, kamen wir immer wieder auf das Thema "Kriegsmarine" zu sprechen. Banse wirkte auf uns Offiziersschüler des 2. Studienjahres wie ein sehr ruhiger Offizier. Er vermied jegliche SED-Rhetorik. Mit Verleihung des Hochschulstatus 1970 an die Lehreinrichtung mussten er und andere Offiziere aus Altersgründen ihren Marinedienst quittieren.

Einzig Kapitän zur See *Helmut Neumeister*, ex Obermaat der Kriegsmarine und nach britischer Kriegsgefangenschaft seit 15. Dezember 1945 im Polizeidienst, verblieb nach 1972 weiterhin als Stellvertreter des Kommandeurs für Sicherstellung der Ausbildung an der Offiziershochschule.

Kapitän zur See Dr. jur. *Friedrich Elchlepp*, Havariekommissar der DDR im Kommando der Volksmarine, gehörte mit zu den letzten pensionierten Offizieren der Kriegsmarine mit einer Dienstverwendung in den Seestreitkräften der DDR. Der ehemalige Oberleutnant zur See (Crew 1941) wurde am 1. Dezember 1984 aus dem aktiven Dienst entlassen und pensioniert. Einen Tag zuvor erhielt er seine längst überfällige Ernennung zum Konteradmiral. Obwohl in der Dienststellung eines Konteradmirals stehend, blieb ihm der Dienstgrad aus politischen Gründen im Verlauf seiner 34-jährigen aktiven Dienstzeit in den Seestreitkräften der DDR versagt. Von 1988 bis 1990 gaben wir uns im Archiv des Militärgeschichtlichen Instituts in Potsdam wechselseitig die Klinke in die Hand. Elchlepp recherchierte, wie der Autor ebenfalls, zur Aufbauphase der Seestreitkräfte der DDR von 1950 bis 1956. Elchlepp gehörte zu jenen Marineoffizieren, die diesen Zeitabschnitt prägten. Neben dem Aktenstudium bot sich dem Autor später die Gelegenheit, Echlepp zu Ereignissen seines Marinedienstes zu befragen. In seinen 78 Lebensjahren (verstorben 2. März 2002) verbrachte Elchlepp 38 Jahre in und für die Marine.

Mit dem Verweis auf die Verwendung von ehemaligen Angehörigen der Kriegsmarine im Dienst der Seestreitkräfte der DDR verbindet sich die Erkenntnis des Autors, dass den nachwachsenden Offiziersgenerationen die Ausbildung und Erfahrungsvermittlung durch "Wiederverwender" aus der Kriegsmarine nicht geschadet hat. Hinzu kam, dass dem Autor die Kriegsmarine aus den Erzählungen seines Vaters und der Literatur nicht unbekannt war. Gernot Pfeiffer fuhr im Krieg als Unteroffizier auf dem Zerstörer Z 24 (Typ 36 A) unter Kommandant Korvettenkapitän Martin Salzwedel (1940-1943) und Korvettenkapitän Heinz Birnbacher (1943/44). Birnbacher brachte es bis zum Konteradmiral in der Bundesmarine. 1970 schied er als deren stellvertretender Befehlshaber aus dem aktiven Dienst.

Dem Autor verwunderte anfänglich die Distanz und Vorbehalte der "Ehemaligen" gegenüber all zu intensiver "marxistisch-leninistischer Grundausbildung" an der Offiziersschule. Das gehöre nach ihrer Ansicht weniger zum Fachwissen eines See- bzw. Ingenieur-Offiziers. Auch konnten einige, kriegsgediente Offiziere, Fähnriche und Unteroffiziere ihre Enttäuschung über die zum Teil abwertende Behandlung durch den damaligen Leiter der Politabteilung, Kapitän zur See Hans Hess, nicht verbergen. Offiziere, von denen man wusste, dass sie ehemalige Angehörige der Kriegsmarine waren, kamen selten von sich aus auf diese Zeit zu sprechen. Das änderte sich etwa ab 1986. Mit der Erforschung der Aufbauphase der Seestreitkräfte (1950-1956) an der Offiziershochschule öffneten sich die wenigen, noch im NVA-Dienst verbliebenen ehemaligen Angehörigen der Kriegsmarine in Befragungen und Interviews. In Diplomarbeiten erforschten Offiziersschüler deren Marinedienst in der HV Seepolizei und VP-See. Berücksichtigung fanden hierbei Erinnerungen von bereits aus dem aktiven Dienst verabschiedete "Ehemalige" bzw. "Wiederverwender". In einer Ausstellung wissenschaftlicher Exponate an der Offiziershochschule der Volksmarine im März 1990 wurden die Forschungsergebnisse unter der Verwendung von zeitgeschichtlichen Dokumenten erstmalig vorgestellt.

Als nahezu grotesk hat der Autor dagegen die persönliche Begegnung mit Generalmajor Georg Reymann, ex Hauptmann und von 1956 bis 1975 Chef der Nachrichtentruppen der NVA, auf zwei Elterntreffen 1968 und 1969 an der damaligen Offiziersschule der Volksmarine in Erinnerung behalten. Sein Sohn gehörte zu unserer damals als Ausbildungskurs AK 68 bezeichneten Studienjahrgang (Crew 68) der Fachrichtung Schiffsmaschinenoffiziere. Ob in Zivil oder in Generaluniform, jedesmal entstand in der Dienststelle Bewegung, wenn Reymann kam. Dabei verhielt sich der General uns Offiziersschülern gegenüber ganz normal. Er interessierte sich für die Ausbildung und unseren Vorstellungen zum Offiziersberuf. Probleme wurden nicht ausgeklammert. Er gab uns u.a. den Hinweis, dass wir Defizite im Lehr- und Ausbildungsprozess offen ansprechen und mit den Vorgesetzten bewältigen müssen. Einige Offiziere des Stabes hielten zu dem General wegen dessen Wehrmachtszugehörigkeit betont Distanz. Der Chef der Politabteilung, Kapitän zur See Hess, erschien lieber danach auf Parteiversammlungen, wo es häufig um die von Reymann angesprochenen Aspekte in der Ausbildung ging.

3. Jahrgang Nr. 14
Berlin, 25. Juli 1950

Die Volkspolizei

ZEITSCHRIFT FÜR DAS GESAMTE POLIZEIWESEN

III. Parteitag

der SED

FRIEDEN

EINHEIT

AUFBAU

Eine starke Delegation der Volkspolizei — HVDVP, Berliner Volkspolizei, Hauptverwaltung für Ausbildung und Seepolizei — begrüßte, begeistert umjubelt, die Ehrengäste, Delegierten und Gastdelegierten des III. Parteitages der SED

Verlag für Polizei-Fachliteratur GmbH / Berlin-Wilhelmsruh

"Die Volkspolizei", 25. Juli 1950, Angehörige HV Seepolizei in 2. Reihe hinter Fahnenträger (Archiv Ingo Pfeiffer)

138

Aufmarsch HV Seepolizei, Berlin 24. Juli 1950 (ZB Funck, Sammlung Pfeiffer)

Generalinspekteur Waldemar Verner 1951 (Sammlung Pfeiffer)

Deutsche Verwaltung des Innern
in der sowjetischen Besatzungszone

13 *Ø*

Berlin, den 27. Februar 1950

Herrn

Felix S c h e f f l e r

~~Berlin-Prenzlauer Berg~~
Ahlbecker Str. 15

Betr.: Ihre Einstellung.

Mit Wirkung vom .... sind Sie zur Dienstleistung in die Deutsche
Verwaltung des Innern in der sowjetischen Besatzungszone mit einer Probezeit von 3 Monaten
eingestellt. (Bei einer evtl. Verwendung im Exekutivdienst ist die durch einen Amtsarzt
festgestellte Pol.-Diensttauglichkeit Voraussetzung.)
Sie werden nach der Besoldungsgruppe des B.B.G. von 1927 .... bezahlt.
Die Kündigungsfrist während der Probezeit beträgt 14 Tage.
Bei zufriedenstellenden Leistungen werden Sie fest angestellt. Die Kündigungsfristen richten
sich nach dem jeweils gültigen Arbeitsrecht.
Sie verpflichten sich, über alle Ihnen bekanntgewordenen Angelegenheiten strengste Ver-
schwiegenheit zu bewahren. Diese Verpflichtung besteht auch nach Ihrem evtl. Ausscheiden
aus den Diensten der Deutschen Verwaltung des Innern in der sowjetischen Besatzungszone.
Sie werden darauf hingewiesen, daß Sie bei Verletzung Ihrer Schweigepflicht mit sofortiger
Entlassung bzw. gerichtlicher Bestrafung zu rechnen haben.
Sie bekräftigen diese Verpflichtung durch Unterschrift.

(K ö h n)
Chefinspekteur der VP.

Den Inhalt des vorstehenden Schreibens erkenne ich hierdurch an und erkläre die Verpflichtung für mich als bindend.

Berlin, den   27.2.1950

Vorgesehen für:

als:

Vordruck P 3
(126) Paul Koch, N 113, Schivelbeiner Str. 39.

PB-1691, 4. 49.

Einstellung DVdI mit Verpflichtungserklärung Felix Scheffler, 27. Februar 1950
(Archiv Pfeiffer)

Chefinspekteur Felix Scheffler, 1951 und in Litewka-Uniform (Archiv MfAV, Sammlung Pfeiffer)

Chefinspekteur Richard Fischer, 1950 (privat, Archiv Pfeiffer)

DER POLIZEIPRÄSIDENT IN BERLIN.

EID

ICH   *Fischer*   *Richard*
(Name, Vorname)

24. 3. 1906   *Arendsdorf / Nm.*
(Geburtsdatum, Geburtsort)

SCHWÖRE

der werktätigen Bevölkerung ergeben zu sein, die ehrenvollen Pflichten
eines Angehörigen der Volkspolizei ehrlich zu erfüllen, entsprechend
der demokratischen Gesetzlichkeit die öffentliche Ordnung, die Rechte
der Bürger, ihr persönliches und das Volkseigentum zu schützen.

ICH GELOBE, stets daran zu denken, daß die deutsche Volkspolizei die Aufgabe hat, die
Interessen der deutschen Werktätigen vor faschistischen, reaktionären und anderen feindlichen
und verbrecherischen Elementen zu schützen und ein zuverlässiges Bollwerk der demokratischen
Entwicklung auch im Kampf um ein einiges demokratisches Deutschland zu sein.

Ich gelobe, mich diszipliniert zu betragen, die dienstlichen Befehle und Verfügungen genau zu
erfüllen und mich in dem von mir übernommenen Dienst zu vervollkommnen.

Ich gelobe, mich in der Tat des großen Vertrauens würdig zu erweisen, in der Volkspolizei dienen
und eine Waffe tragen zu dürfen. Ich bin mir bewußt, daß eine Verletzung dieser eingegangenen
Verpflichtung meine fristlose Entlassung und strenge Bestrafung zur Folge hat.

Ich erkenne den provisorischen demokratischen Magistrat von Groß-Berlin und sein Programm an
und verpflichte mich auf Grund des von mir geleisteten Eides zu loyaler Mitarbeit.

Ich verpflichte mich, vom Tage der Unterzeichnung, (mit Anrechnung der vorherigen Dienstzeit)
in der Volkspolizei nicht weniger als drei Jahre einschließlich der Probedienstzeit von 3 Monaten
zu dienen.

Berlin den 8. II. 49   *Richard Fischer*
(Ort und Datum)   (Unterschrift)

Eid Richard Fischer für Polizeidienst, 8. Februar 1948 (Archiv Pfeiffer)

Seepolizei Inspekteur Walter Steffens, 1950 (Sammlung Pfeiffer)

Konteradmiral Paul Blechschmidt, März 1956 (ADN-ZB, Sammlung Pfeiffer)

Kapitän zur See Wilhelm Nordin, Seeoffiziers- Lehranstalt 1955, in Litewka-Uniform
(Fotoarchiv VM, Sammlung Pfeiffer)

HÖHERE POLIZEISCHULE

DER DEUTSCHEN VERWALTUNG DES INNERN IN DER SOWJETISCHEN BESATZUNGSZONE

Lehrgangszeugnis

Polizeimeister Wilhelm Nordin

geboren am 26.4.1924 in Brünn

Dienststelle: Landespolizei Thüringen

hat am 2.Nachsch.Lehrg.f.leit.Pol.Angest. Lehrgang vom 26. Juli 1948
bis 19.Dezember 1948 teilgenommen. Auswahl-Klasse f. Fachlehrer

Polizeirecht	gut
Verkehrsrecht	gut
Gewerberecht	fast gut
Straf- und Strafprozeßrecht	gut
Kriminalistik	gut
Staatslehre und Verwaltungsrecht	gut
Staatspolitischer Unterricht	gut
Sozialpädagogik	———
Pädagogik	gut

Neben Vorträgen aus verschiedenen Wissensgebieten wurde noch Unterricht in praktischen Polizeiübungen, Leibesübungen und Sanitätskunde erteilt.

Die Gesamtleistung d. Lehrgangsteilnehmers wird als **g u t** beurteilt.

Bemerkungen: **N. hat seine Eignung als Fachlehrer an der HPS im Strafrecht nachgewiesen.**

Berlin-Niederschönhausen, den **18.** Dezember 1948
Seckendorfstraße 31

Schulleiter   Lehrabteilungsleiter

Zur Personalakte bei Heimatdienststelle

Lehrgangszeugnis Polizeimeister Wilhelm Nordin, Höhere Polizeischule der DVdI in Berlin, 18.Dezember 1948 (Archiv Pfeiffer)

Prüfungszeugnis

der

Landes - Polizei - Fachschule

Bundesland Sachsen

für Herrn Oberschutzmann Heinrich J o r d t

geb. 15.12.1917 in Nienburg a.W.

Heimatbehörde Kreispolizeiamt Freiberg

Lehrgang 2.Beförderungslehrgang vom 16.6. - 26.7.1947

Die Abschlußprüfung

wurde auf der Landes-Polizei-Fachschule beim Chef der Polizei im Bundesland Sachsen abgelegt.

Leistungen:

Strafrecht	Gut	Polit. Willensbildung	Befriedigend
Strafprozeßordnung	Befriedigend	Schriftverk. u. Anz.-Erst.	---
Verkehr	Gut	Deutsch	Genügend
Kriminalistik	---	Russisch	Gut

Leistungen in praktischen Dienstzweigen

Führung

Herr Oberschutzmann Heinrich Jordt

hat die Abschlußprüfung bestanden mit dem

Gesamturteil befriedigend ( )

Dresden N 15, den 26.7.1947

Prüfungskommission: (Dienstsiegel) Schulleitung:

Prüfungszeugnis Oberschutzmann Heinrich Jordt, Landes-Polizei-Fachschule Bundesland Sachsen, Dresden 26. Juli 1947 (Archiv Pfeiffer)

Seepolizei-Oberwachtmeister Margarete Kootz, 1951 (Sammlung Pfeiffer)

*Ernennungsschreiben Seepolizei-Wachtmeister Margarete Kootz, 12. Dezember 1950
(Sammlung Pfeiffer)*

EHRENURKUNDE

Als Zeichen der Anerkennung
für ehrliche, gewissenhafte und vorbildliche
Pflichterfüllung
wird

Oberfeldwebel

Niemann, Margarete

im Namen der Regierung
der Deutschen Demokratischen Republik
die Medaille
„Für Treue Dienste"
verliehen

Berlin, den 1.VII.55

Chef der KVP

Generalleutnant

Nr. 17911

Oberfeldwebel Margarete Niemann (geb. Kootz) Medaille "Für Treue Dienste",
01. Juli 1955 (Sammlung Pfeiffer)

Ernennungs-Urkunde

Volkspol.-Rat

Helmut Neumeister

wird mit Wirkung vom

1. Juni 1950

zum

Volkspol.-Oberrat

ernannt

Berlin, den 22. Mai 1950

Der Leiter
der Hauptverwaltung für Ausbildung

(Dölling)
Chefinsp.d.Volkspol.
Stellv. PK.

(Hoffmann)
Generalinspekteur d. Volkspolizei

Ernennungs-Urkunde zum Volkspolizei-Oberrat Helmut Neumeister, 22. Mai 1950
(Sammlung Pfeiffer)

B e r l i n , den 12. 7. 19 50

Herrn

R u d i W e g n e r

S c h w e r i n

Grunthalplatz 11

Betr.: **Ihre Einstellung in den Dienst der Volkspolizei**
Bezug: Ihre Bewerbung

Sie werden hiermit mit Wirkung vom 15. J u l i 1950

als Vp.-Oberkommissar in den Dienst der Volkspolizei
eingestellt.

Ihre Besoldung erfolgt nach Gruppe X der Besoldungsordnung.

Sie werden gebeten, sich am 15. J u l i 1950 bei der

(Hauptverwaltung Seepolizei, Berlin-Wilhelmsruh, Kurzestrasse 5/6
Seepolizeischule P a r o w

zum Dienstantritt zu melden.

Abmeldebescheinigung des Ernährungsamtes (für G-Verpflegung), sowie Lohnsteuerkarte,
Sozialversicherungsausweis, Arbeitsbuch, Fahrkarte zwecks Rückerstattung des Fahr-
geldes und dieses Einstellungsschreiben sind bei der vorgenannten Dienststelle vorzulegen.

Hauptabteilungsleiter - P -

(Unterschrift)

(Fischer)
Chefinspekteur der Seepolizei

Pers. 192 (57/11) 37905/49

*Einstellung VP-Oberkommissar Rudi Wegner in HV Seepolizei, 15. Juli 1950
(Sammlung Pfeiffer)*

Urkunde

zum 1. Mai 1951

dem Kampftag der Werktätigen der ganzen Welt für Frieden

nationale Unabhängigkeit, Demokratie und Sozialismus

wird dem Seepolizei-Rat Rudi W e g n e r

für vorbildliche Arbeit beim Aufbau

der Seepolizei der Deutschen Demokratischen Republik eine Prämie in

Form von _____ DM 300.- _____ überreicht.

Diese Prämie soll ein weiterer Ansporn für Ihre zukünftige Arbeit sein.

Nur durch den unermüdlichen Einsatz all unserer Kräfte werden wir im

Bunde mit allen fortschrittlichen Menschen unter der Führung der Arbeiter-

klasse den Frieden erhalten und die Einheit unseres Vaterlandes erkämpfen.

Hauptverwaltung Seepolizei

Stellvertreter DR

(Bartz)

Chefinspekteur der Seepolizei

Der Leiter

(Verner)

Generalinspekteur der Seepolizei

Urkunde 1. Mai 1951 "Geldprämie 300 DM" an Seepolizei-Rat Rudi Wegner
(Sammlung Pfeiffer)

DEUTSCHE DEMOKRATISCHE REPUBLIK
MINISTERIUM DES INNERN

Volkspolizei-See

Urkunde

Offz.Sch.2.Lehrj. Nobst, Karl-Heinz
| Dienstgrad | Name | Vorname |

geb. am   4. 4.   19 32

hat in der Zeit

vom   1. 1.   1951   bis 21. 12.   195 2

an einem Lehrgang der Volkspolizei - See

für   Seeoffiziere   teilgenommen.

Der Lehrgang wurde mit ▓▓▓▓▓▓ bestanden.

Der Inhaber dieser Urkunde hat damit die

Qualifikation eines ▓▓▓▓▓▓ der VP-See erworben.

21. 12.1952
Datum

Vorsitzender des Prüfungsausschusses
Fregattenkapitän

Leiter der Lehranstalt
Fregattenkapitän

Polit-Stellvertreter
Korvettenkapitän

Lehrgang "Seeoffizier" Offiziersschüler Karl-Heinz Nobst mit "Sehr gut",
12. Dezember 1952 (Sammlung Pfeiffer)

154

HAUPTVERWALTUNG SEEPOLIZEI

Eidesstattliche Verpflichtung

Ich

<u>~~Hauptmann Heinz~~</u>
(Name, Vorname)

<u>~~13. 1. 1915   Duisburg~~</u>
(Geburtsdatum, Geburtsort)

verpflichte mich in der Erkenntnis, daß die Volkspolizei in der Deutschen Demokratischen Republik dazu berufen ist, die Interessen der deutschen Werktätigen vor faschistischen, reaktionären und anderen feindlichen und verbrecherischen Elementen zu schützen, daß sie darüber hinaus ein zuverlässiges Bollwerk der demokratischen Entwicklung sowohl in der Deutschen Demokratischen Republik, als auch im Kampf um ein einheitliches, demokratisches Deutschland darstellt,

an Eides Statt,

der werktätigen Bevölkerung ergeben zu sein, die ehrenvollen Pflichten eines Angehörigen der Volkspolizei ehrlich zu erfüllen, entsprechend der demokratischen Gesetzlichkeit die öffentliche Ordnung, die Rechte der Bürger, ihr persönliches und das Volkseigentum zu schützen.

Ich gelobe, mich diszipliniert zu betragen, die dienstlichen Befehle und Verfügungen genau zu erfüllen, mich in dem von mir übernommenen Dienst zu vervollkommnen und über alle mir bekannt werdenden Angelegenheiten, deren Geheimhaltung durch Gesetz oder dienstliche Anordnung vorgeschrieben, oder ihrer Natur nach erforderlich ist, strengste Verschwiegenheit gegen jedermann zu wahren.

Ich gelobe, mich in der Tat des großen Vertrauens würdig zu erweisen, in der Volkspolizei dienen und eine Waffe tragen zu dürfen.

Ich bin mir bewußt, daß eine Verletzung dieser eingegangenen Verpflichtung eine strenge Bestrafung zur Folge hat.

Ich verpflichte mich, vom Tage der Unterzeichnung dieser Verpflichtung ab in der Volkspolizei nicht weniger als drei Jahre zu dienen.

<u>~~Bln., 1. 5. 51~~</u>
(Ort und Datum)

(Unterschrift)

Eidesstattliche Verpflichtung Heinz Neukirchen, 1. Mai 1951
(Archiv MfNV, Sammlung Pfeiffer)

Abschrift von Abschrift

Auszug Nr. 1692
Protokoll Nr. 50

der Sitzung des Sekretariats des ZK vom 26. Februar 1951

Behandelt:	Beschlossen:
Einsatz des Genossen Heinz Neukirchen	Dem Vorschlag, Gen. Heinz Neukirchen, z.Zt. Vors. d. NDPD - Landesleitung Berlin - als Stabschef der HVS einzusetzen, wird zugestimmt. Die Kaderabteilung wird beauftragt, Vorschläge zu machen, wer die bisherige Funktion d. Gen. Heinz Neukirchen übernehmen soll. Es wird vorgeschlagen: Gen. Hoffmann, z.Zt. 2. Referent bei d.Gen. Heinrich Rau od. Gen. Kunetz, z.Zt. Stadtreporter beim Berliner Rundfunk. Frist: 1 Woche

F.d.R.d.A.:

(Häusler)
VP.-O.Kom. (See)

Beschluss Sekretariat ZK der SED, 26. Februar 1951, Einsatz Genosse Heinz Neukirchen als Stabschef der HVS (Archiv MfNV, Sammlung Pfeiffer)

Chefinspekteur Heinz Neukirchen, 1952 mit Ehrenzeichen Deutsche Volkspolizei (Sammlung Pfeiffer)

Attestationsblatt

für Beförderung Stabschef der Volkspolizei-See

Volkspolizei-See

Chefinspekteur der VP-See

N e u k i r c h e n , Heinz
(Dienststellung, Einheit, Dienstgrad, Name, Vorname)

1. Geburtsjahr: 15.1.1915 Duisburg

2. Parteizugehörigkeit, seit wann: N.D.P.D. seit Oktober 1949

3. Dienstgrad lt. Stellenplan: Generalinspekteur II

4. In der jetzigen Dienststellung seit: 1.3.1951

   Nr. und Datum des Befehls: Befehl Nr. 70/51 vom 30.4.1951

   Auf wessen Befehl eingesetzt: Chef der Volkspolizei-See

5. Seit wann Dienst in Einheiten der Volkspolizei: 1.3.1951

6. Seit wann in Offiziersstellungen in Einheiten der Volkspolizei: 1.3.1951

7. Dienst in der ehemaligen deutschen Armee: 1934 - 1944

   Leutnant zur See
   (von wann bis wann gedient, letzte Dienststellung und Dienstgrad)

8. Datum, Nr. und auf wessen Befehl wurde der letzte Dienstgrad in den Einheiten der Volkspolizei verliehen:

   Befehl Nr. 70/51 vom 30.4.1951
   Chef der VP-See

9. Die Richtigkeit der Angaben bestätigt:
   (Unterschrift des Leiters der Kaderabteilung, Dienstsiegel)

Attestation

[handgeschriebener Text]

Berlin, den 8. Sept. 1952   Kommandeur / Leiter   Generalinspekteur (Tarnung)
(Dienststellung, Dienstgrad, Unterschrift, Dienstsiegel)
stellv. d. Ministers
Chef d. Volkspolizei

Attestation 8. September 1952, Ernennung Neukirchen zum Stabschef VP-See mit Vorschlag Konteradmiral, Bestätigung durch Minister Willi Stoph am 5. Oktober 1952 (Archiv MfNV, Sammlung Pfeiffer)

U-Boot-Lehranstalt 1953, v.l.n.r. Kapitänleutnant Gerhard Klippstein, Unterleutnante zur See Manfred Kretschmar, Lothar König (Manfred Kretzschmar)

U-Boot-Lehranstalt 1953, Klasse Torpedo-Offiziere (H. Joachim Westhoff)

links: Fähnrich zur See Eckart Reimann (Crew X/43, Dienst auf Z 36);

rechts: Oberleutnant Int. Eckhart Reimann 1952 (Reimann, Sammlung Pfeiffer). Nach britischer Kriegsgefangenschaft ab 1947 im Polizeidienst Mecklenburg. Ab Juli 1950 Seepolizei-Kommissar und Leiter Referat Verpflegung an Seepolizeischule Parow. 1952 war Oberleutnant Reimann Stellvertreter des Schulleiters für Intendantur. Wegen angeblicher "Verunglimpfung Stalins" und "parteischädigenden Äußerungen" wurde Reimann als "ehemaliger Angehöriger der faschistischen Kriegsmarine" am 15. April 1953 zum Matrosen degradiert aus der VP-See ausgestoßen. 41 Jahre später rehabilitierte ihn das Landgericht Rostock am 18. Juli 1994.

Naval Document Centre
British Naval Headquarters
Marine-Personal-Dokumenten-Zentrale
beim Britischen Marineoberkommando
Hamburg-Alsterdorf
Royal Navy Barracks Mackensenstraße
Postanschrift: (24a) Hamburg 39, Postfach

Ref.-Nr. RP.8
Alle weiteren Zuschriften müssen diese Ref.-Nr. sowie
vollständige Wiedergabe des Betreffs enthalten.

Hamburg-Alsterdorf, den 18. Jan. 1948

Betr.:

Ihr Schreiben vom

Berufsausbildungsnachweis.
- - - - - - - - - - - - - - -

Der ehemalige Obersteuermann (Oberfeldwebel) Horst S c h u l z e ,
nach vorgelegter Geburtsurkunde geboren am 27. 8. 1917 in Kemtau, hat
während seiner Zugehörigkeit zur ehemaligen Deutschen Kriegsmarine
folgende zivilberuflich verwertbare Berufsausbildung erhalten:

1) vom 29.10. 38 – 22. 1. 40 als Matrose im seemännischen Dienst auf
einem Aviso,
2) vom 5. 2.40 – 9. 4. 40 als Matrose im seemännischen Dienst auf
einem Aviso,
3) vom 10. 5. 40 – 11. 6. 40 als Matrose im seemännischen Dienst auf
einem Aviso,
4) vom 12. 6. 40 – 19. 7. 40 als Bootsmannsmaat im seemännischen Diens
auf einem Torpedoboot,
5) vom 7. 8.40 – 2.11. 41 als Bootsmannsmaat im seemännischen Diens
auf einem Räumboot,
6) vom 23.12. 41 – 6. 4. 42 als Bootsmannsmaat und seemännische
Nummer 1 auf einem Räumboot,
7) vom 7. 4. 42 – 30. 9. 42 Obersteuermannslehrgang mit ziemlich
gutem Erfolg,
8) vom 30. 9. 42 – 29. 1. 43 als Obersteuermann in einer Schnellbootsflottille,
9) vom 30. 1. 43 – 10. 5. 43 als Obersteuermann und 2. Flottillenober-
steuermann in einer Schnellbootsflottille,
10) vom 11. 5. 43 – 30. 6. 43 als Obersteuermann in einer Schnellboots-
gruppe,
11) vom 1. 7. 43 – 31. 3. 44 als Obersteuermann und Kommandant eines
Wetterschiffs,
12) vom 10.10. 44 – 8. 5. 45 als Obersteuermann in einer Sicherungs-
flottille.

Nachstehend Größenangaben der Kommandos:

Zu 1) – 3) "Grille"   2560 t, 20 Knoten, 8000 Ps, Turbine,
zu 4) "T 9"   600 t, 36 Knoten, Turbine, 2 Wasserrohr-
kessel,
zu 5) – 6) Räumboot   90 t, 18 Knoten, Dieselmotore,
zu 8) – 9) Schnellboot   80 t, 38 Knoten, Dieselmotore,
zu 10) – 12)   liegen keine Angaben vor.

Die Leistungen des Sch. wurden mit "gut" beurteilt. Sch. hat sich
während seiner Dienstzeit sehr gut geführt.

p. R. E. GUNSTON
Lt. Cdr. R. N.

German Council
Naval Document Centre

*Berufsausbildungsnachweis Obersteuermann (Oberfeldwebel) Horst Schulze, Dienst in
Deutsche Kriegsmarine vom 29. Oktober 1938 bis 8. Mai 1945, ausgestellt
Marine-Personal-Dokumenten-Zentrale beim Britischen Marineoberkommando
Hamburg-Alsterdorf, 18. Januar 1948 (Sammlung Pfeiffer)*

1. Mai 1952, Chefinspekteur Heinz Neukirchen (l.) und Seepolizei-Inspekteur Walter Steffens (r.) (Sammlung Pfeiffer)

Berlin 1. Mai 1952, Chefinspekteur H. Neukirchen mit Pkw-Fahrer (Sammlung Pfeiffer)

*1. Mai 1952, Chefinspekteur Heinz Neukirchen, dahinter Seepolizei-Inspekteure
Walter Steffens und Heinrich Ißleib (Sammlung Pfeiffer)*

*Berlin 1. Mai 1952, Einschwenken acht Marschblöcke HV Seepolizei vor
Tribüne auf Marx-Engels-Platz (Sammlung Pfeiffer)*

1. Mai 1952, Seepolizei-Kommandeure, dahinter Offiziersanwärter mit Porträts Pieck, Stalin, Grotewohl, Ulbricht (ADN ZB Sturm, Sammlung Pfeiffer)

v.r.n.l.: Kommandeur Heinz Irmscher, Oberrat Helmut Neumeister, Oberrat Willi Hambuch, Kommandeur Heinrich Jordt, Oberrat Hans-Joachim Hörnicke, unbekannt, Oberrat Gerhard Riese, Inspekteur Johannes Wesoleck, Kommandeur Walter Kühn, Oberrat Karl Nitzsche, Kommandeur Kurt Kmetsch (Herbert Görzig, Sammlung Pfeiffer)

Berlin 1. Mai 1952, Offiziersanwärter mit Blumengesteck schwarz-rot-gold mit goldenem Anker (Görzig, Sammlung Pfeiffer)

Berlin 1. Mai 1952, Orchester HV Seepolizei (Görzig, Sammlung Pfeiffer)

1. Mai 1952, Marschblock Offiziersanwärter (Görzig, Sammlung Pfeiffer)

Berlin, 1. Mai 1952, Marschblock HV Seepolizei (Görzig, Sammlung Pfeiffer)

Berlin 1. Mai 1952, Aufstellung GST-Seesportler "Unter den Linden" (Ewald Tempel)

1. Mai 1952, Kutter K-10 der GST-Seesport (ADN ZB Köhler, Sammlung Pfeiffer)

Chefinspekteur Heinz Neukirchen, Ehrentribüne (Sammlung Pfeiffer)

Leipzig 1. Juni 1952, Marschblöcke der HV Seepolizei auf Karl-Marx-Platz
(ADN ZB Donath, Sammlung Pfeiffer)

Berlin, 1. Mai 1952, Mitte: Präsident Wilhelm Pieck, rechts daneben Generalinspekteur Heinz Hoffmann, Willi Stoph, Generalsinspekteur Waldemar Verner, links von Pieck Oberbürgermeister Friedrich Ebert (ADN ZB Quasch, Sammlung Pfeiffer)

Leipzig, 1. Juni 1952, v.l.n.r.: Gertrud Müller, Wilhelm Pieck, Otto Grotewohl, General-inspekteure Waldemar Verner, Heinz Hoffmann (ADN ZB Sturm, Archiv Pfeiffer)

Teilnahme VP-See an II. Parteikonferenz der SED, 9.-12. Juli 1952 (ADN ZB Heilig, Sammlung Pfeiffer). V.r.n.l. zwei Matrosen, Kommandeur Heinz Irmscher, Rat Hans Gehrt, Chefinspekteur Richard Fischer, Reihe dahinter Inspekteur Karl Rische, links Chefinspekteur Heinz Neukirchen Beifall klatschend. Die Anwesenheit des Chefs des Stabes der VP-See und NDPD-Funktionär Neukirchen ist ein Indiz für die Bedeutsamkeit des hier gefassten Beschlusses über den Aufbau nationaler Streitkräfte.

Berlin, 9.-12. Juli 1952, II. Parteikonferenz der SED, 1. Reihe 2.v.r.: Kommandeur Walter Baum, 2. Reihe 2.v.r. Inspekteur Friedrich Elchlepp, 3. Reihe r. Inspekteur Willi Gerber (ADN ZB Heilig, Sammlung Pfeiffer)

1952 Offiziersschule Stralsund, sowjetische Berateroffiziere mit Kopfhörer, schlafend (Fotoarchiv VM, Sammlung Pfeiffer)

1955 sowjetische Berateroffiziere, rechts Kapitän 1. Ranges Gurow (Fotoarchiv VM, Sammlung Pfeiffer)

Hochsee- und Bergungsschlepper WISMAR, v.l.n.r.: Vizeadmiral Waldemar Verner, Kapitän zur See Friedrich Elchlepp, Konteradmiral Felix Scheffler, Konteradmiral Heinz Neukirchen (Fotoarchiv VM, Sammlung Pfeiffer)

АТТЕСТАЦИЯ

за период с октября 1954 года по декабрь 1955 года
на слушателя-выпускника академических курсов при
Военно-морской ордена Ленина академии им. К.Е.Ворошилова
КОНТР-АДМИРАЛА НЕЙКИРХЕН Гейнц

Контр-адмирал НЕЙКИРХЕН Гейнц прибыл на академические курсы при Военно-морской ордена Ленина академии им. К.Е.Ворошилова в октябре 1954 года. За период обучения на курсах показал себя дисциплинированным и исполнительным офицером.

Учебную программу академических курсов выполнил с отличными показателями. Выпускные экзамены по диалектическому и историческому материализму, оперативному искусству ВМС и общей тактике ВМС сдал с оценкой отлично.

В течение всего периода обучения систематически и упорно работал над повышением своих политических и специальных знаний.

Принимал активное участие в общественной и политической жизни подразделения. Организовать работу личного состава вокруг поставленных задач умеет. Требователен к себе и к подчиненным.

Трудолюбив. Настойчив, принятое решение настойчиво проводит в жизнь. Несколько замкнут и высокомерен.

Взаимоотношения с товарищами нормальные.

Планировать свою работу умеет.

Состояние здоровья вполне удовлетворительное.

Имеет опыт плавания на кораблях.

ВЫВОД: ...пления полученной теоретической подготовки ...азно назначить на должность начальника ...инения.

Attestation Konteradmiral Heinz Neukirchen, Leningrader Seekriegsakademie K. E Woroschilow, Oktober 1954 bis Dezember 1955 (Sammlung Pfeiffer)

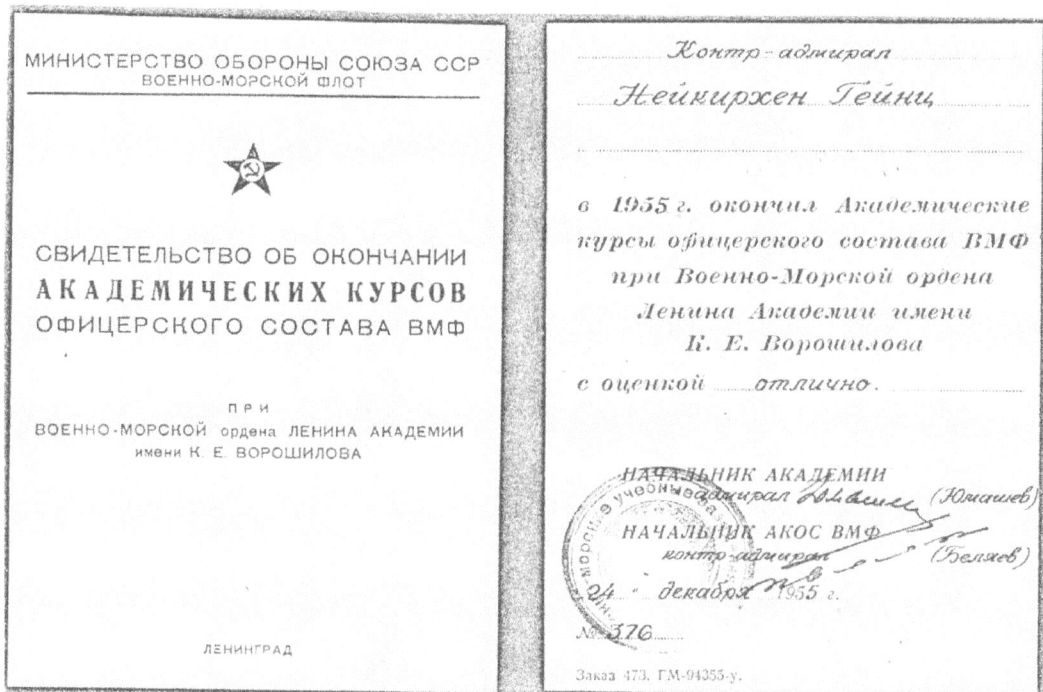

МИНИСТЕРСТВО ОБОРОНЫ СОЮЗА ССР
ВОЕННО-МОРСКОЙ ФЛОТ

СВИДЕТЕЛЬСТВО ОБ ОКОНЧАНИИ
АКАДЕМИЧЕСКИХ КУРСОВ
ОФИЦЕРСКОГО СОСТАВА ВМФ

ПРИ

ВОЕННО-МОРСКОЙ ордена ЛЕНИНА АКАДЕМИИ
имени К. Е. ВОРОШИЛОВА

ЛЕНИНГРАД

Контр-адмирал

Нейнирхен Гейнц

в 1955 г. окончил Академические
курсы офицерского состава ВМФ
при Военно-Морской ордена
Ленина Академии имени
К. Е. Ворошилова
с оценкой отлично.

НАЧАЛЬНИК АКАДЕМИИ
адмирал *(Юмашев)*
НАЧАЛЬНИК АКОС ВМФ
контр-адмирал *(Беляев)*
" 24 " декабря 1955 г.
№ 376

Заказ 473. ГМ-94355-у.

*Abschluss Akademischer Kurs Konteradmiral Heinz Neukirchen mit ausgezeichnet,
russisch "otlischno" (Sammlung Pfeiffer)*

Kapitän zur See Wilhelm Ehm, 1957 (Sammlung Pfeiffer)

**Der Kommandeur
der Wasserschutzpolizei**

(Kdo. „Elbe")

Magdeburg, den 20. Februar 1946
Auf dem Fürstenwall 3 b
Fernsprecher: 35901

Arbeitszeugnis
==============

Herr Rudolf E c k s t e i n , geboren am 21.7.1912 in Kiel, war
vom 20. November 1945 bis 28. Februar 1946 als Verwaltungsange-
stellter beim Wasserschutzpolizei-Kommando "Elbe" beschäftigt.

Herr Eckstein war mit der Bearbeitung von Personal- und Ver-
waltungsangelegenheiten beauftragt.

Er ist begabt, gewissenhaft, wendig im Schriftverkehr und ver-
steht selbständig zu disponieren.

Sein Verbleib bei der Wasserschutzpolizei wurde nicht gebilligt,
da er Offizier der deutschen Kriegsmarine war.

Herr Eckstein hat sich als Betriebsrat der Wasserschutzpolizei
sehr rege und umsichtig für die Angehörigen des Kommandos eingesetzt.

Die Angehörigen des Kommandos "Elbe" wünschen ihm auf seinem
ferneren Lebensweg alles Gute.

*Rudolf Eckstein, Wasserschutzpolizei-Kommando "Elbe", 20. Februar 1946. Siehe hier
4. Absatz "Offizier der deutschen Kriegsmarine" (Sammlung Pfeiffer)*

Hauptverwaltung für Ausbildung
— Hauptabteilung P —

Berlin, den 13.3.5o
Zie:Ka.

Tgb.-Nr.   8584 /5o.

Herrn
Rudolf Eckstein

Schönbeck
Margaretenstr. 6

Von uns nahestehenden Kreisen wird mitgeteilt, dass Sie für den
Dienst in der Volkspolizei Interesse haben.
Sie werden gebeten, beiliegenden Fragebogen auszufüllen und mit
einem ausführlichen Lebenslauf unverbindlich nach hier zu über-
senden.

                              Hauptverwaltung für Ausbildung
                                  — Hauptabteilung P —
                              i.A.
                                    (Ziegenhagen)
                                 Volkspol.-Kommandeur

HVA, Berlin 13.03.1950, Anforderung Bewerbungsunterlagen Rudolf Eckstein
(Sammlung Pfeiffer)

Hauptverwaltung für Ausbildung
   Hpt.-Abt. P /

Berlin, den 22. Mai 15o

Az.:   Tgb.-Nr. 8330 / Rü.

Herrn
Rudolf E c k s t e i n
S c h ö n e b e c k
Margaretenstr. 6

Betr.: Bewerbung zur Volkspolizei
Bezug: Dortiges Schreiben vom 6.4.195o und Ihre vorliegenden
       Bewerbungsunterlagen.

Es wird Ihnen hierdurch mitgeteilt, daß mit Rücksicht auf Ihr
derzeitiges Dienstverhältnis von einer Einstellung zur Volkspolizei Abstand genommen wird.
Beiliegend wird Ihnen das mit den Bewerbungsunterlagen einge-
sandte Lichtbild zurückgesandt.
                              Hauptabteilungsleiter P
                              I.V.

                                    (Weiler)
1 Anlage   Volkspol.-Kommandeur

HVA, Berlin 22.05.1950, Ablehnung Rudolf Eckstein Einstellung Volkspolizei
(Sammlung Pfeiffer)

Kapitän zur See Reinhold Banse 1969 mit Offiziersschülern im 3. Studienjahr an Offiziersschule Stralsund (Manfred Soltwedel)

6. Chef des Stabes und Chef Volksmarine (1961-1964)

6.1. Im Parteienzwist NDPD-SED, 1961

Der Befehl KM 174/61 vom 30. Juni 1961 enthielt die Festlegung, dass während des zweijährigen Studiums von Konteradmiral Wilhelm Ehm, Konteradmiral Heinz Neukirchen ab 1. August 1961 mit der Führung der Volksmarine beauftragt wird. Damit Neukirchen die Position als Chef der Volksmarine einnehmen konnte, musste er wohl oder übel der SED beitreten. Obwohl kritisch gegenüber der SED eingestellt, aber dennoch den Befehlen der Parteiführung gehorchend, folgte Neukirchen letztlich dem Drängen der Genossen in Berlin, der SED beizutreten. Dem ging ein makabres Parteiengezänk zwischen der NDPD- und SED-Führung voraus.

Neukirchens NDPD-Mitgliedschaft löste schon seit langem den Argwohn der NVA-Führungsspitze aus. In der vom Chef der Volksmarine, Konteradmiral Ehm, und dem Leiter der Politischen Verwaltung, Kapitän zur See Wegner, am 30. Juni 1961 verfassten dienstlichen und politischen Beurteilung vertraten beide Unterzeichner die Auffassung, dass es für Neukirchen besser wäre, der SED beizutreten. Diesem Druck oder ständigen Vorwurf, in der falschen Partei zu sein, konnte und wollte er sich offensichtlich nicht länger aussetzen. Neukirchen befand sich in dem Glauben, dass er seine nationaldemokratischen Ideale auch in der SED vertreten könnte. Dies erwähnte seine Ehefrau in einem Interview.

Die SED- und NVA-Führung brauchte einen politisch integeren Chef der Volksmarine, einen 'Parteisoldaten'. Er wurde umetikettiert. Dem Führungsanspruch der SED in der NVA und der Karriere von Neukirchen stand seine weitere NDPD-Mitgliedschaft entgegen. Im Juli 1961 stellte er überraschend den Antrag zur Aufnahme in die SED. Der geschäftsführende Vorsitzende der NDPD Heinrich Hohmann regelte intern mit dem ZK der SED den Parteienwechsel.

Der Parteienwechsel widersprach einem Beschluss der demokratischen Parteien (DDR) aus dem Jahr 1952, der jegliche Übertritte in andere Parteien untersagte. Am 26. Juli 1961 endschied das ZK der SED, dem Antrag von Neukirchen trotz des Widerstandes im NDPD-Lager zu entsprechen und dessen Aufnahme organisatorisch nach Parteistatut vorzubereiten. Fünf Tage später erklärte Neukirchen gegenüber dem Vorsitzenden der NDPD, Dr. Lothar

Bolz, handschriftlich seinen Parteiaustritt. "Im Interesse einer Erhöhung meiner politischen Wirksamkeit sowie in Verbindung mit der sich entwickelnden politischen Lage, habe ich mich entschlossen, meine Zugehörigkeit zur NDPD zu lösen und um Aufnahme in die SED zu bitten."

Der von Neukirchen erklärte Parteiaustritt überraschte den NDPD-Vorstand. Am 16. August 1961 bestätigte Paul Friedrich von der Geschäftsstelle der NDPD in Berlin den Eingang der Austritterklärung. Über diesen, lediglich formalen Zwischenbescheid war Neukirchen ziemlich erbost. In einem Schreiben vom 25. August 1961 an Dr. Bolz brachte er darüber seine Verwunderung zum Ausdruck. Parallel sandte er sein Parteiabzeichen und NDPD-Mitgliedsbuch an die Geschäftsstelle des Vorstandes in Berlin. Damit waren von höchster Stelle die Partei-Weichen gestellt.

Was sich dann jedoch beim Aufnahme-Zeremoniell in der SED-Grundorganisation "Stab Kommando Volksmarine" am 29. August 1961 in Rostock abspielte, war alles andere als normal. An der SED-Versammlung nahm auch der Chef der MfS-Abteilung in der Volksmarine, Oberstleutnant Dietrich Bünning teil. Seit 1946 im Polizeidienst stehend, baute er 1950 die Stasi-Sicherheitsabteilung in den Seestreitkräften auf. Diese unterstand nicht dem Marinechef, sondern dem 1. Stellvertreter der Hauptabteilung I des MfS in Berlin. In der Kriegsmarine fuhr Bünning als Obergefreiter auf Räumbooten der 3. und 16. R-Boot-Flottille.

Schenkt man dem Bericht von Bünning über die Aufnahmeversammlung Glauben, dann nahmen daran ca. 100 Offiziere, Unteroffiziere und Zivilbeschäftige der Stabs-Parteiorganisation (83,3 Prozent) teil. Die Aufnahme-Prozedur, sonst immer gewöhnlich ein Akt "pro forma", war für viele Offiziere des Stabes, die Neukirchen hochverehrten, ein peinlicher Akt. Diese Versammlung blieb dem daran teilnehmenden Kapitänleutnant Ewald Tempel ewig im Gedächtnis.

"Auf der Mitgliederversammlung wurden die diesmal zahlreich Anwesenden mit dem Tagesordnungspunkt — Aufnahme Genosse Heinz Neukirchen- überrascht. Kaum einer wusste, dass Neukirchen zuvor aus der NDPD ausgetreten war. An diesem Tag schien es so, als hätten sich einige, uns schon immer als besonders standhafte Genossen und nichtssagende Dauerredner bekannte SED-Mitglieder, auf diese Aufnahme zielstrebig vorbereitet. Sie führten den Admiral mit ihren Fragen regelrecht vor. Diese bezogen sich ausschließlich auf Neukirchens Dienstverlauf in der Kriegsmarine und den dort erhaltenen

Auszeichnungen. In der Diskussion wurde bis ins Detail nachgehakt. Die Fragestellungen durch die betreffenden SED-Mitglieder gaben ein nicht zugängliches Wissen über den Admiral zu erkennen, das sonst nicht zum Basiswissen der Fragesteller gehörte. Admiral Neukirchen zeigte in dieser widerlichen Befragung Haltung und Größe. Er ließ sie gelassen über sich ergehen. Seine hinter den Fragestellern stehenden Widersacher, brauchte ihm keiner zu nennen, denn er kannte sie schon lange. Einer davon war sein Vorgänger, der verbissene Altkommunist Felix Scheffler, damals in der Funktion des Stellvertreter des Chefs für Ausbildung. Dem hatte selbst Wilhelm Ehm seine, durch das Akademiestudium erforderliche Vertretung versagt".

Diese Partei-Versammlung behielten auch andere Zeitzeugen in unangenehmer Erinnerung. Was da im Marinestab in Rostock ablief war kurios, aber für die NVA charakteristisch. Ein junger Unterleutnant oder ein in der SED organisierter Hausmeister entschieden u.a. quasi mit über das weitere politische und militärische Schicksal eines gestandenen Admirals.

Einigen Offizieren im Stab der Volksmarine war die NDPD-Parteizugehörigkeit von Neukirchens schon lange ein Dorn im Auge. Weil nicht in der SED organisiert, schien er unterstellten Marineoffizieren mit SED-Parteibuch unantastbar. Auf SED-Mitgliederversammlungen war der "Genosse" Neukirchen nicht präsent, wohl aber sein häufig kritisierter Führungsstil als Chef des Stabes. Energisches und korrektes, auf die Sache oder Aufgabe bezogenes Denken und Handeln vertrug sich nicht mit allgemeinem Geschwafel strammer SED-Genossen mit weniger maritimer Sachkenntnis. So kam es dann auch, dass Neukirchen entgegen den allgemeinen Gepflogenheiten eine zweijährige Kandidatenzeit als Bewährung durchlaufen musste, ehe er in die SED als Mitglied aufgenommen wurde. Arbeiter in der Industrie benötigten lediglich ein halbes Jahr.

6.2. Der Ernstfall, 13. August 1961

Unmittelbar vor dem 13. August 1961 befand sich die Volksmarine vom 31. Juli bis 12. August unter der Leitung von Konteradmiral Neukirchen, nunmehr Marinechef, in einer Flottenübung. Dieser Zeitpunkt war ungewöhnlich. Ähnlich angelegte Manöver fanden routinemäßig sonst im September oder Oktober statt. Ein Indiz für die vorgezogene Flottenübung mit Entfaltung der Marineschiffe in See und Auslagerung der Flottillen-Gefechtsstände in für den

Alarmfall getarnte Objekte war womöglich die Erwartung des von Moskau genehmigten und vom Kommando der Gruppe der Sowjetischen Streitkräfte in Deutschland (GSSD) abgesegneten Mauerbaus.

Seit dem 9. August erarbeitete eine operative Gruppe von 12 Offizieren des Ministeriums für Nationale Verteidigung (MfNV) im nördlich von Strausberg gelegenen Schloss Wilkendorf (Gästehaus MfNV) die geheimen Pläne für den bevorstehenden Einsatz der NVA. Zu dieser Gruppe gehörte u.a. der Fregattenkapitän Wunderlich. Am 12. August um 16 Uhr unterzeichnete der Staats- und Parteichef und zugleich Vorsitzende des Nationalen Verteidigungsrates der DDR, Walter Ulbricht, die entsprechenden Befehle. Um 23 Uhr trat der vom Sekretär des Nationalen Verteidigungsrates, Erich Honecker, geleitete zentrale Führungsstab im Berliner Polizeipräsidium am Alexanderplatz zusammen. Dem Stab gehörten u.a. die Minister für Nationale Verteidigung, der Staatssicherheit, des Innern und des Verkehrswesens an.

Im Vorfeld der Maßnahmen zur Grenzschließung wurde die 1. und 8. Mot.-Schützendivision als Manöverhandlung getarnt an Berlin, herangeführt. Am Sonntag des 13. August erfolgte von 0 bis 1.30 Uhr die zeitlich gestaffelte Alarmierung der in der Militäraktion einbezogenen NVA-Einheiten, Grenzpolizei, VP-Bereitschaften sowie Kampfgruppen von Berlin, Potsdam und Frankfurt/Oder.

Konteradmiral Neukirchen wurde als Chef der Volksmarine durch den Minister für Nationale Verteidigung auf die verstärkte Sicherung der Seegrenze im Zusammenhang mit den bevorstehenden Maßnahmen des Mauerbaus am 13. August 1961 zuvor informiert. Er war somit in die geheime militärische Vorbereitung einbezogen und konnte entsprechende Vorkehrungen für die Volksmarine treffen. Das betraf u.a. die zeitliche Anberaumung der voraus gegangenen Übung.

Aus der laufenden Übung heraus stellte die Volksmarine um 1 Uhr die Alarmstufe „Erhöhte Gefechtsbereitschaft" (EG) her. Im Verlauf des Tages kam für die NVA der Befehl Übergang zu „Volle Gefechtsbereitschaft" (VG). So einen Ernstfall gab es bisher noch nicht. Er sollte sich für die Volksmarine bis 1990 auch nicht wiederholen. Die Führung in Moskau und Berlin befürchtete eine eventuelle militärische Reaktion der westlichen Alliierten auf den Mauerbau. Die Marineführung der DDR hielt ihre Flottenkräfte im Seegebiet vor Rügen-Hiddensee-Darßer Ort in Gefechtsbereitschaft.

Parallel absolvierte die Bundesmarine vom 8. bis 24. August in der Nordsee und westlichen Ostsee, auch vor der DDR-Küste, das Flottenmanöver „Wallenstein IV". Daran waren bis zu 100 Kriegsschiffe beteiligt. Am Sonntag des 13. August lag der Manöververband in der Hjelm Bucht, der Fakse Bucht und Köge Bucht vor Anker. Dem Befehlshaber der Bundesmarine, Konteradmiral Rolf Johannesson, wurde auf dem Flaggschiff, der Schulfregatte GNEISENAU F 212, gemeldet, dass sich die Volksmarine in voller Gefechtsbereitschaft befand. Ihre Marineschiffe hätten im Seegebiet um Rügen Position bezogen. Die Lage auf dem Seeschauplatz war für Johannesson unklar. Deshalb löste er für den vor der Insel Möen und Seeland stehenden Manöververband der Bundesmarine Alarmbereitschaft aus.

„H-02" — Führungsstelle Chef der Volksmarine

Als Führungsstelle diente dem Chef der Volksmarine, Konteradmiral Heinz Neukirchen, anfangs das Stabs- und Führungsschiff H-02 vom Projekt 62. Das erst am 10. Mai 1961 in Dienst gestellte 1.320t verdrängende pontonförmige Fahrzeug mit drei Decks und aufgesetztem Brückenstand lief in der Marine unter der Bezeichnung "schwimmender Stützpunkt". Mit umfangreicher Nachrichtentechnik ausgestattet, jedoch ohne eigene Antriebsanlage, fungierte das Seefahrzeug als Reservegefechtsstand des Chefs der Volksmarine.

Während der bis 12. August laufenden Flottenübung hatte H-02 an der Pier östlich der Stralsunder Ziegelgrabenbrücke am Dänholm fest gemacht. Daneben lag die Motoryacht OSTSEELAND (342 BRT, i.D. 1. Mai 1961), auf der Neukirchen residierte. Beide Schiffe waren mit einer Stelling verbunden, die ein zusätzlicher Wachposten sicherte. Wegen des exponierten Liegeplatzes direkt gegenüber der Volkswerft wurde das Stabs- und Führungsschiff am 13. oder 14. August in den Saaler Bodden geschleppt. Der genaue Zeitpunkt ist nicht belegt. Das Fahrzeug lag dort am Anleger der Ortschaft Althagen bei Ahrenshoop. Dort wurde das Schiff an das militärische Draht-Fernmeldenetz und Land E-Netz angeschlossen.

Neukirchen und sein Stab führten die Flotte nun wieder vom Hauptgefechtsstand im Kommando der Volksmarine in Rostock. Die Motoryacht OSTSEELAND kehrte wieder in den Bootshafen Gehlsdorf zurück. Auf H-02 verblieb als Reservegefechtsstand eine Rumpfbesatzung unter der Leitung des Stellvertreters Operativ beim Chef des Stabes.

Küstenabschnitte A-B-C-D

Die Volksmarine hatte die Aufgabe, die an der Sektorengrenze zwischen Ost- und Westberlin sowie die um die Westberliner Stadtgrenze zum Bezirk Potsdam vollzogenen militärischen Sperrmaßnahmen parallel mit Booten der Grenzbrigade an der Seeflanke militärisch abzusichern. Zur Überwachung des Küstenvorfeldes wurde die mecklenburgische Küste von West nach Ost vorrübergehend in vier Küstenabschnitte A-B-C-D eingeteilt.

Der westliche Abschnitt **A** mit der Marinebasis Tarnewitz unterstand Kapitänleutnant Fritz Broß. Ihm waren je eine Abteilung Minenleg- und Räumschiffe (MLR) Typ KRAKE, Räumboote Typ SCHWALBE und U-Jagdschiffe Typ 201 M zugeteilt. Die U-Jäger übernahmen die Grenzsicherung West auf einer Vorpostenposition im Seegebiet vor Travemünde.

Kapitänleutnant Ulrich Ehlig befehligte den Küstenabschnitt **B** mit der Stabsstelle in Zingst. Die Schiffe lagen im Hafen Darßer Ort. Der Küstenabschnitt wurde nach einigen Tagen aufgelöst und dem Abschnitt A angegliedert.

Die Hauptkräfte mit einem Küstenschutzschiff Typ RIGA, zehn MLR Typ HABICHT und sechs Räum- und Reedeschutzbooten Typ SCHWALBE und DELPHIN waren im Küstenabschnitt **C** konzentriert. Sie lagen überwiegend in der Tromper Wiek vor Anker. Darunter befanden sich anfänglich auch die zuvor von einer Navigationsbelehrungsfahrt aus Polen zurück gekehrten U-Jagdschiffe des Typs 201 M. Ein Kommandant erinnerte sich, dass die Nachrichtenverbindung wegen eines defekten Funkumformers an Bord gestört war. Deshalb wusste keiner, dass seit den Morgenstunden des 13. August die Grenzen zu Westberlin dicht gemacht wurden. Man vertrieb sich die Langeweile mit Briefeschreiben. Die Postsendungen übernahmen vorbei fahrende Passagierschiffe der Weißen Flotte. Erst als der Kommandant des U-Jagdschiffes im Tagesverlauf des 13. August mit seinem Schiff in Sassnitz einlief, um den Funkumformer zu wechseln, erfuhr er im Operativen-Dienst von den Grenzsicherungs-Maßnahmen in Berlin.

Wegen unzureichender Funkverbindung im Hafen Sassnitz verlegte der Einsatzstab C nach Kap Arkona. Der von Korvettenkapitän Fritz Labjon geführte Stab mit zehn Offizieren bezog im 1826/27 von Schinkel erbauten Leuchtturm seinen Gefechtsstand. Eine Baracke diente als Unterkunft. Das Kap-Areal um den Schinkelturm galt nun als militärisches Objekt. Es wurde eingezäunt und bewacht. Soldaten einer auf Kap Arkona stationierten sowjetischen Einheit hoben mit Schippe und Spaten Verteidigungsanlagen samt

Schützengräben aus. Deren Aufforderung, gleiches zu tun, lehnten die Angehörigen der Volksmarine ab. Die Mariner legten statt dessen Blumenrabatte an.

Um in die aktuelle Befehlslage eingewiesen zu werden, mussten die Kommandanten der Visasvis zum Fischerdörfchen Vitt vor Anker liegenden Marineschiffe mit Beibooten, Kutter K-10, an Land gerudert werden. Die Einweisung erfolgte dann direkt vor Ort in Vitt oder im Schinkelturm auf Arkona. Dieser tägliche Transit in der Tromper Wiek brachte der Volksmarine Klagen der Fischereigenossenschaft wegen beschädigten Stellnetzen ein. Eine Untersuchung ergab, dass die Fischer ihre Netze in Übungsgebiete verlegt hatten. Die letzten nautischen Berichtigungen in ihren Seekarten stammten aus dem Jahr 1952.

Zum Küstenabschnitt **D** mit Peenemünde als Marinebasis gehörten eine Abteilung von Räumbooten, Reedeschutzboote des Typs DELPHIN und TÜMMLER sowie Hilfsschiffe. Diese Kräfte unterstanden Kapitänleutnant Kurt Kästner. Nach einer Woche nahm die Volksmarine die Alarmstufe „VG" auf „EG" zurück, die verdeckt für einige Flottenkräfte noch bis Mitte Dezember bestehen blieb. Die Stäbe der Küstenabschnitte A-C-D wurden im September 1961 aufgelöst.

Warnschuss vor den Bug

In der damals in Ost und West geschürten Kriegshysterie und angespannten politischen Großwetterlage übertrug das SED-Politbüro den Soldaten der Volksmarine den Auftrag, die Seegrenze dicht zu machen. Fehlende Informationen bei der Umsetzung dieses Auftrages führten in jener Zeit zur ungenügenden Beachtung des internationalen Seerechts zur friedlichen Durchfahrt von Schiffen in See.

Am 14. August forderte der Kommandant eines MLR das im Seegebiet nördlich vor Rügen verkehrende westdeutsche Küstenmotorschiff (Kümo) ELIZABETH II auf zu stoppen. Das MLR setzte das entsprechende internationale Flaggensignal „L", eine gelb-schwarz übereck geteilte Flagge. Der Kümo-Kapitän, der offensichtlich nichts von den gesperrten DDR-Gewässern wusste, fuhr unbeirrt weiter. Daraufhin bat der MLR-Kommandant den Chef der 1. Flottille, Fregattenkapitän Werner Elmenhorst, per Funk um Feuererlaubnis. Diese wurde ohne Zögern erteilt. Mit zwei bis drei Feuerstößen aus der 25-mm-Zwillingsflak vor den Bug brachten die Marinesoldaten das westdeutsche Kümo zum Stoppen.

In dem Augenblick, als die Geschosse in See einschlugen, widerrief der Flottillenchef seine Feuererlaubnis. Dazu war es zu spät. Das MLR brachte einen Kutter K-10 zu Wasser. Ein Prisenkommando ruderte zum Kümo, um es zu durchsuchen. Ein von zwei bewaffneten Marinesoldaten begleiteter Seeoffizier stieg über und begab sich auf die Brücke zum Kapitän. Der war außer sich vor Wut und protestierte heftig. Kurz zuvor hatte er noch in das Mündungsfeuer des Kriegsschiffes geschaut. Nach Kontrolle der Bordbücher und der Ladung konnte der Kapitän seine Fahrt ohne Beanstandung fortsetzen.

Das MLR wurde anschließend sofort in den Stützpunkt Sassnitz befohlen. Der Chef des Stabes, Kapitän zur See Wilhelm Nordin, untersuchte den Fall mit dem Waffeneinsatz gegen ein ziviles westdeutsches Schiff. Die DDR-Nachrichtenagentur ADN verbreitete dann eine Kurzmeldung über eine angeblich von den Seestreitkräften abgewehrte Provokation in See.

Kontrollfahrt zu Vorpostenschiffen

Das Küstenschutzschiff (KSS) FRIEDRICH ENGELS der RIGA-Klasse lag mit anderen Booten im Bereitschaftsraum vor Sassnitz. Der Kommandant, Kapitänleutnant Dietrich Dembiany, erhielt den Befehl, die Marinebasis Peenemünde anzulaufen. Dort sollte er den Chef der Volksmarine, Konteradmiral Neukirchen, an Bord nehmen. In Höhe der Reede Insel Ruden kam der Admiral per Barkasse an Bord.

Der Flottenchef stellte dem Kommandant die Aufgabe, die in See entfalteten Vorpostenschiffe der Volksmarine von Osten beginnend in Richtung Westen abzufahren. Das betraf die Positionen nordöstlich Rügen in der Pommerschen Bucht, nördlich Hiddensee, nordwestlich Darßer Ort in Höhe der Tonnen 12 bis 14 am Seeweg 1 gelegen, östlich des Ausgangs Grönsund der dänischen Insel Falster, östlich der Insel Fehmarn Nahe der Tonne 6c im Fehmarnbelt sowie vor dem Fehmarnsund. Hierbei handelte es sich überwiegend um vor Anker liegende MLR des Typs HABICHT und KRAKE. Die Besatzungen hatten die Aufgabe, den Schiffsverkehr im befohlenen Seegebiet zu beobachten und aufzuklären. Es war Funkstille befohlen.

Im Verlauf der Fahrt quer durch die westliche Ostsee missfiel dem Marinechef, dass die Besatzung auf dem 1.168t großen KSS die eigenen und kleineren Schiffe meist eher ausmachte als umgekehrt. "Meine Signäler waren immer erfreut, wenn sie den Kontakt als Erste herstellten", erinnerte sich Dembiany.

Das KSS befand sich nördlich Rügen auf Kurs West, als drei Schnellboote der Bundesmarine mit rasanter Fahrt auf Gegenkurs liefen. "Ich (Kommandant Dembiany) beabsichtigte, die gegnerischen Schnellboote als Seeziele für eine Gefechtsübung zu nutzen. Ich löste an Bord Alarm aus. Als sich die beiden Buggeschütze in Richtung der Schnellboote drehten, brach über mich ein 'Donnergrollen' des Admirals herein. In scharfen Worten machte mir der Flottenchef klar, dass eine solche Handlung vom Gegner als Provokation aufgefasst werden kann. Meine Entgegnung, dass unsere Marineschiffe auf See diversen Provokationen von Schiffen und Seefliegerkräften der Bundesmarine ausgesetzt sind, beeindruckte Konteradmiral Neukirchen im konkreten Fall überhaupt nicht".

Nach Passieren des letzten Vorpostenschiffes im Fehmarnbelt befahl Neukirchen, Kurs in Richtung der Marinebasis Warnemünde zu nehmen. Er wollte an der sogenannten "Kreuzerpier" beim SHD von Bord steigen. Diese Pier war bei erhöhter Gefechtsbereitschaft für die großen KS-Schiffe frei zu halten. Auf der Fahrt dorthin brieste der Nordost-Wind auf. Er erreichte in der Nacht die Stärke 7.

Kapitänleutnant Dembiany hatte sich über die Signalstelle der 4. Flottille angemeldet und befand sich mit seinem KSS in der Ansteuerung von Warnemünde. "Im Seekanal laufend, musste ich mit Erstaunen feststellen, dass an der Pier ein Tanker der Volksmarine lag, der dort normalerweise nicht liegen durfte. Aber ich musste dort anlegen und gab entsprechende Signale. Ich leitete das Anlegemanöver ein. Die Besatzung des Tankers schien, trotz erhöhter Gefechtsbereitschaft, seelenruhig zu schlafen. Dort nahm keiner die Leinen vom KSS wahr. Mein lautes Schimpfen in der Nacht war umsonst. Um bei dem starken Wind nicht in den Seekanal abgetrieben zu werden, musste ich notgedrungen Ankern. Eine heikle Situation. Ich rief den vor dem SHD-Gebäude postierten Wachposten an und befahl ihm, dass er sich umgehend auf den Tanker begeben soll. Dort soll er die Leinen unseres Schiffes für das Anlegemanöver aufnehmen und diese dann fest machen. Flottenchef Neukirchen stand die ganze Zeit neben oder hinter mir. Er sagte kein Wort. Ich spürte, dass es in ihm kochte. So viel Pannen und Verstöße gegen Befehle, das konnte nicht gut gehen. Das wird ein Nachspiel, ein 'Donnerwetter' für den Chef der 4. Flottille und den Diensthabenden des SHD haben. Hinzu kam, dass kein Fahrzeug zur Abholung des Admirals auf der Pier bereit stand. So musste er in der Nacht durch das abgedunkelte Gelände bis zum Flottillenstab laufen, ca.

1km". Welches Donnerwetter dann zu Mitternacht über den Stab der 4. Flottille und seines Chefs herein brach, konnte man sich gut vorstellen.

Militärische Sicherung der Seegrenze

Einige Bootsbesatzungen der an der Küste dislozierten Grenzbrigade erfuhren in den frühen Morgenstunden aus dem Radio, dass mit Anbruch des Sonntags die Grenzen zu den Westsektoren in Berlin dicht gemacht wurden. Das Alarmsignal ließ nicht lange auf sich warten, dann stachen die Fahrzeuge der in Wismar, Saßnitz und Wick stationierten drei Bootsgruppen in See.

Im Zusammenwirken mit Schiffen der Volksmarine nahmen sie für einige Wochen den verstärkten Küstensicherungs- und Nahvorpostendienst auf. In Erwartung eines Drucks von DDR-Flüchtlingen auf die Seegrenze bezogen an der Küste von Boltenhagen bis Dornbusch auf Hiddensee ca. 12 bewegliche, d.h. auf einer Halse manövrierende Schiffe, eine Nahvorposten-Position in See. Diese vor allem nach innen gerichtete marinefremde Aufgabe, wurde kleineren Marinefahrzeugen, wie z.B. U-Jagd- und Räumbooten, übertragen. Der Aufgabenbereich der 12 Marine- und Hafen-Signalstellen erweiterte sich auf die Beobachtung des Strandstreifens sowie des Sport- und Kleinbootverkehrs.

Das seit 1952 an der DDR-Land- und Seegrenze bestehende Grenzregime wurde an der DDR-Ostseeküste (einschließlich innere Boddengewässer Halbinsel Wustrow, Darß, Usedom sowie der Inseln Poel, Hiddensee, Rügen) nunmehr durch einen Seegrenzschutz militärisch organisiert. In seinem Befehl Nr. 88/61 unterstellte der Minister für Nationale Verteidigung die 6. Grenzbrigade Küste (GBK) mit Wirkung vom 4. November 1961 operativ dem Chef der Volksmarine.

Zum Dienstalltag der 6. GBK gehörten: Verhinderung von Grenzdurchbrüchen vom Festland in die offene See, Verfolgung von Flüchtlingen in See, Küstenvorfeldüberwachung auf Beobachtungstürmen, nächtliche Scheinwerferattacken an den Ostseestränden mit 18 mobilen Scheinwerfern (Typ APM-90), Kontrolle von Fahrgastschiffen der Weißen Flotte, Küstenfischer und Häfen sowie die Überwachung des allgemeinen Verbots über den privaten Seesport in See- und Küstengewässern. Damit hatte die Volksmarine nichts im Sinn.

Schnellboot-Attacke gegen Minensucher URANUS

Drei Torpedoschnellbootabteilungen mit insgesamt 27 Booten des Projektes 183 lagen verteilt in den Häfen Darßer Ort, Sassnitz und Gager auf Rügen. Ab 13. August verlegte eine Abteilung für vier Monate in die Marinebasis Warnemünde/Hohe Düne. Die Vorentfaltung in Richtung Westen diente der besseren Seeaufklärung. Sie schuf nach Ansicht der Marineführung eine günstigere Ausgangsposition zur Führung eines Torpedoschlages gegen eventuell die DDR-Küste anlaufende Flottenkräfte der NATO.

Die Schnellboote hatten Torpedos mit Gefechtsköpfen an Bord. Im Rahmen der routinemäßigen Ablösung der Boote kam es am 24. September zur Begegnung mit dem westdeutschen Minensucher URANUS M 1099. Das Fahrzeug der SCHÜTZE-Klasse vom 5. Minensuchgeschwader in Neustadt befand sich auf einer Erprobungsfahrt im Seegebiet südlich Gedser Rev, etwa in Höhe des Ostseebades Wustrow vom Fischland Darß. Das 40-mm-Boforsgeschütz und die Räumausrüstung waren noch nicht an Bord. Plötzlich brausten zwei Bootsgruppen mit 13 Schnellbooten der Volksmarine heran. Die vom Hafen Darßer Ort kommende Gruppe fuhr der aus Warnemünde ausgelaufenen Gruppe zur Ablösung entgegen.

Die Schnellbootfahrer hatten den in freier See fahrenden Minensucher M 1099 bemerkt. Anstatt ein Boot zur Aufklärung abzukommandieren, führten beide Abteilungschefs ihre 13 Schnellboote im Gesamtverband an den Minensucher heran. Die Kommandanten der Schnellboote kamen auf die Idee, den Minensucher in rasanter Fahrweise zu attackieren, um dem "Klassenfeind" vor der "Haustür der DDR" eine Lektion zu erteilen. Die Schnellboote formierten sich in einer Zangenformation zum Scheinangriff und umkreisten den Minensucher. Einige Schnellboote hatten dabei ihre 25-mm-Doppellafette zeitweise auf den Minensucher gerichtet.

Angesichts der Drohkulisse in See stoppte der Minensucher M 1099. Er war dem hemmungslosen Treiben und dem dümmlichen Imponiergehabe einiger Schnellboot-Kommandanten der Volksmarine ausgesetzt. Die ahnten nicht, dass ihr provokatives Verhalten in See von einem Bordoffizier der URANUS gefilmt wurde. Die Begegnung dauerte 20 Minuten, dann drehten die Schnellboote wieder ab. Der Vorfall wurde per Funkspruch und im anschließenden Bericht beider Abteilungschefs als "formale Begegnung in See" verharmlost.

Einige Wochen später platzte dann die Bombe. Mitte Oktober 1961 brachte das Westdeutsche Fernsehen zur besten abendlichen Sendezeit einen Filmbeitrag über die einzigartige Begegnung des Minensuchers der Bundesmarine mit 13 Schnellbooten der Volksmarine im Seegebiet vor Wustrow. Im Film waren alle Details deutlich zu erkennen, das dauernde Umkreisen des Minensuchers durch die Schnellboote in geringer Distanz von nur 10 bis 20 Meter, die auf M 1099 gerichteten Geschütze der Schnellboote, ihre Boots-Nummern bis hin zu den Gesichtern der Schnellboot-Kommandanten.

Als Marinechef Neukirchen davon erfuhr, befahl er, vom Hauptstab der NVA im Ministerium für Nationale Verteidigung gedrängt, umgehende Aufklärung des Vorfalls in See. Er war sehr verärgert, weshalb er nicht zeitnah über den Vorfall informiert wurde. Neukirchen war u.a. darauf bedacht, die Marine vor jeglichem Schaden ihres Ansehens in der Öffentlichkeit zu bewahren. Er trat dem elitären "Schnellbootfahrergeist" und der teilweisen Arroganz von einigen übermotivierten Torpedoschnellboot-Kommandanten vehement entgegen. Bei wiederholtem Auftreten im Stile eines überzogenen "Eliteverhaltens" gepaart mit Disziplinarverstößen bestellte er die betreffenden Offiziere ins Kommando der Volksmarine ein.

Marinechef Neukirchen unterzeichnete den eiligst von Offizieren der Abteilung Aufklärung nachgereichten Bericht über die Begegnung der Schnellboote mit dem Minensucher URANUS. Nach Ansicht von Offizieren im Verteidigungsministerium und der Politischen Verwaltung der Volksmarine eignete sich der Inhalt jedoch nicht für die beabsichtigte Gegendarstellung. Die von den eignen Schnellbooten aufgenommenen Fotos waren für die Volksmarine so belastend, dass sie eher eine Bestätigung des gesendeten Filmbeitrags lieferten. Sie dokumentierten, wer hier wen im freien Seeraum provozierte. Man brauchte Beweismittel gegen den "Klassenfeind".

So erfuhr der ursprüngliche Bericht von Offizieren der Abteilung Aufklärung der Volksmarine in der Presseabteilung des Strausberger MfNV eine erstaunliche Wandlung. Aus der Begegnung der Torpedoschnellboote mit dem Minensucher in freier See wurde eine Verletzung der DDR-Territorialgewässer durch ein Fahrzeug der Bundesmarine, worauf die Schnellboote der Volksmarine zum Einsatz kamen. Archiv-Fotos aus früheren Begegnungen mit dem Minensucher dienten als Beweismaterial.

Der damalige Präsident der Volkskammer der DDR, Prof. Dr. Johannes Dieckmann, verlas dann eine "gemeinsame Erklärung der Regierung und

Volkskammer der DDR" im Staatsfernsehen. Die dem Ereignisverlauf in See widersprechende Darstellung diente der DDR-Regierung zur Legitimation der zuvor getroffenen Maßnahmen der Grenzsicherung.

Foren mit Marinechef

Unmittelbar nach Aufhebung der "Vollen Gefechtsbereitschaft" in der Volksmarine stellten sich der Chef der Volksmarine, Konteradmiral Neukirchen, und der Chef der Politischen Verwaltung, Kapitän zur See Wegner, auf Foren in der 1. Flottille in Peenemünde und Flottenschule in Parow den Fragen der Matrosen, Unteroffiziere und Offiziere zu den Maßnahmen des 13. August und zu den Aufgaben der Volksmarine. Parallel unterrichtete sich Neukirchen bei Besatzungen der Schnellbootskräfte über die Stimmung unter den Marinesoldaten.

Ausführlich berichtete das "Flotten-Echo" in seinen Ausgaben am 25. und 29. August 1961 unter der Schlagzeile "Aktuell-interessant-gefragt-beantwortet" über beide Foren. Obwohl die Marine-Zeitung für alle Angehörigen der Volksmarine gedacht war, hatte das Blatt als Sprachrohr der Politischen Verwaltung mehr Matrosenniveau. In den Berichten, Artikeln und Kommentaren dominierten politisch-ideologische Aspekte, eine Siegeseuphorie im Waffenbündnis des Warschauer Paktes sowie Feindsichten gegenüber den "westdeutschen Militaristen und Bonner Ultras". Dagegen reflektierten die zahlreichen und mitunter auch einzigartigen Fotos den Dienstalltag in den Seestreitkräften.

Auf beiden Foren spielte die militärische Bedrohung durch die NATO und ihrer Seestreitkräfte eine zentrale Rolle. Ganz abgesehen davon, dass die Bundeswehr und Bundesmarine nicht daran dachten, die DDR anzugreifen, unterstellte man dem Militär im Westen im damaligen Zeitgeist unverhüllt Aggressivität und Kriegsabsichten gegen die DDR.

Unter dem Eindruck dieses ständig propagierten Bedrohungsszenarios wollte ein Fragesteller wissen, ob die Volksmarine in der Lage ist, einen Angriff der westdeutschen Marine erfolgreich zu begegnen. Konteradmiral Neukirchen argumentierte, dass die "westdeutschen Militaristen ohne Zweifel eine starke Marine aufgebaut haben, deren Kern die amphibischen Streitkräfte unter Führung von Kapitän zu See Otto Kretschmer (erfolgreichster deutscher U-Boot-Kommandant, im "Flotten-Echo" als Fememörder bezeichnet) bilden. Wir haben sehr aufmerksam die Aufrüstung des westdeutschen Militarismus zur

See von ihren Anfängen an verfolgt und studiert. Wenn man rein zahlenmäßig unsere Volksmarine gegenüber stellt, könnte man rein formell sagen, die drüben sind stärker. Aber auch eine zahlenmäßig kleinere Flotte ist unter unseren Gegebenheiten in der Lage, einem an Zahl überlegenen Gegner im eigenen Küstenvorfeld eine entscheidende Abfuhr zu erteilen, wenn sie gut ausgebildet ist, wenn sie geschickt geführt wird, von einem offensiven Geist durchdrungen und von der Unbesiegbarkeit der eigenen Sache überzeugt ist". Diese Überzeugung resultierte im damaligen Zeitgeist "aus dem erfolgreichen Schlag, dem man dem Gegner in Berlin beibrachte".

Konteradmiral Neukirchen verglich in seinen Ausführungen die taktisch-technischen Eigenschaften von Schiffen und Booten gleichen Verwendungszwecks zwischen der Volksmarine und Bundesmarine. Ohne Neukirchen zu zitieren, würden entsprechend der Lesart im "Flotten-Echo" bei einem Vergleich beider Seestreitkräfte "unsere Schiffe sowohl den modernen Bedingungen entsprechen als auch ähnlichen Typen in der westdeutschen Marine überlegen sein".

Diese Ansicht entsprach wohl mehr dem Wunschdenken des verantwortlichen Redakteurs und den Hoffnungen von vielen Angehörigen der Volksmarine. Die Realität auf See war eine andere. Im Vergleich der vier KSS der RIGA-Klasse der Volksmarine mit den sechs Zerstörern der FLETSCHER-Klasse 119, den Schulfregatten (Klasse 138) GRAF SPEE, HIPPER, SCHEER, BROMMY, der Artillerieschulschiffe SCHARNHORST und GNEISENAU sowie den ab 1961 der Bundesmarine zulaufenden sechs Fregatten der KÖLN-Klasse 120 waren die Schiffe der Volksmarine waffentechnisch unterlegen. Diese Schieflage bestand auch unter Hinzurechnung der 12 russischen U-Jagdschiffe 201 M der Volksmarine.

Annähernd ausgeglichen war im Sommer 1961 der waffentechnische Vergleich bei den Schnellbootskräften. Hier standen sich 30 Schnellboote der JAGUAR- bzw. SEEADLER-Klasse 140/141 der Bundesmarine 27 Schnellbooten des Projekts 183 der Volksmarine gegenüber. Bei den Minenstreit- bzw. Suchkräften verfügte die Bundesmarine über 18 Küstenminensuchboote der LINDAU-Klasse 320 sowie 20 schnelle Minensuchboote der Klasse 359. Die Volksmarine verfügte über 12 MLR Typ HABICHT und 10 MLR Typ KRAKE sowie 42 Räumboote Typ SCHWALBE.

Neukirchen kannte dieses zahlenmäßige Kräfteverhältnisses zur See. Deshalb ergänzte das "Flotten-Echo" bzw. der verantwortliche Redakteur:

"Die entscheidende Überlegenheit über die westdeutsche Söldnermarine sind jedoch unsere politisch bewusst handelnden Kommandeure, Offizier, Maate und Matrosen".

Auf die Frage einer wachsenden Kriegsgefahr eingehend, erklärte Neukirchen, dass durch die Maßnahmen des 13. August 1961 eine gewisse Ernüchterung bei den Westmächten eingetreten sei. Auf beiden Foren verwies der amtierende Chef der Volksmarine, u.a. auf neuartige kleine Raketenträgerboote der Sowjetischen Seekriegsflotte. Diese, auf der Flottenparade im Juli 1961 in Leningrad erstmalig vorstellten Schnellboote waren den westlichen Beobachtern unbekannt. Neukirchen erwähnte, der "große taktische Wert kleiner Raketenträger wird besonders ersichtlich, wenn man bedenkt, dass z.B. ein Schnellboot einen Zerstörer viel eher ins Radarbild bekommt, als der Zerstörer das Schnellboot. Ein Raketenboot kann (im Gegensatz zum Torpedoschnellboot) bereits außerhalb der Reichweite der Funkmessstation des Gegners das Gefecht beginnen; und die Trefferwahrscheinlichkeit der Raketen garantiert den vollen Gefechtserfolg".

Ohne weitere Details zu nennen, zitierte die Marine-Zeitung Neukirchen mit den Worten "Die westdeutsche Marineführung hat Pech gehabt. Sie hat so schöne Zerstörer gebaut, und nun gibt es plötzlich Boote in der Ostsee, die in der Lage sind, diese schönen Zerstörer auf den Grund zu schicken, noch ehe sie das bekämpfende Boot zu Gesicht, geschweige unter Waffenwirkung bekommen haben". Schenkt man der Berichterstattung Glauben, so schwang in diesen Worten auch ein gewisser Triumpf mit.

Diese Argumentation und Neuigkeiten erregten unter den Zuhörern Aufmerksamkeit. Neukirchen vermied es, die unter großer Geheimhaltung nahezu zeitlich parallel in Baku und Leningrad angelaufene Ausbildung von 47 Offizieren der Volksmarine zur Vorbereitung auf die Übernahme dieser Raketenschnellboote des Projekts 205 zu erwähnen.

Der gemäß dem Befehl Nr. 213/61 des Ministers für Nationale Verteidigung angeordnete Sonderlehrgang in der UdSSR lief vom 1. September 1961 bis 31. Oktober 1962. Das Praktikum für das künftige Personal der Raketenschnellboote fand u.a. in Wladiwostok am Stillen Ozean statt. Bis zur Indienstellung der ersten beiden Raketenschnellboote des Projekts 205 in der Volksmarine sollten jedoch noch 15 Monate vergehen.

Propaganda-Schlagzeilen

Hinter den gegen die "Feinde des Sozialismus" gerichteten Schlagzeilen "Haie haben keine Chance", "Wir schlagen zu" und "Wachsam und gefechtsbereit!" in den August- und Septemberausgaben des "Flotten-Echo" verbargen sich in Wirklichkeit Einzelschicksale von flüchtenden DDR-Bürgern über die Ostsee.

Am 28. August versuchten zwei Bürger mit der Segelyacht MÖWE von Rügen aus nach Schweden zu gelangen. Sie wurden mit ihrem Boot in der Arkonasee vor Rügen aufgebracht.

Am 31. August wurde der Fischkutter WOG 9 (Wolgast 9) in See gestellt. An Bord befand sich eine nicht zur Stammbesatzung gehörende Person. Das Argument des Mannes, für einen erkrankten Kollegen kurzfristig eingesprungen zu sein, verschonte ihn nicht von der Verhaftung.

Ein Schwimmmeister und ein Kellner des Seebades Koserow auf Usedom versuchten Ende August per Ruderboot mit Außenbordmotor in Richtung Bornholm zu flüchten. Als Polizisten das Fehlen des Bootes am Anleger bemerkten, wurden beide mit ihrem Boot durch die Grenzpolizei in See gestoppt und verhaftet.

Bei dem Versuch, mit einem Schlauch- und Paddelboot in Richtung der Territorialgewässer der Bundesrepublik zu flüchten, stellten Soldaten der Grenzpolizei in der Lübecker Bucht fünf Berliner Bootsflüchtlinge.

Während ihres Ferienurlaubes in Warnemünde wurde eine Studentin der Freien Universität in Westberlin von der Grenzschließung überrascht. Sie plante, mit der Fähre nach Gedser auszureisen, um dann über Dänemark wieder nach Westberlin zu gelangen. Mitreisende erfuhren von dem Vorhaben. Die Studentin wurde verhaftet und wegen ihres "Grenzgänger-Daseins" zu 10 Monaten Gefängnis verurteilt.

"Gefechtsklar an der Seeflanke"

Am 22. September 1961 wurde nach 41 Tagen die Stufe der "Erhöhten Gefechtsbereitschaft" (EG) aufgehoben. Die Schiffe und Boote, Stäbe und Dienststellen kehrten zum normalen Dienstablauf zurück. Im Zusammenhang mit den Maßnahmen der Grenzschließung und verstärktem Gefechts- und Bereitschaftdienst kam es im August und September 1961 zu einem breit propagierten Aufschwung in der Wettbewerbs- und Verpflichtungsbewegung innerhalb der Volksmarine.

Initiator dieser von der SED- und FDJ-Organisation gesteuerten Bewegung war die Politische Verwaltung im Kommando der Volksmarine. Die routinemäßigen Herbstentlassungen bzw. Versetzungen in die Reserve standen bevor. Die allgemeine Wehrpflicht gab es noch nicht. Die hohen Anforderungen zur Gewährleistung der Gefechtsbereitschaft ließen sich nur durch die personelle Bereitschaft zur Dienstzeitverlängerung und Übernahme zusätzlicher Dienstaufgaben realisieren.

Der Zentralrat der FDJ startete eine landesweite Kampagne für den Wehrdienst in der NVA. Parallel setzte ein ideologischer Feldzug gegen die "aggressive Expansionspolitik der BRD" und "Kriegsbereitschaft der Bundeswehr" ein. Damit im Zusammenhang wertete der Warschauer Pakt das im August in der westlichen Ostsee, zum Teil vor der DDR-Küste laufende Seemanöver "Wallenstein IV" als Generalprobe für den Blitzkrieg im Ostseeraum. Dazu zählte auch das am 4. September anlaufende Seemanöver FRESH WATER mit dem atomaren Übungselement CHECKMATE.

Neben den propagierten Zustimmungserklärungen gegenüber den Grenzsicherungsmaßnahmen hatten die damaligen Aktionen demagogisch immer den Bezug zum Gegner, z. B. in der These "Bändigung des westdeutschen Militarismus". Selbst die Marinezeitung "Flotten-Echo" folgte in ihrem Schmunzel-Report "Aus unserer Backskiste — roter Pfeffer contra Brandt" diesem Ritual mit dem Abdruck von Witzen.

So z.B. "Der Vergleich: Am Brandenburger Tor. Auf einem Panzer der NVA sitzen Soldat Alex und Kurt. Randalierer versuchen Stimmung zu machen. Alex: Du Kurt, weißt Du unsere Panzer kommen mir jetzt wie Fernsehgeräte vor. Kurt: Wie kommst Du denn auf den Dreh? Alex: Siehst Du nicht, wie kräftig die bei uns in die Röhre kieken? Kurt: Na ja, aber kommst Du auch so in Wut, wie die da drüben, wenn Du vor der Röhre sitzt? Alex: Sicher, wenn es nicht programmgemäß geht!"

Seit Wochen lief in der Volksmarine die Kampagne "Gefechtsklar an der Seeflanke". In Vorbereitung auf den 12. Jahrestag der DDR startete die Jugendkommission der Politischen Verwaltung am 25. Juni 1961 die Aktion "Blaublusen greifen an mit Technik, Wissen und Tatendrang". Daraus entwickelte sich einige Tage vor dem 13. August 1961 die Wettbewerbsaktion "Blaublusen! Dem Feind keine Lücke".

Die Bewegung erfasste alle Schiffsbesatzungen und Dienstbereiche in der Volksmarine und Grenzbrigade. Sie war geprägt von Meldungen über Bestleistungen (4.083 Einzel- und 385 Kollektivverpflichtungen innerhalb von zwei Wochen) und der Unterbietung der Zeitnorm für die Schiffinstandhaltung oder Werftliegezeit (u.a. vier Wochen MLR MAGDEBURG). 3.000 Marinesoldaten absolvierten eine Fach-Qualifizierung in der Dienststellung oder für eine zweite Dienstfunktion. Gemeldet wurden zahlreiche SED-Beitrittserklärungen.

Die vom Zentralrat der FDJ nach dem 13. August 1961 initiierte Kampagne "Das Vaterland rief — wir kamen! Das Vaterland ruft — wir bleiben!" zielte darauf ab, all jene NVA-Angehörigen und Marinesoldaten für eine längere Dienstzeitverpflichtung zu gewinnen, deren Dienstzeit im Herbst ablief. Den Beispielen der Torpedoschnellboote WOLFGANG THIESS, WILLI SACHSE und FRITZ HECKERT und des Räumbootes BRANDENBURG, deren Besatzungen sich komplett für eine Dienstverlängerung bereit erklärten, folgten laut den Meldungen der Politischen Verwaltung angeblich 72 Prozent der im Herbst zur Entlassung stehenden Mannschaften.

Angesichts der immer stärker werdenden negativen Stimmung unter den Schiffsbesatzungen wegen der bis zum "Tag X" ausgesetzten Dienst-Entlassung, darf diese Anzahl von Verpflichtungen jedoch angezweifelt werden.

Aufruf MLR SCHWERIN

Als Schrittmacher im Rahmen des FDJ-Aufgebots "Gefechtsklar zur Bändigung der Bonner Ultras" fungierte das Minenleg- und Räumschiff SCHWERIN vom Typ KRAKE. Am 19. September 1961 veröffentlichte das "Flotten-Echo" auf einer Druckseite im A 3-Format den Aufruf der Besatzung: "Die Bonner Ultras werden Leine ziehn, wir schlagen zu — Schiff SCHWERIN".

Die Aktion lief direkt unter der Einflussnahme der Politischen Verwaltung. Sie wählte auch das Schiff aus, denn der Spruch reimte sich so schön auf den Namen des MLR. Der Chef der 4. Flottille, Kapitän zur See Johannes Streubel, nahm den Aufruf vom MLR-Kommandanten, Oberleutnant zur See Heinz Wolff, an Bord des Schiffes entgegen.

Unter der Schlagzeile "In höchster Qualität, durch gute Tat — gefechtsbereit für unseren Staat!" stellte sich die Besatzung 11 Aufgaben. Wie damals üblich, rangierten dabei politische Inhalte an erster Stelle. So u.a.: "Der politisch-ideologische Meinungsstreit wird so entwickelt, dass es für die bürgerliche Ideologie bei uns an Bord keine Lücke gibt." Dazu muss die Qualität der politischen Schulung verbessert werden. In den Gefechtsabschnitten sollen Themen debattiert werden, wie z.B. "Wer ist ein guter Deutscher ?" oder "NATO-Politik und Tanzmusik".

Die Besatzungsangehörigen verpflichteten sich, regelmäßig die "Aktuelle Kamera" und den "Schwarzen Kanal" des DDR-Fernsehens zu sehen. Die Matrosen und Unteroffiziere stellten sich Aufgabe: "Ihre militärische Bildung zu verbessern, um im Dienst an Bord gegenseitig ersetzbar zu sein". Sie verpflichteten sich: "Die Waffen- und Kampftechnik auf hohem Niveau zu pflegen". Durch "havarieloses fahren" sollten außerplanmäßige Werftliegezeiten vermieden werden. Die Ablegung der Aufgabe "B 3" (Minenräumen einzelboots- und rottenweise) wollte die Besatzung ausgezeichnet erfüllen und eine gefechtsnahe Ausbildung absolvieren. Die "Rationalisatoren- und Erfinderbewegung" (Bau Funktionsmodelle, Artillerie-Schießpolygon) hatte sich stärker an den Anforderungen der materiell-technischen Sicherstellung der Gefechtsbereitschaft zu orientieren. Auch die sinnvolle Freizeitgestaltung (Bordfeste, Treffen junger Talente) und die körperliche Ertüchtigung (See- und Kampfsport, Kraftsportmehrkampf) kamen in dem Aufruf nicht zu kurz.

Um diese Ziele zu erreichen, hatten der Kommandant und die GA-Kommandeure "eine einwandfrei funktionierende Dienstorganisation an Bord zu gewährleisten". Jeder Besatzungsangehörige führte einen persönlichen Kompass. Diese erhielten "ständig eine neue Orientierung zur Ausrichtung auf aktuelle Kampfziele".

Mit Abschluss des Ausbildungsjahres 1961 stellte sich die Besatzung das Ziel, "Bestes Schiff der Volksmarine" zu werden. Das ging dann auch in Erfüllung. Das MLR wurde mit der Verdienstmedaille der NVA in Silber ausgezeichnet.

Nicht wenige Seeoffiziere in der Volksmarine schmunzelten über diese politisch geprägte Kampagne des MLR SCHWERIN. Ihnen war klar, wer hinter dieser Aktion steckte. Der Kommandant avancierte in Teilen des Offizierskorps zum Hofnarr der Politischen Verwaltung. Er musste die Kampagne mit den erwarteten Erfolgsmeldungen durchstehen.

Die Inhalte des Aufrufes entsprachen eher selbstverständlichen Anforderungen im Borddienst. Darüber hinaus gehende Aufgaben und Ziele, eher auf die Truppenteil- und Verbandsebene bezogen, wurden der Besatzung des MLR SCHWERIN angedichtet. Nach dem Willen und Verständnis der Politischen Verwaltung, insbesondere von deren Chef, Kapitän zur See Rudi Wegner, erhielten die Aufgaben eine politische Argumentation dem Zeitgeist entsprechend.

Dem Aufruf des MLR SCHWERIN folgten weitere, wie z.B. das "Aufgebot der proletarischen Wachsamkeit" des U-Jagdschiffes BUSSARD (Typ 201 M) oder "neun Rammschläge für die Republik" der Einheit Hafenbau/technische Kompanie.

"Messe der Meister von Morgen" (MMM)

Einige Wochen später eröffnete Konteradmiral Neukirchen am 20. Oktober 1961 an der Offiziersschule in Stralsund die MMM der Volksmarine. An dieser Leistungsschau von Rationalisatoren und Erfindern in der Volksmarine beteiligten sich 126 Marineangehörige und Zivilbeschäftigte sowie 28 Kollektive mit 183 Exponaten. Gegenüber der MMM im Vorjahr 1960 mit lediglich nur 31 Exponaten bedeutet das eine Steigerung um das Sechsfache.

Im Mittelpunkt der Leistungsschau standen Exponate, Ideen und Neuerervorschläge (388) zur Verbesserung der Ausbildung. In seinem Eröffnungsreferat verwies Korvettenkapitän Joachim Münch auf "die Verschärfung der Kriegsgefahr durch die amerikanischen und westdeutschen Imperialisten" und die daraus resultierende Notwendigkeit für eine hohe Gefechtsbereitschaft.

Folgt man dieser damaligen politischen Argumentation, dann war der Gegner der eigentliche Motor für die MMM. Neukirchen sprach von der "Notwendigkeit, die Ausbildung und Ausbildungsbasis zu verbessern. Was wir brauchen, sind keine Phantasiemodelle, sondern naturgetreue Modelle eigener Schiffe und der NATO-Staaten, vor allem Westdeutschland." Er hob hervor, "dass sich unsere Genossen im Modellbau mit der Raketentechnik zu beschäftigen beginnen". Raketenmodelle sowie Polygone für den Schiffs- und Flugzeugerkennungsdienst dienten der Verbesserung der Anschaulichkeit in der Ausbildung. Sie erleichtern das Verstehen von technischen Vorgängen. Aus den "Bastlerkollektiven" müssen "Klubs junger Techniker" werden.

Parteipolitische Überfrachtung und Einmischung

Neben den Planungen über die Aufgaben im neuen Ausbildungsjahr 1961/62 gab es für die Offiziere des Marinestabes im Herbst 1961 noch einen weiteren Arbeits-Schwerpunkt. Der beinhaltete die Auswertung der Dokumente des

XXII. Parteitages der KPdSU. Der tagte vom 17. bis 31. Oktober 1961 in Moskau.

Stabsoffizier Ewald Tempel berichtete: "Diese unpopuläre parteipolitische Kampagne beschäftigte uns das ganze Winterhalbjahr und raubte den Fachabteilungen wertvolle Zeit der Stabsarbeit. Wir sollten uns den unerschöpflichen Ideenreichtum des XXII. Parteitages der KPdSU und der Beschlüsse des 14. Plenums des ZK der SED zu eigen machen. Es wurden Seminare in den Parteiorganisationen angesetzt, um den trockenen Stoff der uns bekannten Worthülsen und Drohungen an den Klassenfeind, zu verinnerlichen. Beim Gros der Marineoffiziere war der Sättigungsgrad zur Aufnahme dieser Ideologie erreicht. Zur Charakteristik der Propaganda-Ressorts in der NVA gehörte deren Unfähigkeit, dies zu begreifen. Die kostbare Zeit, die uns bei der Erfüllung der militärischen Aufgaben fehlte, wurde regelrecht im Dienst mit diesem Parteistoff abgegammelt.

Offen gezeigtes politisches Desinteresse konnte 1961 gefährlich werden. Die SED nutzte die damalige Umtauschaktion aller SED-Mitgliedsbücher, um die Partei von angeblich feindlichen Elementen zu säubern. Die proklamierte Wiederherstellung der Lenin'schen Normen des Partei- und Staatslebens endete für Offiziere meist bürgerlicher Herkunft oder Haltung mit dem Verlust ihrer SED-Mitgliedschaft. Anschließend wurden sie aus dem aktiven Dienst der NVA entlassen. Durch diese Partei-Aktion verbreitete sich im Offizierskorps existenzielle Unsicherheit, die bis ins Jahr 1962 anhielt. Dieser materielle Knüppel der SED war in meiner gesamten Dienstzeit bis 1989 in irgendeiner Form immer wieder bedrückend spürbar".

Zu Beginn der 60er-Jahre setzte ein immer stärker werdender Einfluss der Partei (SED) in die militärischen Belange des Dienstalltages auf den Schiffen und Booten, in Landeinheiten, Stäben und Lehreinrichtungen ein. So z.B. wurde in der Volksmarine das "Zeremoniell der Manöverkritik" noch bis hinein in die 60er-Jahre nach traditioneller Überlieferung durch die ehemaligen Offiziere der Kriegsmarine gepflegt und unter der Regie von Stabschef bzw. Marinechef Konteradmiral Neukirchen gehandhabt. Der Flottenchef bzw. Kommandierende der Übung bzw. des Seemanövers traf sich nach Abschluss der Übungshandlungen mit den Kommandanten und Abteilungschefs zu einem ersten auswertenden Gespräch. In dieser Ad hoc-Auswertung kamen gute, aber auch weniger gelungene taktische Handlungen der teilnehmende Kräfte und ihrer Kommandeure zur Diskussion. Kritiken und Vorschläge blieben in der Auswertung nicht ausgespart.

Etwa ab Mitte der 60er-Jahre erhielt diese Auswertung zunehmend ein sozialistisches Profil. Politisch motivierte Polemik und die Überbewertung der Arbeit der SED- und FDJ- Organisationen gewannen an Bedeutung. Im Vordergrund rückte eine ideologische Agitation in der Bewertung von taktischen und operativen Übungsphasen. Diese Praxis stand im Gegensatz zu der früheren, unter Neukirchen geführten traditionellen "Manöverkritik".

An Stelle der rein fachlichen "Manöverkritik" fand nunmehr ein Themen- und artfremdes "mitreißendes" politisches Kampfmeeting statt. Die Schiffsbesatzungen nannten sich fortan Kampfkollektive. Der Schiffskommandant avancierte zum Leiter des Kampf-Kollektivs, d.h. seiner Besatzung. Aus den "operativ-taktischen Konzept" der Gefechtsausbildung eines Schiffes bzw. Verbandes wurde ein "politisch-ideologisches Gemenge". Nunmehr rückten Treueschwüre an die SED und die sowjetischen Waffenbrüder sowie verbale Drohungen an den Klassenfeind in den Vordergrund der Auswertung. Das Musikkorps der Volksmarine lieferte dazu häufig die kulturell-musikalische Umrahmung.

Im Stab der Volksmarine wurde die "operative Manöverkritik", wie Ewald Tempel rückblickend berichtete, "zunehmend von anderen Kriterien bestimmt. Der traditionelle, von Neukirchen eingeführte Terminus ging in der operativen Führungsebene ab Mitte der 60er-Jahre schon bald verloren. Kritik und Diskussionen über Ablauf und Ergebnisse der Übung oder Gefechtsausbildung gerieten in den Hintergrund. Es wurde doziert und geschönt. Der Leitende des Manövers bzw. der Übung referierte allgemein zum Ablauf der Übungshandlungen. Die Ergebnisse waren überwiegend auf Erfolge fixiert. Sein geschöntes Referat setzte sich aus Zuarbeiten der Politischen Verwaltung, an der Übung beteiligten Fachabteilungen und dem Redenschreiber selbst zusammen. Diese Beiträge waren entsprechend ihrer Herkunft eine Mischung aus Selbstdarstellung, Ideologie, Hasstiraden auf die NATO und ein dem damaligen Zeitgeist entsprechenden vorauseilenden Gehorsam".

Nach den Erinnerungen von Tempel bildete "die politische Lage in Europa den Auftakt des Referats. Diese Aussagen bestanden aus aktuellen Halbwahrheiten, einer Lobpreisung der sowjetischen Friedenspolitik und aus Schuldzuweisungen an die Bonner Militaristen, die NATO und USA. Aus der unterstellten Aggressionsvorbereitung der NATO wurde eine stets hohe Gefechtsbereitschaft der Volksmarine beschworen, selbst an Wochenenden und Feiertagen. Fehlen durften nicht die Phrasen vom siegreichen Sozialismus und die unverbrüchliche Waffenbrüderschaft zur Sowjetischen und Polnischen Seekriegsflotte. Ausführlich wurde die hervorragende Arbeit der Partei (SED)- und Politorgane vor und während der Übung dargelegt. Häufig kam es zur Verlesung eines zuvor initiierten Kampfaufrufes eines Schiffes. Dem schloss sich, wie im Sommer/Herbst 1961 geschehen, die gesamte Flotte mit Willensbekundungen und Zustimmungserklärungen an. Vorbereitete Wortmeldungen aus Verbänden oder Truppenteilen mündeten häufig in substanzlose Verpflichtungen zu Ehren irgend einer ZK-Tagung oder eines bevorstehenden Parteitages der SED. Erst danach folgten Wertungen von Übungselementen und Leistungen der an der Übung beteiligten Stäbe, Verbände, Truppenteile usw. Kritik an operativ-konzeptionelle und Führungsfragen war meist tabu. Das hätte die Koalition bzw. Leitung der Übung beschädigt. Es blieb häufig bei Unverbindlichkeiten, wie z.B. die Verbesserung der Taktik und des Zusammenwirkens der Kräfte, Probleme der Luftabwehr usw. Stereotyp folgte immer die Mahnung, die Organisation der Luft-, Minen- und U-Bootabwehr weiter zu vervollkommnen".

Zu dieser von Tempel getroffenen Einschätzung gelangte auch Fritz Minow in seiner Analyse "Die operative und Gefechtsausbildung der Seestreitkräfte" ("Die Volksmarine der DDR", 1999).

Zum Abschluss der Übungs-Auswertung kam es zur Verlesung von Befehlen über Auszeichnungen und Belobigungen. "Der Soldatenspruch über die Bomben und Orden, die im Hinterland fallen und meist immer Unschuldige treffen", fand nach Erinnerung von Ewald Tempel immer wieder seine spöttische Bestätigung. Dieses zu Beginn der 60er-Jahre einsetzende Szenario im Verlauf von Übungen, kommt dem Autor trotz seines späteren Dienstbeginns 1968 aus eigenem Erleben sehr bekannt vor. Diese beschriebene Praxis erfuhr mit Konteradmiral Hans Hess als Chef der Politischen Verwaltung in den 80er-Jahren seine Perfektion.

6.3. Das Jahr 1962 im Zeichen der Kubakrise

Im Januar 1962 veröffentlichte die Zeitung "Flotten-Echo" ein Interview mit dem Chef der Volksmarine Konteradmiral Neukirchen. Das vom Chefredakteur Kapitänleutnant Martin Küster geführte und auf der Titelseite veröffentlichte Interview trug die Überschrift "Aufgaben der Volksmarine 1962". Auffallend sind die darin angeblich von Neukirchen geäußerten politischen Inhalte mit der daraus abgeleiteten militärischen Aufgabenstellung.

"Die Hauptaufgabe der NVA im Jahr 1962 besteht darin, den siegreichen Aufbau des Sozialismus in der DDR und die Durchsetzung eines deutschen Friedensvertrages militärisch zu sichern. Der Versuch einer Kriegsprovokation in der Ostsee ist im Keim zu ersticken und der Aggressor selbst vernichtend zu schlagen".

Laut der Aussage von Neukirchen erfordere "der komplizierte Charakter eines zukünftigen Krieges höhere Aufgaben für die politische und militärische Erziehung der Angehörigen der Volksmarine". Zu diesem Zeitpunkt ahnte er noch nicht, dass sich durch die sowjetische Raketenstationierung auf Kuba die Weltlage im Herbst 1962 am Rande eines Krieges bewegen würde.

Die damals in der DDR diskutierte nationale Frage könne laut dem Artikel nur gelöst werden "durch Überwindung der Herrschaft des Imperialismus in Westdeutschland", was nahezu einem Zeitungsaufruf für eine Revolte gleichkommt. In dem Interview wurde Neukirchen u.a. damit zitiert: "Wir brauchen junge Patrioten unserer sozialistischen Heimat, unerbittliche Feinde der westdeutschen Militaristen und ihrer Söldner. Wir brauchen junge Sozialisten, die mit klarem Kopf und heißem Herzen und guten seemännischen und technischen Kenntnissen bereit sind, unser sozialistisches Vaterland, die Deutsche Demokratische Republik zu verteidigen".

Diese Ausdrücke gegenüber dem Gegner und politischen Akzente in den eher sonst sachlichen Ausführungen von Neukirchen sind neu und zugleich fremd. Ob er das tatsächlich so gesagt hat, darf bezweifelt werden. Neukirchen vermied ansonsten jegliche Feind-Agitation. Seine einstige Fähigkeit, mit oder gegen den Zeitgeist zu argumentieren, schwächte sich jedoch mit zunehmender Hinwendung zur SED ab.

Nach diesen, der Zeitgeschichte geschuldeten Phrasen kam Neukirchen auf die Anforderungen in der Volksmarine zu sprechen. Die Angehörigen der Volksmarine müssen die "moderne Kampftechnik immer besser beherrschen, um den Anforderungen eines modernen Raketen-Kernwaffenkrieges gerecht zu werden".

An die Adresse der Kommandeure stellte Neukirchen die Forderung: "die gefechtsnahe Ausbildung durch Erschwernisse (grober Seegang, schlechte Sicht, künstliche Störungen an Bord, Wassereinbrüche usw.) zu verbessern.

Die Gefechtsbereitschaft erfordere hohe Normen. Dazu ist die 100-prozentige personelle und materielle Auffüllung sowie Einsatzbereitschaft zu gewährleisten. Die Stäbe haben eine ständige wirksame Hilfe sowohl in der Anleitung als auch Durchführung der Gefechtsausbildung zu leisten. Die Vorgesetzten haben die Einheit von politischer und militärischer Führung zu wahren".

Auffallend ist, dass in der Wiedergabe des Interviews immer zuerst der politische Aspekt angeführt wurde. Das gibt wiederum die Handschrift der Politischen Verwaltung zu erkennen. So u.a. auch in der Hervorhebung der führenden Rolle der SED sowie den Anforderungen an die SED- und FDJ-Grundorganisationen. Folgt man dieser Logik im Denken, dann hätten die vielen in 1962 registrierten Pannen und Havarien in der Volksmarine ihre Ursachen in einer ungenügenden Arbeit der SED- und FDJ-Organisationen.

Durch diese sich jährlich wiederholenden Anforderungen an eine hohe Gefechtsbereitschaft, die permanente Übungsmanie und hohe personelle Dienstanwesenheit selbst an Wochenenden, übte sich die Volksmarine allmählich kriegsmüde.

Nothafen Darßer Ort

Neukirchen setzte 1962 den Ausbau des Nothafens Darßer Ort für Schnellbootskräfte inmitten des Naturschutzgebietes durch. Neukirchen erkannte, falls es den Schnellbootskräften in der 6. Flottille nicht gelingen sollte, nach der Alarmierung sofort ihre geplanten Bereitstellungsräume vor der Küste einzunehmen, saßen die Boote in ihrem Stützpunkt Bug-Dranske in der Falle.

Trotz Einwände von Naturschützern wurde ein Teil des Otto-Sees zum temporär nutzbaren Militärhafen für die Volksmarine ausgebaut. Der etwa 4,3 ha große Hafen lag 0,8sm südlich von der als "Darßer Ort" bezeichneten Nordspitze der Darß-Halbinsel an der Ostseite dieses Nehrungshakens. Er befand sich in Leeseite von Darßer Ort und bot somit auch Schutz gegen die häufigen Westwinde. Nördliche und östliche Winde führten zur Versandung der Hafeneinfahrt. Um diese passierbar zu halten, musste die Fahrrinne in zeitlichen Abständen ausgebaggert werden. Zur Umleitung der Strömungen wurde nahe der Hafeneinfahrt eine Buhne sowie eine stabilisierende Spundwand und beiderseits der schmalen Fahrrinne zwei Sandfallen angelegt. Die Pier- und Steganlagen bestanden vorwiegend aus Holzkonstruktionen.

Im Mai 1962 wurde der neu eingerichtete Manöverstützpunkt im Beisein des Chefs der Volksmarine und des Ministers für Nationale Verteidigung seiner Bestimmung übergeben.

Während meiner Borddienstzeit auf einem U-Jagdschiff Typ 201 M bot sich 1973 die Möglichkeit, einen Zwischenstopp in diesem Nothafen einzulegen. Mit unserem Tiefgang von ca. 1,90m schlichen wir förmlich durch die enge Fahrrinne. Beim Ein- und Auslaufen musste man wegen des flachen Wassers höllisch aufpassen, dass die rotierenden Schiffspropeller nicht das Seewasser unter dem Bootskörper weg sogen. Einige Boote hatten hier schon Erfahrungen mit Grundberührungen gemacht. Trotz der am Schiffsheck sichtbaren grau-gelblichen Verfärbung des Seewassers ging alles gut. Außer einer reichlichen Pilzvielfalt gab es im Sperrgebiet nichts Interessantes zu sehen. Alles wirkte auf die Besatzungen sehr spartanisch.

Kriegsgefahr

Im Sommer 1962 rückte die Ostsee mit ihren Meerengen der Sund- und Beltzone in den Fokus einer besonderen militärischen Aufmerksamkeit der NATO und des Warschauer Paktes. Den Anlass lieferte die UdSSR. Ab Juni 1962 wurden einige ihrer baltischen Seehäfen zur Ausgangsregion der vom sowjetischen Staatschef Nikita S. Chruschtschow abgesegneten geheimen Militäroperation "Anadyr". Die Armada der mit Militärtechnik beladenen sowjetischen Handels- und Transportschiffe in Richtung Kuba durchlief u.a. die Ostsee und passierte die Ostseeausgänge mit Kurs Atlantik. (Pfeiffer, in: "Gegner wider Willen. Konfrontation von Volksmarine und Bundesmarine in See")

Die Volksmarine verfügte durch ihre Seeaufklärung in der Ostsee im Sommer 1962 über Informationen und reichliches Fotomaterial, die außergewöhnliche sowjetische Seetransporte in der Ostsee dokumentierten. Die Kommandanten der eingangs des Fehmarnbelts vor Anker liegenden Vorpostenschiffe und der, auf den Schifffahrtswegen der Ostsee operierenden Schiffe der Volksmarine berichteten in Bild und Text über die im Juli und August auffälligen sowjetischen Schiffspassagen in Richtung Großer Belt. In den Berichten liefen die Auffälligkeiten unter der Rubrik "Besonderheiten auf See".

Auffallend waren die vielen, sich ohne erkennbaren Aufgabenbereich an Oberdeck der Frachter aufhaltenden kahlköpfigen jungen Männer. Für den NVA-Angehörigen waren diese Passagiere an Bord klar als russische Soldaten erkennbar. Die an Oberdeck nur zum Teil mit Planen verdeckte Ladung von landwirtschaftlichem Gerät und Industrieanlagen wollte nicht zum Militär an Bord passen. Die Vorlage der Beobachtungsergebnisse stieß bei der Marineführung und Abteilung Aufklärung auf großes Interesse.

Die wohlwollende Akzeptanz der mit Fotos belegten Meldungen "legalisierte" die Berichterstattung der Kommandanten über die sonderbaren Flottenaktivitäten der UdSSR. Die Seeaufklärung orientierte sich zunächst spontan, dann aber zielgerichtet in eine nicht zuvor erlaubte Richtung. Die Volksmarine hatte auf einen Verbündeten ein wachsames Auge. Sie wurde unbeabsichtigt "stummer Augenzeuge" einer drohenden militärischen Eskalation zwischen der UdSSR und den USA.

Auch die dänischen Soldaten der Luft- und Seeraumbeobachtung auf der Eingangs des Großen Belt gelegenen Insel Langeland (Langeland Fort, Marine-Signalstelle Fakkebjerg) lieferten der NATO-Aufklärung Informationen über den dichten Strom der tief im Wasser abgeladenen sowjetischen Transportschiffe und Tanker. Westliche Geheimdienste fanden heraus, dass die Soldaten neben Kanonenöfen auch textile Polarausrüstung (u.a. Felljacken) mit sich führten. Mit diesem arktischen Bezug der Tarnung "Kurs Nordmeerregion" glaubte man, die NATO und USA täuschen zu können.

Westdeutsche Tageszeitungen berichteten im August über die geheime Stationierung sowjetischer Soldaten samt Militärtechnik auf der Karibikinsel. Die Offiziere der Aufklärung der Volksmarine werteten all diese Informationen aus. Man gelangte zu der Erkenntnis, dass im Gegensatz zu den offiziellen Verlautbarungen der UdSSR die russischen Schiffe in ihren Frachträumen Militärtechnik geladen hatten. Aus der intern in der Volksmarine geführten Rubrik "Besonderheiten in See" entwickelte sich eine geheime Chronologie über Daten und Fotos der getarnten Truppenverlegung auf dem Seeweg, der Operation "Anadyr".

Flottenbesuch in Leningrad

Fast zur gleichen Zeit, als sich die mit Militärtechnik und Truppen beladenen sowjetischen Frachtschiffe aus ihren baltischen Häfen Kronstadt, Liepaja und Baltijsk mit Kurs West in Richtung Kuba auf den Weg machten, fuhr ein Flottenverband der Volksmarine mit entgegen gesetztem Kurs nach Leningrad. Ein unter dem Kommando von Konteradmiral Heinz Neukirchen stehender Verband der Volksmarine weilte vom 22. bis 28. August 1962 zum ersten offiziellen Flottenbesuch in der UdSSR in Leningrad. Zur Schiffsgruppierung gehörten das Küstenschutzschiff KARL LIEBKNECHT der RIGA-Klasse sowie die drei Minenleg- und Räumschiffe MAGDEBURG, HALLE und ROSTOCK vom Typ KRAKE.

Die Schiffe begegneten sich förmlich auf der Ostsee. Die Besatzungen der Volksmarine ahnten nicht, dass die sowjetischen Transporter und Tanker Vorboten eines drohenden atomaren Weltkrieges sein werden. Konteradmiral Neukirchen war über die massiven sowjetischen Flottenbewegungen in der Ostsee mit Kursrichtung Großer Belt, Kattegat und Skagerrak gut informiert. Die in leitenden Stabsfunktionen der Volksmarine tätigen Offiziere, meist erfahrene Offiziere der Kriegsmarine, hatten ein Gespür für die aufziehende militärische Gefahrensituation. Wie ein routinemäßiges Seemanöver sah das nicht aus. Die getarnten Militärtransporte erreichten im August 1962 ihre höchste Intensität. Ungewollt bestätigte die DDR-Nachrichtenagentur ADN die Vermutungen des Admirals, dass die Amerikaner auf Kuba den Beweis für die Raketenstationierung suchten. Empört berichtete die Presseagentur über die 76-fache Verletzung des kubanischen Luftraums durch amerikanische Aufklärungsflugzeuge im Juli 1962.

Mit diesem Wissen trat Konteradmiral Neukirchen seine Fahrt nach Leningrad an. Diplomatisch vorbereitet und begleitet wurde der Flottenbesuch vom damals amtierenden DDR-Militärattache in der UdSSR, Oberst Rolf Franke. Er nutzte die ihm zugänglichen Informationsquellen, um den Chef der Volksmarine über die Lage auf der Karibikinsel in Kenntnis zu setzen.

In Kronstadt einlaufend feuerte das Flaggschiff KARL LIEB-KNECHT traditionell zur Begrüßung 21 Schuss Salut aus einem der beiden vorderen 100-mm-Geschütze. Der vor Kronstadt liegende sowjetische Artillerie-Kreuzer KIROW antwortete mit 21 Salutschüssen. Geschützdonner hallte über die Newa.

Im Verlauf seiner in Leningrad und Moskau geführten Gespräche blieb Konteradmiral Neukirchen nicht verborgen, dass das Oberkommando der sowjetischen Seekriegsflotte etwas zu verbergen hatte. Im Gespräch mit dem 1. Stellvertreter des Oberkommandierenden der Seekriegsflotte der UdSSR, Admiral W. A. Fokin, am 25. August in Moskau, erfuhr der DDR-Repräsentant im Stil der kommunistischen Propaganda die alt bekannten irreführenden Halbwahrheiten. Die sowjetische Staats- und Armeeführung verschwieg, dass sie damit begonnen hatte, auf Kuba sowjetische Soldaten zu stationieren und Raketenabschussbasen mit atomaren Gefechtsköpfen zu installieren. Die

Volksmarine besuchte im August 1962 das "Mutterland des Kommunismus", dass seinen Bündnispartner über die Hintergründe der massiven Flottenbewegungen täuschte.

Dafür bat Admiral Fokin den Chef der Volksmarine um einen Informationsaustausch zu den Aktivitäten der NATO-Streitkräfte in der westlichen Ostsee und den Ostseeausgängen. Neukirchen war von diesem plötzlichen Interesse nicht überrascht. Ihm war klar, dass die sowjetische Militärführung sehr aufmerksam eventuelle Gegenaktivitäten der NATO im Verlauf der geheimen Militäroperation der UdSSR beobachtete. Zur Seeaufklärung brauchte man den Verbündeten, die Volksmarine. Die Anwesenheit des Flaggschiffes der 2. US-Flotte NEWPORT im August 1962 in Kiel beunruhigte die Führung der Baltischen Flotte. Auf dem Kreuzer hatte sich Vizeadmiral I.M. Tayler eingeschifft. Die Sowjets befürchteten Absprachen der NATO zur etwaigen Sperrung der Ostseeausgänge durch die NATO-Seestreitkräfte. Dann wäre der getarnte Transit sowjetischer Handelsschiffe aus den Ostseehäfen heraus in Richtung Kuba unmöglich geworden.

Flottenübung

Vom 24. September bis 3. Oktober 1962 absolvierte die Volksmarine eine Flottenübung. Sie stand unter der Leitung von Konteradmiral Neukirchen. Schwerpunkt bildeten "Handlungen der Volksmarine im Bestand der Vereinten Ostseeflotten im Interesse der Vorbereitung und Durchführung einer Operation zur schellen Inbesitznahme der Sund- und Belt-Zone". Nach Herstellung der Gefechtsbereitschaft und Lösung von komplexen taktischen Aufgaben wurde die Aufrechterhaltung eines günstigen operativen Regimes zur Verteidigung des Küstenvorfeldes geübt. Letztmalig stand dabei die Abwehr einer taktischen Seelandung aus Richtung Fehmarn auf den Küstenabschnitt westlich Warnemünde auf dem Operationsplan. Die Handlungen der Volksmarine waren Teil einer gemeinsamen Übung der Vereinten Ostseeflotten des Warschauer Paktes, der Gruppe der sowjetischen Streitkräfte in Deutschland, der NVA und polnischen Streitkräfte. Die Übung fand bis 6. Oktober in "Baltyk Odra" vor der polnischen Ostseeküste ihre Fortsetzung. Im Verlauf der Flottenübung verlor die Volksmarine am 30. September 1962 im Seegebiet zwischen Warnemünde und Gedser eines ihrer 36 Räumboote vom Typ SCHWALBE (Pfeiffer, in: "Seestreitkräfte der DDR. Abriss 1950 bis 1990", Seite 104-111).

Lob an Kampfschwimmer

Im Rahmen der von Konteradmiral Neukirchen geleiteten Flottenübung wurde das Kampfschwimmer-Kommando zu einer Demonstrationsübung eingesetzt. Eine Gruppe mit vier Kampfschwimmern sollte eine im Manöverstützpunkt Darßer Ort aufgestellte Raketenabschussrampe sprengen. Eine Zweiergruppe hatte den Auftrag, den dort stationierten schwimmenden Gefechtsstand H-22 des Chefs der Volksmarine unbemerkt anzutauchen, um eine Sprengladung (Attrappe) anzubringen.

Im Morgenrauen kamen die Männer im angelegten Neopren-Tauchanzug samt Ausrüstung mit einem Kutter bis zu einer Distanz von etwa 1sm zur Hafeneinfahrt Darßer Ort heran. Dann tauchten sie unbemerkt ab. Den Kampfschwimmern boten sich in dem flachen und trüben Hafenwasser äußerst schlechte Sichtverhältnisse. Es gelang der Viererfruppe, eine 25kg Sprengladung samt Zeitzündschnüre an die Attrappe der Raketenabschussrampe unbemerkt von den Wachposten anzubringen. Wenig später krachte es.

Neukirchen, der mit weiteren Stabsoffizieren auf dem Oberdeck von H-22 stand und die Explosion beobachtete, war zum Teil zufrieden. Er vermisste die Attacke der Kampfschwimmer, die seinen Gefechtsstand in die Luft sprengen sollten. Bevor er seinen Unmut 'donnernd' Luft machen konnte, entgegnete ein Stabsoffizier: "Die Kampfschwimmer sind schon wieder weg. Sie haben, wie vereinbart gegen die Bordwand geklopft und sich dann davon gemacht". Jetzt war Neukirchen zufrieden. Er lobte den Kommandeur des Kampfschwimmerkommandos, Kapitänleutnant Kurt Schulz, für den gelungenen Einsatz seiner Männer.

Im Alarmzustand

Wegen der von der UdSSR auf Kuba betriebenen geheimen Raketenstationierung von strategischen und taktischen Atomwaffen sowie von Flugabwehrstellungen richtete US-Präsident John F. Kennedy am 22. Oktober 1962 eine unmissverständliche Warnung an den sowjetischen Staatschef Chruschtschow. Von 114 sowjetischen Schiffen, die mit Kriegsgerät und Truppen nach Kuba unterwegs waren, hatten 94 Schiffe ihr Ziel erreicht. Weitere 35 Schiffe befanden sich auf dem Seeweg in Richtung Kuba. Die USA versetzten ihre Luft- und Seestreitkräfte in erhöhte Einsatzbereitschaft. Am 24. Oktober verhängten die USA eine Seeblockade über Kuba. Sowjetische Marine- und Handelsschiffe, die sich der von den USA errichteten 500 Seemeilen "Quarantäne"-Grenze um Kuba näherten, mussten stoppen.

Um 16 Uhr des 23. Oktober löste der Oberkommandierende des Warschauer Paktes für seine Armeen und Flottenkräfte Alarm aus. Wenig später befahl der damalige Vorsitzende des Nationalen Verteidigungsrates der DDR, Walter Ulbricht, "Erhöhte Gefechtsbereitschaft" (EG) für die NVA. Aus dem täglichen Dienst heraus verlegten die Offiziere im Kommando der Volksmarine und in den Flottillenstäben ad hoc am Nachmittag des 23. Oktober in die für den Alarmfall eingerichteten dezentralisierten Führungsstände.

Kapitänleutnant Ewald Tempel, der damals im Kommando der Volksmarine seinen Dienst versah, beschrieb die Situation: "Die gefühlte Atmosphäre an diesem Nachmittag war sehr frostig. Mehrfach auf einen plötzlichen Alarm getrimmt, handelten wir schnell und diszipliniert. Doch die uns plötzlich klar gewordene, den Weltfrieden bedrohende internationale Lage, löste bei vielen neben Kriegsangst auch sorgenerfüllte Gefühle über die zurück bleibenden Familien aus. Trotz fehlender Informationen ahnte wohl jeder von uns, diesmal den äußerst ernsten Hintergrund des Alarms. Doch Kuba war für uns fremd und weit entfernt. Ein pro-kubanisches Solidaritätsgefühl kam nicht auf und wurde auch nicht von der Marineführung gefordert".

Der Alarmzustand in der Volksmarine wurde bis zum 21. November aufrecht gehalten. Soldaten, die sich im Urlaub befanden, erhielten per Telegramm Order, sich sofort zum Dienst in ihrer Einheit zu melden. Die für den 1. November vorgesehene Entlassung eines Drittels der Soldaten im Grundwehrdienst wurde auf unbestimmte Zeit verschoben. Neben der gefechtsmäßigen Entfaltung ihrer Schiffschlag- und Sicherungskräfte hatten die Vorposten- und Aufklärungsschiffe der Volksmarine eine lückenlose Überwachung der im strategischen Raum Ostseeausgänge operierenden NATO-Seestreitkräfte durchzuführen. Die Schiffe der Volksmarine befanden sich in Gefechtsbereitschaft bzw. Bereitschaftsstufe I. Sie verlegten in küstennahe Bereitschaftsräume, u.a. in die Tromper Wiek.

Mit der Alarmauslösung erfolgte auch die Dezentralisierung aller 27 Boote der Torpedoschnellboot-Brigade der Volksmarine. Neun Boote der 2. Torpedoschnellboots-Abteilung verlegten von Gager auf Rügen zum Manöverhafen Darßer Ort. Dort lag bereits das Stabs- und Führungsschiff H-02 des Chefs der Volksmarine. Auch einige der erst vor drei Monaten in Dienst gestellten kleinen Landungsboote vom Projekt 46 hatten hier im Hafenbecken festgemacht.

Die in Barhöft stationierten neun Boote der 4. Torpedoschnellboots-Abteilung verlegten mit einem Wohnschiff auf die Halbinsel Bug/Rügen. Sie hatten am Holzanleger nördlich des Blewser Hakens am Wieker Bodden fest gemacht. Einen Marinestützpunkt gab es hier zu diesem Zeitpunkt noch nicht. Der ehemalige Seefliegerhorst ähnelte einer Trümmerlandschaft. Bis im Mai 1945 waren hier das 126. Seeaufklärungsgeschwader, die Bordfliegergruppe 196 der Kriegsmarine und die Seenotfliegergruppe 81 stationiert. Inmitten der täglichen Gefechtsausbildung im Hafen erschien völlig überraschend der Chef der Volksmarine, Konteradmiral Neukirchen. Er informierte sich über den Ausbildungsstand und die Dienstbedingungen der Schnellboot-Besatzungen. Dem Admiral blieb nicht verborgen, dass es Mängel in der Versorgung mit Getränken und Lebensmitteln gab. Er ordnete umgehend eine Nachrüstung an und befahl, zum Einkauf eine Barkasse nach Wiek in Marsch zu setzen. Dort deckten sich die Schnellbootsfahrer im Lebensmittelgeschäft "Artmer" mit mehreren Getränkekästen ein.

Die 6. Torpedoschnellboots-Abteilung befand sich in Vorbereitung auf die planmäßige Werftliegezeit im Marinestützpunkt Warnemünde/Hohe Düne. Alle neun Boote sollten nach dem Werftklarmachen ab 25. Oktober in der Neptun-Werft in Rostock-Gehlsdorf auf Slip gehen. Mit Auslösung der "Erhöhten Gefechtsbereitschaft" wurden die Boote in großer Eile wieder ausgerüstet, mit Treibstoff, Wasser, Gefechtstorpedos, Artilleriemunition und Wasserbomben. Viele Besatzungsangehörige standen nach Ableistung ihres Marinedienstes vor der planmäßigen Entlassung. Wegen der ernsten politischen und militärischen Lage erklärten sich viele Matrosen und Maate bereit, länger zu dienen. Z.B. verpflichtete sich die Besatzung des Bootes 205 unter Kommandant Leutnant zur See Klaus Trepping, ihren Dienst an Bord so lange zu verlängern, wie es die Lage erfordern würde.

Die beiden Küstenschutzschiffe KARL MARX und FRIEDRICH ENGELS der RIGA-Klasse lagen in 30-Minutenbereitschaft in der Tromper Wiek. Die Offiziere des Abteilungsstabes befanden sich an Bord. Die beiden anderen Küstenschutzschiffe absolvierten im Herbst 1962 die planmäßigen Werft-Instandsetzung in Leningrad.

Auf den in den Marinestützpunkten verbliebenen Schiffen wurden während des Alarmzustandes die Antriebsmaschinen für den Sofortstart stets vorgewärmt. Die Munition war an den Bordgeschützen angeschlagen. Die Besatzungen schliefen während der Nachtruhe in ihrer Uniform.

Mit der Zusicherung Chruschtschows, die "Offensivwaffen" auf Kuba zu demontieren und in die Sowjetunion zurück zu führen, entspannte sich am 28. Oktober 1962 die Lage. Der Schwebezustand zwischen Frieden und Krieg war beendet. Am folgenden Tage wurde die 1. Staffel des Hauptgefechtsstandes wieder zurück nach Rostock-Gehlsdorf verlegt. Ebenso kehrten die vor der Küste entfalteten Schiffe und Boote der Volksmarine in ihre Stützpunkte zurück.

Nachdem der Grund der Alarmierung bekannt wurde, wollte sich bei vielen Stabsoffizieren kein "Solidaritätsgefühl" zu Kuba und die Sowjetunion einstellen. Der damalige Stabsoffizier Tempel erinnerte sich: "Eine eigenartige, fast frostige Atmosphäre prägte das Verhalten vieler Offiziere und Unteroffiziere. Sie waren z.T. übermüdet und wirkten dazu noch gelangweilt. Es gab keine konkreten Planungs- und kaum Führungsaufgaben wie sonst bei einer Kommandostabsübung oder Flottenmanöver. Die Zeit wurde regelrecht abgesessen. Die Stimmung war gedrückt und demotivierend. Jeder schien zu wissen, dass hier das Maß des politisch und militärisch Zumutbaren wohl tüchtig überzogen wurde. Dazu kam noch die wachsende Erkenntnis, bewusst belogen und getäuscht worden zu sein".

Notaufenthalt in Malmö mit Folgen

Zur operativen Aufklärung und Beobachtung der Handlungen der NATO-See- und Luftstreitkräfte setzte das Kommando der Volksmarine Anfang November 1962 das Vermessungsschiff KARL FRIEDRICH GAUSS in Richtung Kattegat in Marsch. Das 300t verdrängende Fahrzeug des SHD, ein ehemaliges Fischereiboot vom Typ Seiner mit einer Länge von etwa 30m, fuhr unter einer zivilen Besatzung. Die einzigen Uniformierten an Bord waren Kapitänleutnant Ewald Tempel von der Abteilung Aufklärung der Volksmarine und sein Marinefunker. Tempel fungierte als Leiter der Aufklärungsfahrt, die damals zur Tarnung als „Hydro-meteorologische Expedition" bezeichnet wurde.

Während ihres Einsatzes geriet das Vermessungsschiff im südlichen Kattegat in schwere See. Bei Windstärke 9 zunehmend, konnte sich die GAUSS kaum noch in der tobenden See halten. Im Seegebiet zwischen der dänischen Ostküste von Djursland und der Insel Anholt befahl Tempel deshalb den Abbruch der Aufklärungsfahrt. Auf dem Rückkurs durch den Öresund verschlechterte sich die Wetterlage. Der Sturm erreichte jetzt in Böen die Stärke 12 der Beaufortskala. Der starke Winddruck und die Brandung machten ein sicheres Passieren der Flintrinne nahezu unmöglich.

Um die Sicherheit des Schiffes und seiner Besatzung besorgt, fasste Seeoffizier Tempel am 4. November den Entschluss, zum Schutz bzw. Abwettern des Sturms in den Hafen Malmö einzulaufen. Der Notaufenthalt im neutralen schwedischen Hafen resultierte aus rein seemännischen Erwägungen. Angesichts der Notsituation seines Schiffes verloren politische Befindlichkeiten in Tempels Überlegungen, trotz der noch bestehenden "Erhöhten Gefechtsbereitschaft" der Volksmarine, an Bedeutung.

Wegen des Funkverbots in schwedischen Territorialgewässern konnte Tempel das Einlaufen der GAUSS in Malmö zuvor nicht dem Hauptgefechtsstand in Rostock ankündigen. Das sollten ihm später Hardliner im Marinekommando in Rostock zum Vorwurf machen. Auch das Einholen einer Einlaufgenehmigung bei der schwedischen Hafenbehörde war nicht möglich. Ein UKW-Gerät zur Verbindungsaufnahme mit der Hafenleitstelle gab es an Bord noch nicht.

Tempel und der Kapitän der GAUSS erspähten abseits vom Fähr- und Umschlagbetrieb an der Westseite des Hafens (Yttre Hamnen), die Möglichkeit zum Festmachen an einigen Holzdalben. Der Bug der GAUSS zeigte seewärts. Obwohl die schwedischen Behörden das Manöver der GAUSS beobachteten und den Grund ihres Notaufenthaltes mit Sicherheit erahnten, passierte erst mal nichts. Die Skandinavier schien die Tatsache, dass ein Schiff der Volksmarine unangemeldet in Malmö einlief, sehr gelassen zu sehen. Tempel besprach mit dem Kapitän und Steuermann interne Sicherheitsvorkehrungen an Bord. Die Mannschaft wurde über die veränderte Lage informiert. Der Marinefunker erhielt die Anweisung, das Funkverbot strikt einzuhalten. So erfuhr Rostock erst mal nichts von dem Zwischentransit der GAUSS in Malmö. Andernfalls hätte der Chef des Stabes, Kapitän zur See Wilhelm Nordin, dem Marinechef ein "ganz besonderes Vorkommnis" zu melden gehabt.

Erst am nächsten Tag kam ein Hafen-Kontrollbot längsseits. Dessen Bootsführer erkannte, dass auf der KARL FRIEDRICH GAUSS bereits Vorkehrungen zum an Bord-Gehen getroffen wurden. Ein schwedischer Zollinspekteur betrat freundlich grüßend das Oberdeck des Schiffes. Gegenüber Tempel und dem Kapitän erwähnte der schon etwas älter wirkende Zollbeamte, dass es sich bei seinem Besuch um eine ganz formelle Schiffskontrolle handeln würde. Dass die, im Auftrag der Volksmarine handelnde GAUSS keine Spazierfahrt in See unternahm, war dem Zollinspektor offensichtlich klar. Ohne Umschweife gab der Schwede dem Kapitän und Marineoffizier Tempel zu verstehen, dass er die KARL FRIEDRICH GAUSS kannte und vermutlich auch ihre Mission. So wie das nach dem bekannten Mathematiker und Physiker Carl Friedrich Gauss benannte SHD-Schiff, hatten sich dessen Kapitän und Tempel mit akribischer Genauigkeit auf den außergewöhnlichen Zwischenstopp in Malmö mit einer Visite durch schwedische Behörden vorbereitet.

In perfektem Deutsch sprechend, genehmigte der Schwede den Notaufenthalt der GAUSS und klarierte Schiff und Besatzung ein. Während seines Kontrollganges an Bord warf er auch einen Blick in den Radio-Raum. Man führte ihn in den Funkpeilraum. Er legte seine Hand auf beide Empfänger, um zu prüfen, ob diese zuvor in Betrieb waren. Dann nickte er freundlich und sagte "danke", denn die Geräte waren kalt. Er unterließ es, die sensible Funktechnik zu inspizieren. Tempel hatte zuvor den Funkraum vorsorglich versiegeln lassen. Der Schwede bot technische Hilfeleistung, Trinkwasser- und Proviant an, die jedoch nicht benötigt wurden.

Abschließend baten der GAUSS-Kapitän und Kapitänleutnant Tempel den sympathisch auftretenden schwedischen Beamten zu einer Tasse Kaffee in die Offiziersmesse. Man servierte ihm ein obligatorisches "Lotsen-Frühstück". Es entwickelte sich ein unbeschwerter Smalltalk, der mit einem Gläschen WBS ("Weinblatt-Siegel", DDR Weinbrand-Verschnitt) aus der zollfreien Transitlast umrahmt wurde. Den Schweden glänzten wegen der Alkohol-Restriktionen seines Landes vor Freude die Augen. Auch sein Bootsführer kam hinzu. So saßen die beiden Schweden, Tempel und der Kapitän mit Steuermann in einer geselligen Runde an Bord beisammen. Durch das mehrmalige "Skol!" im Verlauf des ersten deutsch-schwedischen Dialogs nach dem Mauerbau musste der Steuermann WBS-Nachschlag organisieren. Das Gespräch auf dem Schiff der Volksmarine dauerte etwa eine Stunde. Dann verabschiedeten sich die beiden Zollbeamten. Zum Abschied erwähnte der Schwede lächelnd, "Ihr braucht Euch beim Auslaufen nicht extra abmelden, dass bekommen wir sowieso mit!"

Nach zwei Tagen Aufenthalt in Malmö ging es am 6. November zurück nach Rostock. Die GAUSS verabschiedete sich beim Verlassen des Hafens mit drei langen akustischen Signalen aus dem Bord-Typhon. Das war damals und ist heute Seefahrt-Tradition und gilt beim Abschied als Gruß und Dank gegenüber dem Gastgeberhafen. Zur Antwort ertönte vom Hafenamt ein langes

Typhonsignal. Alle verstanden diese noble Geste des quittierten Grußes gegenüber dem Schiff der Volksmarine.

Um 00.30 Uhr des 7. November machte die KARL FRIEDRICH GAUSS an der "Betonpier" im Marinestützpunkt Warnemünde/Hohe Düne fest. Kaum angekommen, wurde Tempel wegen seines eigenmächtigen Malmö-Coups im Alarmzustand des Warschauer Paktes von Stabsoffizieren im Kommando der Volksmarine attackiert. Nach deren Ansicht hätte er das Militärbündnis in große Gefahr gebracht, weil er vor dem Einlaufen nicht den geheimen Funk-Code an Bord vernichtete. Karriereoffiziere wollten Tempel wegen ungenügender politischer Wachsamkeit zu Fall bringen.

Für seinen Chef, Fregattenkapitän Kurt Schulze, war er zunächst ein "Ärgernis" und "Schandfleck in seiner Karriere". Schulze zeigte für die angeblich "selbstherrliche Handlungsweise" seines Unterstellten Tempel keinerlei Verständnis. Eine Untersuchungskommission nahm sich des "undisziplinierten Verhaltens" von Tempel an. Der fertigte über die Ereignisse mit dem Notaufenthalt in Malmö einen Bericht. Der ging an den Chef des Stabes, Kapitänzur See Wilhelm Nordin, zur Weiterleitung an den Chef der Volksmarine. Weitere Ausfertigungen erhielten die Verwaltung 2000 (MfS in Volksmarine) und der Chef der Verwaltung Aufklärung im MfNV, Oberst Franke, zur Weiterleitung an den Chef des Hauptstabes der NVA, Generalmajor Willi Riedel.

Das MfS lud Tempel zu einer Befragung über das "Vorkommnis Malmö" vor. Der Mann in Zivil mit einem Dienstgrad der Landstreitkräfte hatte weder eine Ahnung von der Seefahrt noch von außergewöhnlichen Situationen in See. Seine Fragen bezogen sich auf den Aufenthalt der KARL FRIEDRICH GAUSS im Hafen Malmö und den Kontakten mit den schwedischen Behörden. Den Stasi-Mann interessierten Details zum schwedischen Zollbeamten sowie zum Inhalt und Ablauf des Gespräches in der Offiziersmesse. Offensichtlich vermutete die Stasi in dem Beamten einen getarnten Geheimdienstmitarbeiter. Weshalb das Schiff in Malmö fest machte und welche Gefahren die GAUSS und ihre Besatzung zuvor auf See ausgesetzt waren, spielten in dem eigenartigen Gespräch fast keine Rolle. Im Denken der Stasi ging jede Gefahr in der Ost-West-Konfrontation stets vom Klassengegner aus.

Dagegen erhielt Tempel Unterstützung vom Leiter des Hauptgefechtsstandes, Kapitän zur See Erich Thieme, und dem Leiter des meteorologischen Dienstes der Volksmarine, Dr. Fritz Mayerosch. Der kriegsgediente Thieme und der Wetterexperte konnten sich in die sturmbedingten Gefahren für das

Schiff in See hineinversetzen und den Entschluss von Tempel zum Notaufenthalt in Malmö nachvollziehen. Andere Offizierskameraden behandelten Tempel dagegen wie einen Aufsässigen, von dem man sich lieber fernhalten sollte.

Die Reaktion auf seinen Bericht erfuhr Tempel am 12. November. Endlich war die Hängepartie der Ungewissheit über ein eventuelles Disziplinarverfahren zu Ende. Zusammen mit seinem Vorgesetzten Fregattenkapitän Schulze, wurde Kapitänleutnant Tempel zum Chef der Volksmarine befohlen. Als beide das Dienstzimmer von Konteradmiral Neukirchen betraten, hatte darin schon Kapitän zur See Thieme am großen Konferenztisch Platz genommen. Neukirchen wies Tempel den ersten Stuhl zu seiner Linken an. Zwei Marineoffiziere mit großem Sachverstand und Erfahrungen aus dem Dienst in der Kriegsmarine entschieden nun über den "Fall Tempel".

Neukirchen hatte sich zuvor mit dem Leiter des Hauptgefechtsstandes beraten. Thieme, der Tempel genau gegenüber am Tisch saß, zwinkerte dem sichtlich erregten Tempel aufmunternd zu. Dessen Zustand änderte sich sofort. Er spürte in diesem Kreis Verständnis und Geborgenheit. Konteradmiral Neukirchen machte einige kurze Ausführungen zur gegenwärtigen Lage und den Aufgaben der Volksmarine. Tempel hatte den Eindruck, als ob diese Sätze nur seinem Vorgesetzten galten. Dann wandte sich Neukirchen direkt dem Seeoffizier Tempel zu. Neukirchen sprach von der Bedeutung der Aufklärung in See als eine Voraussetzung für die von der Volksmarine zu lösenden Aufgaben. Das war ein indirektes Lob vom Chef der Volksmarine. Er stellte Tempel noch einige Fragen zum Verhalten der schwedischen Behörden in Malmö. Tempel war darauf vorbereitet und antwortete präzise ohne jegliche Redundanz. Während des Gespräches "Neukirchen-Tempel" schien es so, als ob weiter keiner anwesend war. Tempel schilderte Neukirchen die Lage in See und begründete seine Entscheidung. Er wurde in seinen Ausführungen nicht unterbrochen. Neukirchen hörte sehr konzentriert zu. Dann verkündete der Chef der Volksmarine seinen Entschluss.

Diese, nur einige Minuten dauernde Episode, beschrieb Tempel in seinen Erinnerungen. "Das Disziplinarverfahren gegen Kapitänleutnant Tempel wird hiermit eingestellt. Er hat in voller Übereinstimmung mit den für diese Fahrt vom Chef des Stabes getroffenen Festlegungen gehandelt. Auch die Einhaltung der dieser besonderen Lagesituation entsprechenden Bestimmungen des Dienstes an Bord ist festzustellen. In einer schwierigen Zeit hat er nicht nur die befohlenen militärischen Aufgaben gewissenhaft erfüllt, sondern auch seine Verantwortung für das in schweres Wetter geratene Vermessungsschiff KARL FRIEDRICH GAUSS und dessen Besatzung ohne erkennbare Fehler wahrgenommen". Neukirchen machte eine Pause und sagte dann: "Kapitänleutnant Tempel, ich spreche Ihnen für Ihr umsichtiges Verhalten bei der Erfüllung einer schwierigen Aufgabe meinen Dank aus! Den Minister und den Chef des Hauptstabes der NVA habe ich über meine Entscheidung bereits informiert".

Diese Minuten in der Begegnung mit Neukirchen blieben Tempel ewig im Gedächtnis. Neukirchen erteilte dem überzogenen Feind- und Sicherheitsdenken in den eigenen Reihen eine deutliche Abfuhr. Die maritime Vernunft siegte über Stasi- und SED-Willkür. Das bereits vorbereitete Parteiverfahren gegen den Genossen Tempel verschwand ebenso schnell wieder von der Tagesordnung, wie es zuvor von Hardlinern initiiert wurde. Die eiligst zuvor von Schulze einberufene Untersuchungskommission hatte nichts mehr zu untersuchen, außer sich über sich selbst Gedanken zu machen.

6.4. Konter mit Charakter

In Vorbereitung auf die Raketenbewaffnung in der Volksmarine und ihrer technischen Sicherstellung ersuchte Heinz Neukirchen am 24. April 1962 Verteidigungsminister Heinz Hoffmann, beim Stab der vereinten Streitkräfte einen Stellenplan anzufordern. Am 5. Juli 1962 erneuerte Neukirchen seine Forderung. Er informierte Armeegeneral Hoffmann, dass die "Sowjetische Seekriegsflotte offenbar differenziert ihre Informationen an die Verbündeten weiter gibt". Neukirchen ergänzte: "Ich erhielt Kenntnis, dass eine Gruppe verantwortlicher Offiziere der polnischen Seekriegsflotte Gelegenheit hatte, sich über die Organisation der Ausbildung sowie die Einrichtung der Ausbildungsbasen bei der Baltischen Flotte zu konsultieren". Der Chef der Volksmarine bat nochmals, in Vorbereitung auf die Indienststellung von Raketenschnellbooten dem Personal der Volksmarine den Besuch der Ausbildungsbasis der Baltischen Flotte in Baltijsk (Pillau) zu ermöglichen.

Nach Neukirchens Intervention willigte der Oberkommandierende des Warschauer Paktes, Marschall Gretschko, am 10. September 1962 ein. Die Volksmarine durfte mit einem MLR in die Flottenbasis Baltijsk einlaufen und sich über die dortige Ausbildung informieren.

Anfang November 1962 kam es zur Formierung der Küstenschnell-boots-Abteilung. Am 20. November 1962 trafen die ersten beiden Raketen-schnellboote in Peenemünde Nord ein. Aus Gründen der Geheimhaltung wur-de dieser abgelegene Hafen gewählt. Hohe Zäune mit Tarnnetzen dienten dem Sichtschutz. Alarm-Signaleinrichtungen sicherten das Hafen-Areal gegen etwa-ige Eindringlinge. Zutritt war nur mit einem Sonderausweis möglich. Wenn Zivilschiffe beim Ein- oder Auslaufen des Hafens Wolgast Peenemünde Nord passierten, wurde vor der Hafeneinfahrt des Marinestützpunktes ein schwim-mender Stützpunkt (Wohnschiff Typ 62) quer gelegt. Man glaubte auf diese Weise, die Raketenschnellboote vor neugierigen Blicken schützen zu können.

Sechs Tage später erfolgte am 26. November die Indienststellung der ersten Raketenschnellboote des Typs 205. Sie trugen die NATO-Bezeichnung OSA I. Dieses Waffensystem leitete in der Volksmarine einen neuen Entwick-lungsabschnitt ein, an dem Neukirchen entscheidenden Anteil nahm. Die Schnellboote bedeuteten waffentechnische Weltspitze. Am 23. Dezember 1962 lieferte die UdSSR die ersten Raketen P-15. Mit jeweils vier Seezielraketen des Typs P-15 (NATO-Bezeichnung STYX) bestückt, waren die Schnellboote waf-fentechnisch den NATO-Seestreitkräften überlegen. Erst mit Einführung mo-derner Seezielraketen EXOCET, HARPON und KORMORAN Mitte der 70er-Jahre durch die NATO ging diese Überlegenheit verloren.

Am 1. Oktober 1962 begann die Aufstellung der Küstenraketenkräfte der Volksmarine als Spezial-Küstenartillerie-Abteilung (SKA) unter Kapitän-leutnant Gerhard Nahlik. Im Januar 1963 trafen die ersten Startrampen des Küstenraketenkomplexes "Sopka" in der DDR ein. Nach Verlegung der Tech-nischen Batterie im Frühjahr 1964 in die Dienststelle Schwarzenpfost bei Rostock erhielt die Volksmarine am 1. Oktober 1965 die ersten Land-Schiff-Raketen des Typs S-2.

Dass Neukirchen nicht gegenüber den sowjetischen Forderungen ein-knickte, belegt eine weitere Episode. Nach der im Juni und Juli 1962 erfolgten Indienststellung der ersten Landungsboote (Labo) des Typs 46 mit den Bau-Nr. 46.1 bis 46.5, kamen diese Boote erstmals in der Übung "Baltyk-Odra" im Oktober 1962 zum Einsatz. Bis Ende 1962 wurden 12 Landungsboote in Dienst gestellt. Die auf der Peene-Werft Wolgast gebauten Boote mit einem Normaldeplacement von 232,5t (Länge 39,96m, Tiefgang 1,42m) hatten im Innern eine Laderaumfläche von 22,5m mal 5,20m. Ein Boot konnte zwei schwere Panzer mit aufgesetzter Infanterie aufnehmen. Bei der Seeanlandung fuhren diese dann mit Eigenantrieb über eine absenkbare Landeklappe am Bug an den Strand. Landungstruppen stellte das Mot.-Schützenregiment 28 in Rostock und Artillerieregiment 8.

Der Oberkommandierende der vereinten Streitkräfte des Warschauer Paktes, Marschall Gretschko, war von dem Einsatz der neuen Landungsboote der Volksmarine im Verlauf der Übung positiv überrascht. Die Fahrzeuge bewährten sich auch in der Seebrandung. Er informierte umgehend den sowjetischen Verteidigungsminister Marschall Malinowski. Daraufhin erhielt der Chef der Sowjetischen Seekriegsflotte den Befehl, sich umgehend diese "neuen DDR-Landungsboote" anzusehen. Neukirchen organisierte dann den Besuch von Flottillenadmiral Sergej Gorschkow im Januar 1963. Eine Vorführung der Fahrzeuge schien den sowjetischen Admiral zu überzeugen. Vier Wochen später fand in Moskau eine Beratung der Flottenchefs zum Aufbau von Seelandungskräften statt. Orientiert wurde u.a. auf den Bau von "Panzer-Landungsschiffen" in zwei Varianten. Ein kleines Fahrzeug sollte drei bis vier Panzer aufnehmen. Das größere "Panzer-Landungsschiff" war für den Transport von fünf bis sechs Panzern sowie mit Landungstruppen von bis zu 300 Soldaten je Schiff vorgesehen. In einem geheimen Protokoll wurde u.a. festgeschrieben, dass die Volksmarine soviel Landungsfahrzeuge vorhalten sollte, die die "Anlandung eines verstärkten Mot.-Schützenregiments gewährleisten".

Selbst Neukirchen war von dieser Forderung überrascht. Er informierte Armeegeneral Hoffmann über diese "Rüstungs-Empfehlung" aus Moskau. Verteidigungsminister Hoffmann und Marinechef Neukirchen lehnten diese Forderung ab. Hoffmann erteilte am 8. Mai 1963 dem Oberkommandierenden der vereinten Streitkräfte schriftlich eine Absage. Dieser von der UdSSR eingeforderte bzw. "empfohlene" Rüstungsgigantismus überstieg bei weitem die wirtschaftlichen und personellen Möglichkeiten der DDR. Die Umsetzung hätte den Bau und die Indienststellung von etwa 40 bis 50 Landungsfahrzeugen bedeutet.

Das war jedoch nicht die einzige Überraschung, mit der Neukirchen auf der Moskauer Beratung im Februar 1963 konfrontiert wurde. Marschall Malinowski richtete an Neukirchen die Fragestellung, ob die DDR nicht daran denke, U-Boote zu bauen. Er sagte: "In Westdeutschland baut man U-Boote, warum bauen Sie keine U-Boote? Die Deutschen sind Pioniere des U-Boot-Baus und sollten ihren Beitrag im Interesse des gesamten sozialistischen Lagers leisten". Neukirchen entgegnete bestimmt: "Diese Absicht bestünde zur Zeit nicht!" Malinowski argumentierte: "Dies ist alles Vergangenheit".

Die sowjetischen Armee- und Flottenführer hatten die Vorstellung, dass die DDR kleine U-Boote mit ca. 100t Wasserverdrängung speziell für den Einsatz in geringen Wassertiefen in der Ostsee, den Meerengen und im Bosporus bauen könne. Flottillenadmiral Gorschkow untermauerte dann in einer anschließenden Besprechung die Forderung von Marschall Malinowski. Er bezeichnete den U-Boot-Bau in der DDR als "unbedingt wünschenswert". An Neukirchen gerichtet erwähnte er: "Die DDR solle sich mit der Entwicklung eines Kleinst-U-Bootes für die UdSSR beschäftigen! Der Bau könne in der Peene-Werft Wolgast erfolgen".

Laut einem Perspektivplan für das ISW Wolgast war angedacht, dass entsprechende Projektarbeiten im I. Quartal 1963 aufgenommen werden können. Das Projekt beinhaltete ein U-Boot mit einer Unter-Wasserverdrängung von 109t, vier Mann Besatzung und einer Bewaffnung von zwei Torpedos oder vier Minen. Die Fertigstellung des Nullbootes könne im I. Quartal 1966 erfolgen.

Aus diesen utopischen Plänen wurde nichts. Nachdem bereits in den 50er-Jahren der Aufbau einer U-Boot-Flotte samt Personal-Ausbildung in der DDR scheiterte, lehnte die NVA- und Marine-Führung diese, wiederholt von der UdSSR an die DDR herangetragenen Forderungen ab. Die Beschaffung von U-Booten überforderte die DDR aus wirtschaftlichen, operativen und logistischen Gründen.

6.5. Anti-Neukirchen-Propaganda "Feuerschiff 63"

Im Juli 1963 näherte sich das Schnellboot WEIHE P 6082 der Bundesmarine der mecklenburgischen Ostseeküste. Geraume Zeit später trieben mit dem Westwind in der See schwimmende Ballons in Richtung Strand von Warnemünde/Hohe Düne bis Fischland Darß. In den Ballons befanden sich in wasserdichte Folien eingeschweißte Zeitungen. Neben der im Layout und in der Papierqualität täuschend echt nachgemachten NVA-Zeitung "Volksarmee" befand sich diesmal auch das "Feuerschiff 63" unter der Zeitungszustellung in See. Die badenden oder am Strand liegenden Ostseeurlauber wunderten sich über die plötzlich in der See angespülten Zeitungen. Die kleinen, unbekannten Informationsblätter erregten unter den Zivilisten Aufmerksamkeit.

Es dauerte nicht lange, bis auch Angehörige der Grenzbrigade Küste und Ortspolizisten die Zeitungsdepeschen an den Stränden bemerkten. Eiligst sammelten Marinesoldaten, zivile Grenzhelfer und Volkspolizisten die Informationsblätter ein. Die Inbesitznahme der unverhofft angespülten Westzeitungen war in der DDR verboten. Das Lesen konnte man nicht verbieten. Besonders an den beliebten FKK-Stränden zwischen Markgrafenheide und Graal Müritz ließen sich die Matrosen beim Einsammeln der Zeitungen Zeit. Die für den Laien nicht erkennbaren Herausgeber des Informationsblatts "Feuerschiff 63", Ausgabe 1/1963, wandten sich mit der Titel-Unterzeile an die Angehörigen der Volksmarine und Handelsflotte.

Vergeblich suchte man in der Zeitung Angaben zum Herausgeber. Die Redakteure des Propagandablattes, Stabsoffiziere der Psychologischen Verteidigung/Psychologischen Kampfführung (PSV/PSK) im Bundesministerium für Verteidigung, hielten sich in Bonn bedeckt. Anstelle eines redaktionellen Namens bedienten sich die Herausgeber des Blattes dem Pseudonym "Komitee antifaschistischer Seeleute, Redakteur Albin Köbis". Der war jedoch längst tot, 1917 wegen Meuterei erschossen. Die Herausgeber in Uniform wussten, dass dieser Name den Angehörigen der Volksmarine und auch in Teilen der Bevölkerung vertraut war. Albin Köbis gehörte mit Max Reichpietsch als Anführer des Matrosenaufstandes 1917 in Kiel zum Traditionsbestandteil in der Volksmarine.

Das Generalthema dieser mehrsprachigen Ausgabe Nr.1-1963 drehte sich um eine Person, Konteradmiral Heinz Neukirchen, unter der Aufmachung "Vom NS-Führungsoffizier zum SED-Admiral". Den Bürgern, die Neukirchen bisher nicht kannten, sollte der Eindruck vermittelt werden, dass ein ehemaliger Nazi-Offizier an der Spitze der Volksmarine stehen würde. Die Lettern des Titels in dem vierseitigen, groß aufgemachten Schmähblatt waren fast so groß, wie der Name der Zeitung.

Aufmachung und Wortwahl entsprachen in etwa dem Stil der seit Jahren gegen die Bundesrepublik gerichteten DDR-Propagandaschriften. Den Anlass für diese Propaganda-Aktion des Westens lieferte die DDR selbst. Sie hatte in den Medien immer wieder auf die Wehrmachts- und Kriegsmarinevergangenheit führender Generale und Admirale in der Bundeswehr verwiesen. So u.a. von General Ulrich de Maiziere (Generalinspekteur der Bundeswehr), den

Vizeadmiralen Friedrich Ruge (1. Inspekteur der Bundesmarine), Helmuth Heye (1961-1964 Wehrbeauftragter des Deutschen Bundestages) und Gerhard Wagner (Stellvertretender Inspekteur der Marine), Konteradmiral Bernhard Rogge usw. Jetzt, 1963 konterte der Westen mit einer beispiellosen, von PSV/PSK-Offizieren im Bundesministerium der Verteidigung konzipierten und von der Bundesmarine durchgeführten Propaganda-Aktion. Im Gegensatz zur DDR-Propaganda hatte man mit dem "Feuerschiff 63" durchschlagenden Erfolg.

Als Namensgeber für die gleichnamige Zeitung diente das am Schifffahrtsweg 1 in der Ostsee zwischen Warnemünde und Gedser fest verankert liegende Feuerschiff Gedser. Das Feuerschiff war damals, als markantes Seezeichen auf der Position 54 Grad und 25,2 Minuten Nord sowie 12 Grad und 8,8 Minuten Ost liegend, den Angehörigen der Volksmarine und den Seeleuten der Deutschen Seereederei bestens bekannt. Für die Masse der DDR-Bevölkerung war das Seezeichen jedoch unerreichbar. Bei sternenklarem Himmel konnte man Nachts das hell blinkende weiße Lichtzeichen von Gral Müritz aus sehen. Für viele DDR-Urlauber galt es seit dem Mauerbau als ein Symbol der Freiheit. Über die Ostsee fliehende DDR-Bürger im Neopren-Anzug und mit leichter Tauchausrüstung oder auf einem Surfbrett nutzten das Feuerschiff als Orientierungspunkt. Von daher waren der Titel und die Aufmachung der Zeitung "Feuerschiff 63" gut durchdacht.

Das Blatt und deren Verbreitung versetzte die NVA-Führungsspitze und das MfS in Berlin in helle Aufregung. Die Zeitung erzielte in seiner Wirkung einen Volltreffer. Woher kannte der Westen solche Details zu Neukirchens Dienstzeit in der Kriegsmarine, von denen man bisher in Berlin und Strausberg weniger wusste. Beim MfS setzte sich ein Recherchenapparat in Bewegung. Dokumente im BStU-Archiv belegen die 1963 unternommenen Nachforschungen des MfS zu Neukirchens Dienstzeit in der Kriegsmarine. Wer verbarg sich hinter dieser Propaganda-Aktion?

PSV/PSK

1958 wurde in der Bundesrepublik auf Staatsebene die Psychologische Verteidigung (PSV) geschaffen. Begründet wurde dieser Schritt mit der Abwehr der psychologischen Angriffe der DDR und der Sowjetunion. Eine Meldung des Presse- und Informationsamtes der Bundesregierung besagte, dass die von der DDR in Richtung Bundesrepublik verbrachten Postwurfsendungen von Propagandaschriften, getarnten Zeitungen, Buchprospekten, an die Presse gestreute Leserbriefe sowie Drohbriefe an ehemalige Soldaten der Bundeswehr 1959 eine Auflagenhöhe von ca. 5 Mio. Stück im Monat erreichten. Diese Flut von Propagandamaterial schwoll 1961 auf ca. 12 Mio. Stück im Monat an.

An die Soldaten der Bundeswehr richteten sich Schriften wie z.B. "Rührt Euch", "Der Soldatenfreund-Zeitschrift für Dich und Deine Kameraden" oder "Die Kaserne — Das Magazin für alle gegen die Bonner Ultras". Den psychologischen Angriffen und Aktivitäten der ideologischen Sabotage durch die DDR begegnete die Bundesrepublik mit einer eigenen psychologischen Verteidigung und Kampfführung (PSV/PSK). Den militärischen Beitrag der PSV leistete die Bundeswehr durch die Psychologische Kampfführung (PSK). Major i.G. Dr. Christian Trentzsch fungierte ab 1. April 1958 als erster Referatsleiter der PSK im Bundesministerim der Verteidigung (BMVg). Sein Stellvertreter war Dr. Werner Marx.

Neben der Defensivkomponente der PSV, der Abwehr der kommunistischen Propaganda, hatte diese auch eine Offensivkomponente. Diese bestand darin, die DDR-Bevölkerung wahrheitsgetreu über die Lebensverhältnisse in der freien Welt zu informieren sowie der kommunistischen Propaganda durch wirkungsvolle Aufklärungsarbeit entgegen zu wirken. Die PSK der Bundeswehr unterstand der Abteilung VII im BMVg. Die Zuständigkeit der PSK berührte jene Bereiche, die durch militärische Interessen unmittelbar betroffen waren und wo Maßnahmen ziviler Institutionen (Fernsehen, Rundfunk, Presse) nicht ausreichten.

Zur Hauptzielgruppe der PSK gehörten die Angehörigen der bewaffneten Organe der DDR (NVA, Grenztruppen, Deutsche Volkspolizei, Zivilverteidigung). Trentzsch bezeichnete die PSK der Bundeswehr als Form der "gewaltlosen Einflussnahme auf das Denken, Fühlen und Handeln von Menschen zugunsten eigener militärische Ziele". Die Lehrgruppe der PSK definierte 1961 ihr Aufgabengebiet: "Die Psychologische Kampfführung ist der Kampf im politisch-militärischen Bereich mit geistigen Waffen und Massenbeeinflussungsmitteln, um die Meinung, die Haltung und das Handeln des Gegners zum Nutzen der eigenen Seite zu verändern".

Gesteigertes Neukirchen-Interesse

Mit Übernahme der Dienstgeschäfte als Chef der Volksmarine rückte Konteradmiral Neukirchen ab August 1961 zunehmend ins Visier der Aufklärung der

Bundeswehr. Diese Aktivitäten verstärkten sich mit dem von Neukirchen im August 1962 geleiteten Flottenbesuch der Volksmarine in Leningrad und den in Moskau geführten Gesprächen.

Am 18. März 1962 richtete das Referat P VI 5 im BMVg an die Zentralnachweisstelle der Bundesarchiv-Dienststelle in Aachen die Bitte, um Übersendung der Marinepersonalakte von Neukirchen. Da die Antwort zunächst ausblieb, wiederholte das BMVg am 6. Juni 1962 die Anfrage. Eine Woche später ging die Personalakte in Bonn ein. Die PSV/PSK-Mitarbeiter analysierten dann drei Monate lang in Neukirchens Marine-Vergangenheit, um ihn in der politischen Systemauseinandersetzung der Gegenwart bloß zu stellen. Die Recherchen erfolgten in der Absicht, Daten aus der Marinedienstzeit von Neukirchen heraus zu filtern, die eine politische Brisanz besaßen.

Man glaubte, mit dem Neukirchen verliehenen "Spanienkreuz", seiner aufgefundenen Kommandierungskarte mit dem NSFO-Vermerk sowie im polizeilichen Führungszeugnis die passenden "Argumente" gefunden zu haben. Anschließend musste das alles gut medial bearbeitet und den Angehörigen der Volksmarine und DDR-Handelsflotte zur Kenntnis gebracht werden.

Neben den PSK-Aktivitäten im BMVg interessierte sich parallel auch eine nicht näher bezeichnete "ausländische Dienststelle" für die "Truppenzugehörigkeit von Neukirchen". Diese richtete am 5. November 1962 an die Deutsche Dienststelle (WASt) die Bitte, um "Mitteilung der Zentralkarteikarten-Auftragung" über Neukirchen.

"Lübecker Morgen"

Dem 1963 verbreiteten "Feuerschiff 63" gingen bereits Veröffentlichungen in verschiedenen westdeutschen Zeitungen voraus, wie u.a. "Lübecker Morgen" (12. November 1962), "Bad Sachsaer Nachrichten" (8. Januar 1963) sowie "Die Bundeswehr" (Nr. 12, Dezember 1962). Der "Lübecker Morgen" titelte: "Vom NSFO zum NVA-Admiral. Die Laufbahn des Chefs der sowjetzonalen Volksmarine". Fotos zeigten Neukirchen als Matrose ("Kuttergast") und als Oberfeldwebel mit blauer Jacke, weißem Hemd und Schlips. Die Redakteure stellten ihrem Beitrag die Aussage voran, sich auf das zu konzentrieren, "was nicht in den Papieren steht". Sie thematisierten angeblich "das Abtrünnige im Leben des Genossen Neukirchen".

Diese Aussagen wiederholte die Zeitschrift "Die Bundeswehr" in der gleichen Art in ihrer Dezemberausgabe 1962. Die Militäraufklärung der NVA in Berlin, die Abteilung Aufklärung im Kommando der Volksmarine und das Ressort Spezialpropaganda der Politischen Verwaltung werteten alle in der Bundesrepublik erscheinenden norddeutschen Zeitungen aus. Den betreffenden Offizieren muss der Beitrag über Konteradmiral Neukirchen aufgefallen sein. Es besteht jedoch auch die Möglichkeit, dass die relevanten Artikel wegen ihrer Brisanz zuvor in Berlin heraus geschnitten wurden. Tempel erwähnte, dass er diese Sondierungs-Praxis in seiner Tätigkeit mehrfach erlebte. Die Offiziere der Aufklärung erhielten mitunter Zeitungen, bei denen man wegen der Herausschnitte hindurch sehen konnte. Neukirchen gelangte die gegen ihn laufende Propaganda-Aktion des Westens zur Kenntnis. Das bestätigte Frau Neukirchen in einem Interview.

Im September 1962 berichtete der Westberliner Untersuchungsausschuss Freiheitlicher Juristen (UFJ) fragmentarisch über Neukirchens Verwendungen in der Kriegsmarine, seiner Funktion in der NPD (gemeint war NDPD) und seines Partei-Übertritt in die SED. Die Juristen beriefen sich u.a. auf Briefe von Zeitzeugen, die Neukirchen aus der Dienstzeit in der Kriegsmarine kannten. Im Gegensatz zu den Zeitungsmeldungen entsprachen die Angaben der Juristen weitgehend der Realität. Der Verweis auf den Nationalsozialistischer Führungsoffizier (NSFO) war damals noch nicht enthalten. Der Vermerk "Heinz Neukirchen 1944/1945 Nationalsozialistischer Führungsoffizier der Wehrmacht" tauchte erstmals 1963 in der vierten ergänzenden Ausgabe unter dem Titel "Ehemalige Nationalsozialisten in Pankows Diensten" auf. Das gibt u.a. zu erkennen, dass erst nach den Veröffentlichungen des NSFO-Vermerks in den zuvor genannten Zeitungen der UFJ jetzt ebenfalls diese Meldung brachte. Zweifel erscheinen in der entsprechenden UFJ-Passage angebracht. So z.B. ist die darin enthaltene Personalangabe "1948 Mitglied der NPD" gegenüber Neukirchen falsch.

"Feuerschiff 63" mit Spanienkreuz und Kommandierungs-Karte

Auf der Titelseite mit der provokanten Schlagzeile "Vom NS-Führungsoffizier zum SED-Admiral" prangte neben seinem nicht gerade vorteilhaft erscheinenden, wenn nicht gar hässlichen Foto, das Spanienkreuz mit Schwertern. Daneben stand eingerahmt der Satz "Das Spanienkreuz — keine Auszeichnung für einen Seemann!"

Bereits in der Auswahl des abgebildeten Ordens bedienten sich die Redakteure einer Täuschung. Zu sehen ist das Spanienkreuz mit Schwertern. Neukirchen erhielt diesen Orden 1938 jedoch ohne Schwerter in Bronze. Das Spanienkreuz wurde Kriegsteilnehmern in Bronze, Silber und Gold mit und ohne Schwerter verliehen. Lediglich 28 mal wurde das Spanienkreuz in Gold mit Schwertern und Brillanten vergeben. Mindestens 11 Admirale der Bundesmarine waren Träger des Ordens in Gold.

Für ihre Teilnahme an den kriegerischen Ereignissen in Spanien erhielten 8.462 Soldaten das Spanienkreuz in Bronze mit Schwertern. Neukirchen gehörte zu den 7.869 Soldaten, die das Spanienkreuz in Bronze ohne Schwerter verliehen bekamen. Für die Soldaten der Bundeswehr dürfte der Verweis auf diesen Orden samt des Trägers damals kaum einen Aha-Effekt gehabt haben. Im Gegensatz zur NVA und ihrer Seestreitkräfte gab es in der Bundemarine zahlreiche Admirale und Offiziere, die Inhaber des Spanienkreuzes waren. Auch der in Bezug auf Neukirchen daneben gedruckte Spruch "Das Spanienkreuz — keine Auszeichnung für einen Seemann" hatte demnach auch Gültigkeit für kriegsgediente Marinesoldaten in der Bundesmarine, die ebenfalls diese Auszeichnung erhalten hatten. So genau hat das damals keiner in der DDR und in den Anrainerstaaten der Ostsee gewusst.

NSFO-Vermerk

Auf der ersten Seite im "Feuerschiff 63" veröffentlichten die PSK-Redakteure ein bisher unbekanntes "Dokument", eine Karteikarte der Kommandierungen von Neukirchen im Verlauf seiner Dienstzeit in der Kriegsmarine. Die Karte enthielt den Vermerk 'NSFO' (Nationalsozialistischer Führungsoffizier). Diese Unterstellung saß 1963 wie ein Donnerschlag. Die Stasi unternahm vielfältige Aktivitäten, um diese Behauptung des Westens belegen oder zurückweisen zu können. Die MfS-Mitarbeiter in Berlin fand jedoch nichts. So blieb die damals Neukirchen unterstellte Dienstverwendung als 'NSFO' eine nicht zu beweisende Behauptung. Der Autor ging der Sache in einer Dokumenten-Recherche nach.

Der Eintrag 'NSFO' befindet sich auf einer, leicht bräunlich gefärbten Kommandierungskarte im A 5-Format. Das war keine Wehrstammkarte, wie fälschlicher Weise 1963 behauptet. Diese Karte war <u>nicht</u> Bestandteil der Personalakte der Kriegsmarine und auch <u>nicht</u> des Personalbogens beim II. Admiral Nordsee. Für diese im Dokumentenbestand der Deutschen Dienststelle

(WASt) zu Neukirchen enthaltene Karteikarte ist nicht geklärt, wer und wie sie angelegt wurde.

Trotz der durch Kriegseinwirkung vernichteten Marinepersonalakten existierte nach dem Krieg in Kiel, Buxdehude, Itzehoe, Minden und weiteren Orten eine Vielzahl von Personaldokumenten der Kriegsmarine. Die Unterlagen der Wehrmachtauskunftstelle (WASt) befanden sich seit August 1943 zum Teil in Saalfeld und Meiningen. Unmittelbar vor der Besetzung Thüringens durch sowjetisches Militär verlegten die Amerikaner diesen Bestand der WASt am 1. Juli 1945 nach Fürstenhagen bei Kassel.

Die noch existierenden Personalakten der Kriegsmarine gelangten im Herbst 1945 in die Marine-Personal-Dokumenten-Zentrale (MPDZ) nach Hamburg. Die MPDZ stand zunächst unter der Dienstaufsicht des britischen Marinehauptquartiers in Hamburg-Alsterdorf. Deutsche Mitarbeiter, die überwiegend ehemalige Angehörige der Kriegsmarine waren, bearbeiteten und filterten die Personalakten. Sie hatten die Möglichkeit, Eintragungen bzw. Nachträge (u.a. NSFO) vorzunehmen.

Die Karteikarte von Neukirchen enthält sowohl handschriftliche Vermerke (per Tinten-Füller) als auch unvollständige Daten, die mit der Schreibmaschine getippt wurden. Bei näherer Betrachtung unter dem Mikroskop werden dabei unterschiedliche Buchstabentypen der Schreibmaschine deutlich. So z.B. dem "N" im Namen "Neukirchen" und NSFO-Vermerk. Das ist u.a. ein Beleg für einen zeitversetzten bzw. mit unterschiedlichen Schreibmaschinen erfolgten Eintrag.

Die Mitarbeiter der MPDZ konnten somit Fakten aus anderen Akten oder der Erinnerung nachträglich eintragen. Sie konnten auch unangenehme, die jeweilige Person belastende Dokumente aussortieren und sogar vernichten. Mit Aktenübergabe der MPDZ in die Dienstaufsicht des französischen Militärs des Alliierten Kontrollrates gelangten die Personalunterlagen der Kriegsmarine ab Juni 1948 nach Westberlin. Dieser Dokumententransfer von Personalakten und Karteikarten dauerte bis 1950. Unter französischer Dienstaufsicht erfolgte eine weitere Aktenbearbeitung.

Es ist daher nicht auszuschließen, dass der eingerahmte Vermerk 'NSFO' auf Neukirchens ominöser Kommandierungskarte, die auch falsche Daten enthielt, nachträglich erfolgte. Ob unter britischer oder französischer Dienstaufsicht und durch wen, ist nicht nachweisbar. Nur im Original erkennbar, verweist ein dicker roter Pfeil von der Eintragung "Span. Krz." (links unten) zum Vermerk 'NSFO' (rechts oben). Damit sollte dem Leser u.a. gedanklich suggeriert werden, wer Träger des Spanienkreuzes ist, muss zwangsläufig ein Nazi bzw. NSFO gewesen sein. In logischer Konsequenz ist diese These auch auf Offiziere in der Bundesmarine übertragbar.

Hinzu kommt ein weiterer, ganz wesentlicher Aspekt, der bei Neukirchen berücksichtigt werden muss. Es kann auch eine Namens-Verwechselung vorliegen. Bereits in der Rangliste der Deutschen Kriegsmarine 1942 ist ein Marineoffizier mit dem Namen Heinrich Neukirchen verzeichnet, Beförderungsdatum zum Oberleutnant (MA), Marineartillerie am 1. Oktober 1942. Zu diesem Zeitpunkt trug Heinz Neukirchen bekanntlich noch den Dienstgrad eines Oberfeldwebels. Zwei Jahre später tauchte in der Rangliste vom 1. September 1944 der richtige, hier beschriebene Heinz Neukirchen auf. Er wurde als Leutnant zur See mit Beförderungsdatum am 1. April 1944 geführt. Die Beförderung zum Oberleutnant zur See (Kr.O.) erfolgte erst am 1. April 1945.

Die Möglichkeit, dass sowohl den PSK-Redakteuren in Bonn als auch späteren Historikern in ihren Publikationen eine Namensverwechslung unterlief, kann dem zufolge nicht ausgeschlossen werden. Diesem Irrtum war selbst der Marinepublizist, Konteradmiral a.D. Friedrich Elchlepp (ex Oberleutnant der Kriegsmarine) aufgesessen. Bei einer Veranstaltung der Deutschen Gesellschaft für Schifffahrt und Marinegeschichte 2000 in Wilhelmshaven machte ihn Vizeadmiral a.D. Günter Fromm darauf aufmerksam, dass man bei Neukirchen das "zur See" beim Oberleutnant streichen könne. Auch Fromm war offensichtlich der Namensverwechselung aufgesessen.

Personalakte

In der Personalakte der Kriegsmarine, die akkurat alle absolvierten Lehrgänge bzw. Ausbildungsmaßnahmen und Dienstverwendungen von Neukirchen von 1. Januar 1935 bis 8. April 1945 enthält, befindet sich keine Eintragung bezüglich eines Lehrgangs, einer Ausbildung bzw. einer Verwendung als NSFO. Einzig der Eintrag Wachoffizier auf Minenschiff (M.S.) ROLAND ab 15. September 1944 lässt Raum für Spekulationen über die Dauer und Dienstverwendung aufkommen. Dass es sich hierbei nicht um das MS ROLAND sondern um das Minenschiff OSTMARK handelte, wurde bereits im Kapitel 2.3. erwähnt. Wann Neukirchens Einsatz als Wachoffizier endete, ist in der Personalakte nicht verzeichnet. Chronologisch ist erst wieder der 19. März 1945 vermerkt, hier mit der Aufnahme des Unterwasserhorchlehrganges an der Unterseebootabwehrschule Bergen in Norwegen. Dazwischen leitete Neukirchen von November 1944 bis Februar 1945 in Stettin den Umbau eines Fährschiffes zum Minenschiff.

In der Zeit häufiger Kommandowechsel besteht theoretisch die Möglichkeit, dass Neukirchen auch einen NSFO-Lehrgang besucht haben könnte. In der Kriegsmarine war es Praxis, dass Offiziere ohne Kommandos oder Bordverwendung kurzfristig zu Lehrgängen abkommandiert wurden.

In einer an das damalige Militärgeschichtliche Forschungsamt in Potsdam (heute Zentrum für Militärgeschichte und Sozialwissenschaften der Bundeswehr) gerichteten Anfrage über die Existenz eines Dokuments mit der Aufstellung von NS-Führungsoffizieren in der Deutschen Kriegsmarine, erhielt der Autor am 10. August 2012 eine abschlägige Antwort: "Eine Auflistung über NS-Führungsoffiziere in der Kriegsmarine für 1945 existiert nach unserer Kenntnis nicht".

NSFO-Lehrgänge

Lehrgänge für NSFO in der Marine gab es 1944/45 auf unterschiedlichen Ebenen. Die Lehrgänge des Oberkommandos der Kriegsmarine (OKM) zur "verstärkten politisch-weltanschaulichen Schulung der Kriegsmarine" (NS-Führungslehrgänge) fanden ab 7. September 1944 in Kühlungsborn und ab 13. Dezember 1944 im Lager "von Roon" bei Bernau statt. Geplant waren bis März 1945 zwölf 6-Tages-Lehrgänge, allerdings nicht für NSFO, sondern für Kommandanten, Gruppenleiter, Abteilungs- und Flottillenchefs usw. Namenslisten zu den Teilnehmern dieser Lehrgänge sind nicht bekannt.

Unabhängig von der Kriegsmarine organisierte das Oberkommando der Wehrmacht (OKW) in Zusammenarbeit mit der NSDAP-Parteikanzlei in Berlin bereits ab März 1944 Zwei-Wochen-Lehrgänge für NSFO aller Waffengattungen (Heer, Luftwaffe, Marine) in der NS-Ordensburg Krössinsee. Bis Januar 1945 wurden dort 14 Lehrgänge durchgeführt. In den Namenslisten der teilnehmenden Offiziere ist Heinz Neukirchen nicht aufgeführt. Ein letzter (15.) Lehrgang sollte am 15. März 1945 in Döberitz bei Berlin beginnen. An diesem Lehrgang kann Neukirchen aufgrund seiner Kommandierung zum Unterwasserhorchlehrgang ab 19. März 1945 in Bergen nicht teilgenommen haben.

Unabhängig von dieser Lehrgangspraxis ist ferner zu berücksichtigen, dass die Ausübung der Funktion eines NSFO in der Kriegsmarine im Regelfall nebenamtlich, d.h. neben der eigentlichen Dienststellung an Bord wahrgenommen wurde. Die Absolvierung eines entsprechenden Lehrgangs war nicht Voraussetzung. Die Wahrnehmung der NSFO-Funktion an Bord konnte vom dienstlichen Vorgesetzten befohlen werden.

In dem 2009 erschienenen "Braunbuch DDR. Nazis in der DDR" bezog sich der Autor Olaf Kappelt offensichtlich auf die Neukirchen-Veröffentlichungen aus dem Jahr 1963. Unter "Neukirchen, Heinrich" ist erwähnt: "1944 bis 1945 nationalsozialistischer Führungsoffizier, Bataillons-Kommandeur". Aber auch hier sind fehlerhafte Angaben zum Beginn von Neukirchens Offizierslaufbahn enthalten.

Die Frage, ob Neukirchen jemals eine Funktion als NS-Führungsoffizier kurzfristig ausübte, bleibt letztendlich offen. Sie ist nicht belegbar. Die Verursacher des NSFO-Vermerks bleiben unaufgeklärt. Die Folgen beschäftigen uns noch heute. Die PSK-Redakteure im Bonner Verteidigungsministerium setzten diese ominöse Kommandierungs-Karte mit dem NSFO-Vermerk als manipulative Waffe im Kalten Krieg ein. Diese Behauptung wurde dann von anderen Publizisten übernommen.

Zeitungsschau 1963-2017

Unter der Schlagzeile "Konteradmiral Heinz Neukirchen kämpfte schon in Spanien auf faschistischer Seite — Chef der DDR-Marine war Nationalsozialistischer Führungsoffizier" publizierte man neben der NSFO-Unterstellung zwei weitere Unwahrheiten. Wie bereits im Kapitel 2.1. hervorgehoben und von Neukirchen 1962 selbst erwähnt, "kämpfte" er nicht in Spanien. Während seines Borddienstes auf dem Kreuzer KÖLN war das Schiff an keiner Kampfhandlung beteiligt. Auch war er damals nicht Konteradmiral, sondern Matrose.

Daran schloss sich im Informationsblatt eine fragwürdige Argumentation an. "Die Skrupellosigkeit Walter Ulbrichts (Staatchef DDR) kennt keine Grenzen: Nach der Einführung der Uniformen der Hitlerwehrmacht in der NVA, hat er nun auch einen ehemaligen Nationalsozialistischen Führungsoffizier zum Chef seiner Kriegsmarine gemacht. Wir veröffentlichen nachstehend die Dokumente, die diesen Mann entlarven".

In Anspielung auf die Ähnlichkeit der NVA-Uniformen mit der deutschen Wehrmacht bei paralleler Bezeichnung Kriegsmarine an Stelle von Volksmarine, wird dem potentiellen Leser von "Feuerschiff 63" der unsägliche Vergleich mit den Nazis zugemutet. Mit dieser Argumentation wollte man dem maritim interessierten Leser eine Kontinuität von Vergangenheit und Gegenwart in der Geisteshaltung der Marineangehörigen und im Traditionsverständnis der Volksmarine vermitteln.

Dann kam das Informationsblatt auf den von Neukirchen im August 1962 geleiteten Flottenbesuch der Volksmarine in Leningrad zu sprechen und der angeblichen Hofierung des Admirals durch die 'Sowjets': "War es wirklich Unkenntnis der nazistischen Vergangenheit des Konteradmiral Heinz Neukirchen, die die Sowjets jüngst zu einem bombastischen Empfang des DDR-Flottenbesuches unter seiner Führung in Leningrad und Moskau veranlasste?"

Auch das kann man verneinen. Sowjetische Offiziere der Kotrollkommission in Berlin-Karlshorst befürworteten 1950/51 die Verwendung von Heinz Neukirchen als Chef des Stabes der HV Seepolizei. 1955 attestierten sowjetische Admirale Neukirchen beste Noten im Studium in Leningrad. Die PSK-Redakteure in Bonn hatten die Möglichkeit, dies in Erfahrung zu bringen. Dafür bezeichneten sie die "sowjetischen Admiräle Gorschkow, Fokin und Baikow als opportunistische Funktionäre".

Im Zusammenhang damit bediente man sich eines historischen Rückgriffs, wonach angeblich "die Sowjetregierung Tausende von revolutionären Matrosen und Hafenarbeiter in Kronstadt füsilieren ließ!"

Interessant ist der Umstand, dass trotz des damals von der Bundesrepublik vertretenden Alleinvertretungsanspruchs für alle Deutschen in Verbindung mit der Nichtanerkennung der DDR, die PSK-Redakteure dennoch den Namen "DDR" verwandten.

Die Seite 2 enthielt einen fragmentarischen Abdruck des von der Schiffstammdivision der Nordsee mit Sitz in Wilhelmshaven am 20. Juni 1935 angeforderten polizeilichen Führungszeugnisses. Darin bescheinigte der Reviervorsteher vom Polizei-Revier 4 in Duisburg Heinz Neukirchen im Punkt 10 auf die Frage: "Bietet er nach seiner Herkunft, seiner politischen Einstellung oder Betätigung Gewähr dafür, dass er jederzeit rückhaltlos für den nationalen Staat eintreten wird?" ein "ja". Im "Feuerschiff 63" wurde dies durch eine rote Umrandung hervorgehoben. Daneben setzten die PSK-Redakteure ein besseres Foto von Neukirchen im Dienstgrad Oberfeldwebel oder Leutnant zur See.

Meinem Vater, Jahrgang 1924, der sich zur Kriegsmarine meldete, wurde das gleiche "ja" im polizeilichen Führungszeugnis bescheinigt. Auf Zerstörer Z 24 war er an mehreren Seegefechten im Krieg beteiligt. Anschließend, nach dem Untergang von Z 24, erlebte er 1945 auf dem Minenschiff LOTHRINGEN die Evakuierung tausender Deutscher Bürger aus Pillau, Hela und Swinemünde nach Kopenhagen. Von 17 Jungen seiner Schulklasse in Brandenburg/Kirchmöser kehrten lediglich sechs aus dem Krieg zurück. Den Dienst meines Vaters unter der roten Hakenkreuz-Flagge der Kriegsmarine machte ihm in seinem anschließenden Lehrerberuf in der DDR keiner zum Vorwurf.

6.6. Schock, Versetzung in die Reserve

Am 31. Mai 1964 wurde Neukirchen auf Beschluss des Nationalen Verteidigungsrates (DDR) im 49. Lebensjahr als Vizeadmiral d. R. aus dem aktiven Dienst der NVA entlassen. Er verbrachte 23 Jahre in der Marine, davon zehn in der Reichs- und Kriegsmarine. Die unter Vorsitz von Walter Ulbricht am 22. Juni 1964 stehende Sitzung des Nationalen Verteidigungsrates bestätigte die Entlassung von Neukirchen aus dem aktiven Wehrdienst. Im Tagungspunkt Punkt 17 "Kaderfragen" wurde gleichzeitig seine Versetzung in die Reserve mit dem Dienstgrad Vizeadmiral bestätigt. Honecker unterzeichnete am 25. Juni 1964 diesen Beschluss.

Der damalige Leiter der zum Dienstbereich des Stabschefs gehörenden Bild- und Filmstelle im Kommando der Volksmarine, Leutnant Ing. Dieter Flohr, war einer der Zeitzeugen, die der Absetzung von Konteradmiral Heinz Neukirchen direkt beiwohnten. Rückblickend schilderte er das Ereignis.

"Mein Kameramann Obermeister Werner Kurzbach und ich hatten auf dringenden Anruf des Chefsekretariats sofort mit Fotogerät zu erscheinen. Als wir eintraten, saßen dort die Chefsekretärin Hilde Steigmann und der Sekretär des Chefs der Volksmarine, Kapitän zur See Werner Uhlendorf. Beide machten einen bedrückten Eindruck. 'Warten!'-knurrte Uhlendorf. Wir setzten uns und harrten der Dinge. Dann schnarrte das Telefon und wir wurden herein gerufen. Erschrocken sahen wir im Dienstzimmer des Marinechefs, Konteradmiral Wilhelm Ehm, auch den Minister für Nationale Verteidigung Armeegeneral Heinz Hoffmann. Neben Ehm befanden sich im Chef-Dienstzimmer Konteradmiral Heinz Neukirchen und der Chef Operativ, Kapitän zur See

Johannes Streubel. Alle, bis auf Hoffmann wirkten irgendwie verstört. Hoffmann erhob sich energisch und ließ die beiden Admirale und den Operativchef in einer Reihe antreten. Fieberhaft machten wir die Film- und Fototechnik klar. Ganz offiziell griff dann Hoffmann zu einer roten Mappe und verlas seinen eigenen Ministerbefehl. Mit nicht geringem Erstaunen vernahmen wir, dass unser Chef Heinz Neukirchen mit sofortiger Wirkung aus der NVA entlassen und in die Reserve versetzt wurde. Zugleich beförderte der Minister für Nationale Verteidigung Neukirchen zum Vizeadmiral der Reserve.

Der Wortlaut des zweiten Befehls galt Kapitän zur See Johannes Streubel. Er wurde mit sofortiger Wirkung zum Konteradmiral befördert und zugleich als neuer Stabschef eingesetzt. Dann verlas Minister Hoffmann noch ein drittes Dokument. Das war ein Beschluss des Politbüros des ZK der SED, dem der Ministerrat bereits zugestimmt hatte. Danach so hörten wir, wurde eine neue Führungsstruktur in der DDR-Handelsflotte geschaffen, der ein Präsident des Seeverkehrs und der Hafenwirtschaft vorstand. Diese Position sollte Neukirchen schon anderntags im Haus der Schifffahrt in der Langenstraße von Rostock antreten. Das tat er dann auch unter Mitnahme seiner langjährigen Sekretärin Frau Renate Jermakow.

Wir gingen. Die große Überraschung mag man uns wohl angemerkt haben. Am Nachmittag wurden die Abteilungsleiter des Kommandos der Volksmarine in die Chefmesse zusammen gerufen. Im Präsidium nahmen die Akteure des Vormittags Platz. Streubel befand sich noch immer in der Uniform eines Kapitäns zur See. Armeegeneral Hoffmann erhob sich und informierte die erschrocken lauschende Runde über den soeben eingetretenen Wechsel in der Führung der Volksmarine. Ehm blieb völlig stumm und regungslos. Heinz Neukirchen saß neben ihm, noch immer sichtlich beeindruckt von dieser unerwarteten Wendung in seinem Leben. Als scheidender Chef des Stabes bedankte er sich bei den Anwesenden, von denen viele seine Unterstellten waren, für deren engagierte Arbeit im Dienst der Flotte. Er sprach von einer erneuten jähen Veränderung in seinem Leben als Marineoffizier.

Minister Hoffmann versuchte die deprimierte Stimmung im Saal aufzubessern. Er wusste ja, dass Neukirchen, obwohl als 'Admiral Donnergroll' gefürchtet, dennoch im Offizierscorps sehr beliebt war. So sagte Armeegeneral Hoffmann dann auch etwas tröstend, dass Neukirchen ja nun zum Vizeadmiral der Reserve ernannt worden sei und damit faktisch auch weiterhin dem Minister für Nationale Verteidigung unterstellt sei. Als das Gremium aufhorchte, fügte er hinzu, dass schließlich im Ernstfall (Verteidigungsfall) die gesamte zivile Flotte mit der eintretenden Mobilmachung sofort der Volksmarine unterstellt sei und diese dann von Vizeadmiral Neukirchen befehligt würde.

Über die wahren Gründe der plötzlichen Ablösung von Neukirchen fiel kein Wort. Die Gläser klangen stumm. Johannes Streubel, der zum Kriegsende noch eine Fähnrich-Ausbildung bei der Kriegsmarine absolvierte, übernahm mit starker Hand den Bereich Chef des Stabes der Volksmarine."

Anlässlich der Verabschiedung von Heinz Neukirchen aus dem aktiven Dienst wurde ihm einige Tage später ein überdimensioniertes, dickes und in braunem Leder eingebundenes Fotoalbum überreicht. Es hatte die Abmaße von 710mm mal 510mm mal 50mm und wog 9,5kg. Das riesige Buch sollte die Dienstzeit von Neukirchen von 1951 bis 1964 reflektieren, war aber mehr eine dicke Propaganda-Fibel. Die Fotos in schwarz/weiß, meist in mieser Kopie-Qualität, waren von demagogischen Sprüchen und Zitaten von Marx und Lenin umrahmt, wie z.B. "Die Theorie wird zur Materiellen Gewalt, wenn sie die Massen erreicht". Einzig gelungen erscheint nach Ansicht des Autors die Illustration von ca. 30 Grafiken und Zeichnungen des Marinemalers Harry Bauer. Mit nahezu künstlerischer Begabung verewigte er in 27 handgeschriebenen Versen Episoden aus dem maritimen Dienstalltag an Bord und des Dienstes von Neukirchen als Chef des Marinestabes.

Entlassungs-Trick

Bekanntermaßen erfordern ungewöhnliche Umstände meist ungewöhnliche Maßnahmen. Das galt auch, wenn es um Schlüsselpositionen in Politik, Wirtschaft und Militär der DDR ging. Der Ort, das Dienstzimmer des Chefs der Volksmarine und die Inszenierung der unverhofften Verabschiedung von Neukirchen aus dem aktiven Dienst mit gleichzeitiger Beförderung zum Vizeadmiral und Erhebung in einen zivilen Präsidentenstand, gehörten zur Regierungsmethode in der Ulbricht-Ära. Diese Praxis war häufig begleitet von Tricks und großen Gefühlen gegenüber den weniger über den Sachverhalt informierten Beteiligten.

Der vom Westen initiierte "Abschuss" von Konteradmiral Heinz Neukirchen aus dem aktiven Dienst bedeutete auch einen Sieg für die SED-Nomenklatura und Führungsverlust für die Volksmarine. Admiral Ehm erreichte nie das fachliche Format wie Neukirchen. Das Dienstverhältnis zwischen Neukirchen und Ehm galt u.a. wegen des unterschiedlichen Entwicklungsweges beider Admirale eher reserviert als freundlich.

Ehm, der nun unangefochten als ehemaliger Oberfunkmeister der Wehrmacht ohne fachliche Rivalität an der Spitze der Seestreitkräfte der DDR stand, blieb von Angriffen des Westens weitgehend verschont. Die PSK-Spezialisten in Bonn verzichteten auf eine Neuauflage von "Feuerschiff 64". Vermutlich hätte die Schlagzeile: "Vom Funk-Oberfeldwebel zum SED-Admiral" nicht den propagandistischen Erfolg wie die Neukirchen-Aufmachung ein Jahr zuvor.

Die Vorliebe von Ehm für Bockwurst aus Halberstadt, er konnte gut vier bis sechs am Stück an Bord verdrücken, verhalf ihm in der Flotte schon bald zum Spitznamen "Bockwurst-Willi". An die Stelle von 'Donner und Grollen' traten scharfer Bautz'ner Senf und ein vergnügliches Kauen von knackigen Bockwürsten. Als Ehms Geschmack dann später mehr zu saftig gebratenen Bouletten "Thüringer Art" tendierte, änderte sich auch die Vorsilbe in seinem Namen.

Küstenschutzschiff RIGA-Klasse mit Blick auf 100-mm-Universalgeschütze Modell B-34,
Brücke , Funkmessstation und Gittermast (Erwin. Lange, Sammlung Dembiany)

Ehrenformation an Bord Küstenschutzschiff, Generaloberst Willi Stoph und Konteradmiral Heinz Neukirchen, 1959 (Werner Kurzbach, Sammlung Dembiany)

Küstenschutzschiff, Blick vom Dreibeinmast auf Achterschiff mit 37-mm-Doppellafette Model W-11-M (Kurzbach, Sammlung Dembiany)

Blick vom Heck eines MLR in Kielwasser zum nachlaufenden MLR KRAKE
(Sammlung Pfeiffer)

MLR HABICHT Backbord-Seite (Sammlung Pfeiffer)

MLR HABICHT Steuerbord-Seite (Sammlung Pfeiffer)

Offiziersschule Seestreitkräfte Stralsund 1960, Konteradmiral Neukirchen mit polnischem Konteradmiral Studzinski (Fotoarchiv VM, Sammlung Pfeiffer)

Konteradmiral Neukirchen in Vorbereitung Flottenparade 4. November 1960
(Kurzbach, Sammlung Dieter Flohr)

v.l.n.r. Kapitän zur See Wilhelm Nordin, Konteradmiral Wilhelm Ehm, Kapitän zur See Kurt Kmetsch, Konteradmiral Heinz Neukirchen, Kapitän zur See Rudi Wegner, Fregattenkapitän Willi Schottmann, 1961 oder 1963 (Sammlung Peter Lippke)

Konteradmiral Neukirchen als Chef Volksmarine und Kapitän zu See Wilhelm Nordin (Mitte mit Fernglas) als Chef des Stabes (Sammlung Pfeiffer)

Konteradmiral Neukirchen als Chef der Volksmarine 1962 (Sammlung Pfeiffer)

Konteradmiral Neukirchen, August 1962 (Sammlung Pfeiffer)

Konteradmiral Neukirchen, August 1962 in Moskau (Fotoarchiv VM)

"Flotten-Echo", 15. Mai 1962, Admiral Waldemar Verner und Konteradmiral Neukirchen Gespräch mit ersten wehrpflichtigen Matrosen (Archiv Pfeiffer)

Feuerschiff "Gedser Rev", Museumsschiff in Kopenhagen 2010 (Pfeiffer)

Spanienkreuz in Bronze ohne Schwerter (Wikipedia)

"Feuerschiff 63", Titelseite, (Archiv Pfeiffer)

Das Thema
der nächsten Ostsee-Woche:

Die Seeleute der Kriegs- und Handelsmarinen, die die Ostsee befahren, sind mit Recht empört darüber, daß Walter Ulbricht ihnen einen „Nationalsozialistischen Führungsoffizier" als Chef der DDR-Volksmarine präsentiert. Empört sind auch die Werft- und Hafenarbeiter in den Ostseehäfen. Skandinavische Antifaschisten werden die Frage der Weiterverwendung Neukirchens auf der nächsten Ostsee-Woche an die Funktionäre der SED stellen.

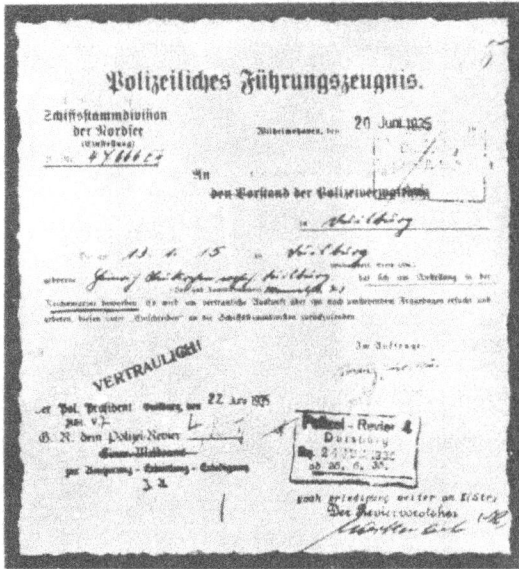

Heinz Neukirchen
als Angehöriger der
Hitler-Kriegsmarine

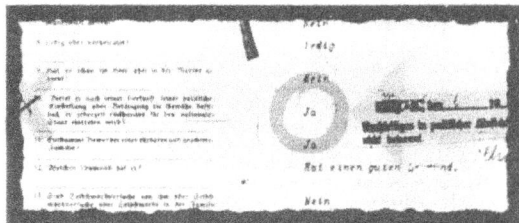

Bietet er nach seiner Herkunft, seiner politischen Einstellung oder Betätigung die Gewähr dafür, daß er jederzeit rückhaltlos für den nationalen Staat eintreten wird?

"Feuerschiff 63", Seite 2 (Archiv Pfeiffer)

E R N E N N U N G S
U R K U N D E

Chefinspekteur der VP-See

Heinz Neukirchen

wird auf Beschluß des Ministerpräsidenten

mit Wirkung vom 1. Oktober 1952

zum

Konteradmiral

ernannt

Berlin, den 6. Oktober 1952   DER MINISTER DES INNERN

der Regierung

der Deutschen Demokratischen Republik

Ernennungsurkunde Konteradmiral, 6. Oktober 1952 (Sammlung Lippke)

EHRENURKUNDE

In Anerkennung
seiner hervorragenden Leistungen
für die Deutsche Volkspolizei
wurde am

Konteradmiral

NeuKirchen, Heinz

im Namen der Regierung
der Deutschen Demokratischen Republik
das
„Ehrenzeichen der Deutschen Volkspolizei"
verliehen

Berlin , den 1.

Generalleutnant   Chef der KVP

"Ehrenzeichen der Deutschen Volkspolizei", 1. Juli 1954 (Sammlung Lippke)

ALS ZEICHEN DER ANERKENNUNG

HERVORRAGENDER LEISTUNGEN BEIM AUFBAU

UND BEI DER FESTIGUNG DER ARBEITER- UND BAUERNMACHT

IN DER DEUTSCHEN DEMOKRATISCHEN REPUBLIK

WIRD

KONTERADMIRAL
HEINZ NEUKIRCHEN

DER

VATERLÄNDISCHE
VERDIENSTORDEN
IN BRONZE

VERLIEHEN

BERLIN, AM 1. JULI 1954

DER PRÄSIDENT

i. V.

"Vaterländische Verdienstorden" in Bronze, 1. Juli 1954 (Sammlung Lippke)

AUSWEIS

NAME *Neukirchen*

VORNAME *Heinz*

GEBOREN **13. Jan. 1915**

IST INHABER DES

VATERLÄNDISCHEN VERDIENSTORDENS IN BRONZE

AUSWEISNUMMER **0037**

STEMPEL

EIGENHÄNDIGE UNTERSCHRIFT

Ausweis zum "Vaterländischen Verdienstorden" in Bronze (Sammlung Lippke)

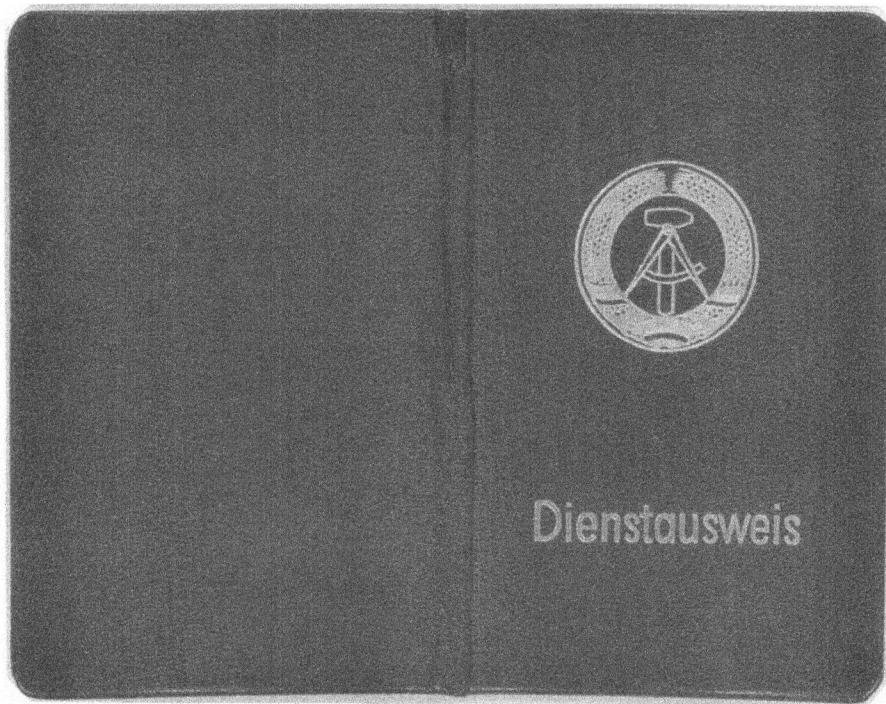

Personenkennzahl 130115-4-00821, 1964 (Sammlung Lippke)

*Schulterstücke Chefinspekteur (l.) und drei Ausführungen Konteradmiral, zwei dreimal
geflochtene Goldschnüre mit in der Mitte laufender Silberplattschnur am Knopfende in eine
Schlaufe auslaufend auf dunkelblauem Tuch (Pfeiffer)*

URKUNDE

FÜR DIE EHRENVOLLE PFLICHTERFÜLLUNG
IN DER NATIONALEN VOLKSARMEE

NeuKirchen, Heinz

GEB. AM 13.01.1915

DIENTE VOM 01.03.1951 BIS 31.05.1964
IN DEN BEWAFFNETEN ORGANEN
DER DEUTSCHEN DEMOKRATISCHEN REPUBLIK
UND SCHEIDET MIT DEM DIENSTGRAD

Vizeadmiral

AUS DEM AKTIVEN WEHRDIENST
DER NATIONALEN VOLKSARMEE AUS

BERLIN, DEN 31.05.1964

MINISTER FÜR NATIONALE VERTEIDIGUNG

-Armeegeneral-

NVA(K)-6 - AII 117/62/63 — 850/187/3

DER DIENST ZUM SCHUTZE DES VATERLANDES
UND DER ERRUNGENSCHAFTEN DER WERKTÄTIGEN
IST EINE EHRENVOLLE NATIONALE PFLICHT
DER BÜRGER
DER DEUTSCHEN DEMOKRATISCHEN REPUBLIK

(AUS DER VERFASSUNG DER
DEUTSCHEN DEMOKRATISCHEN REPUBLIK)

Urkunde Dienstzeit 1. März 1951 bis 31. Mai 1964 und Ernennung zum Vizeadmiral 31. Mai 1964 (Sammlung Lippke)

MINISTERRAT

DER DEUTSCHEN DEMOKRATISCHEN REPUBLIK

Auf Vorschlag des Nationalen Verteidigungsrates der Deutschen Demokratischen Republik
wird

Genosse Konteradmiral Heinz N e u k i r c h e n

anläßlich seines Ausscheidens aus dem aktiven
Wehrdienst und Versetzung in die Reserve mit
Wirkung vom 31. Mai 1964 auf der Grundlage des
Beschlusses des Präsidiums des Ministerrates
vom 16. April 1964 zum

V i z e a d m i r a l   der Reserve

befördert.

Ich beglückwünsche Sie zu dieser Beförderung und
wünsche Ihnen Erfolg in Ihrer weiteren Arbeit
zur Festigung und Stärkung der Verteidigungskraft
der Deutschen Demokratischen Republik.

Erster Stellvertreter des
Vorsitzenden des Ministerrates

Berlin, den 29. April 1964

Beförderung Vizeadmiral der Reserve, Berlin 29. April 1964
(Sammlung Lippke)

URKUNDE

Im Namen des Ministerrates
der
DEUTSCHEN DEMOKRATISCHEN REPUBLIK
wird

Vizeadmiral d. Res.

Reukirchen, Heinz

die

„Medaille für treue Dienste in der Nationalen Volksarmee"

in *Gold*

als Zeichen der Anerkennung für ehrliche,
gewissenhafte und treue Pflichterfüllung in der
Nationalen Volksarmee verliehen

Berlin, den **31.05.1964**

Armeegeneral

Minister für Nationale Verteidigung

"Medaille für treue Dienste in der NVA" in Gold, 31. Mai 1964
(Sammlung Lippke)

Uniformjacke Vizeadmiral Neukirchen (Pfeiffer)

Schirm-Mütze Admiral mit DDR-Kokarde (Pfeiffer)

7. Vizeadmiral der Reserve, 1964-1986

Neukirchen blieb der DDR auf einem zivilen Posten erhalten. Er rückte scheinbar aus dem Schussfeld des Westens. Eine Lösung, die das SED-Politbüro in Berlin erzwungen hatte, die aber nicht frei von Illusionen war. Von nun an operierte Neukirchen auf internationaler Bühne. Er vertrat die DDR bis 1976 im See-seitigen Außenhandel und damit der Welt zugewandt unter gesellschaftlichen Bedingungen, die von politischer Abschottung und ausbleibender diplomatischer Anerkennung geprägt waren. Positiv für Neukirchen war, dass er nach seiner Entlassung nicht in eine fortwährende Personalschleife der Vertröstungen geriet, sondern schon anderntags in Rostock los legen musste.

7.1. Präsident Direktion Seeverkehr und Hafenwirtschaft (DSH), 1964-1976

Im 49. Lebensjahr wechselte Neukirchen ohne zu Murren ins zivile Berufsleben an die ökonomische Front. Dieser Einsatz sollte 12 Jahre dauern. Hoffmanns Argumentation, dass Neukirchen im Mobilmachungs- bzw. Kriegsfall den Oberbefehl über die gesamte zivile Flotte hätte und dann wieder dem Minister für Nationale Verteidigung unterstellt sei, muss Neukirchen wohl als einen schlechten Witz empfunden haben.

Die neue zivile Funktion bedeutete für Heinz Neukirchen keinen Karrierestillstand, sondern eine neue Herausforderung auf bekanntem Terrain — die See. Die Beschäftigten der Zivilflotte waren völlig überrascht, als der stattliche Neukirchen im besten Anzug am 1. Juni 1964 vor der Tür im "Haus der Schiffahrt", dem Hauptsitz der Deutschen Seereederei (DSR) in Rostocks Innenstadt, stand. Keiner rief, wie einige Tage zuvor ehrerbietend "Achtung, Stillgestanden, zur Meldung die Augen links!" Vielmehr entboten die DSR-Mitarbeiter dem Neuen ein "Willkommen an Bord". Kaum einer wusste, weshalb gerade Neukirchen auf den Chefposten der DSH gehievt wurde. Einige verhielten sich gegenüber Neukirchen zurückhaltend und skeptisch. Für den Minister für Verkehr der DDR, Erwin Kramer, war Heinz Neukirchen der neue Mann im Norden. In Berlin setzte man in ihm hohe Erwartungen. Er trat an, um die DSR zu reformieren. Zum Kennenlernen und Eingewöhnen blieb ihm kaum Zeit. Er musste und wollte das Unternehmen wettbewerbsfähig machen, was im Sozialismus nahezu aussichtslos war.

Nunmehr befehligten ab Mitte 1964 zwei Vizeadmirale zwei Flotten. Ein im aktiven Dienst der Volksmarine stehender Admiral mit ca. 225 Schiffen und Booten (einschließlich Hilfsschiffen) und ein Admiral der Reserve, zuständig für die DDR-Handelsflotte mit 110 Schiffen. In der DSR arbeiteten zu diesem Zeitpunkt 5.670 Mitarbeiter. Das entsprach etwa der Hälfte des bis Mai 1964 befehligten Marinepersonals. Dagegen bereederte die zivile Flotte 1964 eine Schiffskapazität von 688.625 tdw. Wenn auch im Deplacement durch die unterschiedliche Zweckbestimmung nicht vergleichbar, so verfügten Ehms Marine-Einheiten lediglich über etwa 62.000 tdw. Das entsprach 9 Prozent der zivilen Flotte.

Zum Ende von Neukirchens Berufstätigkeit im Seeverkehr und Hafenwirtschaft bestand 1976 zwischen der "zivilen und militärischen Komponente zur See" ein annäherndes "Gleichgewicht" in der Anzahl von Schiffen und Personal. 1976 arbeiteten im Rostocker Kombinat für Seeverkehr und Hafenwirtschaft 11.818 Mitarbeiter. Die Rostocker Reederei verfügte 1976 über 198 Schiffe mit 1.795.565 tdw.

Intervention durch MfS

Der vom SED-Politbüro verordnete Wechsel von Neukirchen an die ökonomische Front verlief in den Berliner Führungsetagen nicht problemlos. Im Vorfeld intervenierte die MfS-Führung in der Normannenstraße. Die Stasi-Generale lehnten Neukirchen für die vorgesehene Besetzung der Position "Direktor für Seeverkehr und Hafenwirtschaft" ab. Stasi-Chef Mielke persönlich sprach darüber am 23. Oktober 1963 mit dem Sekretär der Sicherheitsabteilung beim ZK der SED, Genossen Borning.

Zuvor richtete der Leiter der MfS-Hauptabteilung I in Berlin, Generalmajor Karl Kleinjung, an die Sicherheitsabteilung des ZK der SED eine entsprechende Stellungnahme. Darin hieß es u.a.: "Dem Vorschlag, N. als Direktor der See- und Hafenwirtschaft einzusetzen, können wir nicht zustimmen. Zumal diese Funktion auch mit Reisen ins kapitalistische Ausland verbunden wäre".

Diese Begründung entsprach dem Denkschema der Stasi, wonach die DDR angeblich überall von Feinden umgeben war und der Verrat an jeder

Ecke lauerte. Als Chef aller DDR-Handelsschiffe und von zwei Urlauberschiffen, die Häfen in aller Welt anlaufen, brauchte man um erfolgreich zu sein, internationale Kontakte.

Im Verständnis des MfS galt Neukirchen als ein Geheimnisträger besonderer Art. Trotz intensiver Recherchen gelang es der Stasi nicht, den Dienstverlauf des Marineoffiziers Neukirchen in der Kriegsmarine mit dessen Kommandos zu ermitteln. Wie bereits im Kapitel 6.5. erwähnt, gelang es dem MfS nicht, Neukirchen irgendwelche "Verfehlungen" im spanischen Bürgerkrieg oder während seiner Dienstzeit als Offizier der Kriegsmarine nachzuweisen.

Hinzu kam, dass Neukirchen in viele geheime militärische Belange der NVA und des Warschauer Paktes eingeweiht war. Das MfS argumentierte: "Wir möchten in diesem Zusammenhang vor allem noch darauf hinweisen, dass N. durch seine langjährige Tätigkeit bei der Volksmarine über einen tiefen Einblick in internste militärische Organisations- und Führungsfragen verfügt und als wichtiger Geheimnisträger einzuschätzen ist".

Die MfS-Ablehnung resultierte auch aus kaderpolitischen Bedenken. Die Stasi befürchtete, dass Neukirchen wegen seiner Verwandtschaft in der Bundesrepublik in den Westen flüchten könnte oder gar politisch erpressbar wäre. Dazu erwähnte das MfS: "Durch einen derartigen Einsatz würde eine aktivere Bindung zu seiner in der Westzone lebenden ... (im BStU-Dokument geschwärzt) Vorschub leisten. Damit würde nicht zuletzt auch den Bestrebungen des Gegners, an N. heranzukommen, zugearbeitet werden".

Aus der Beschattung von Neukirchen war dem MfS bekannt, dass Neukirchens in der Bundesrepublik lebende Töchter ihren Vater im Juli/August 1962 in Rostock besuchten. Zu diesem Treffen mit Heinz Neukirchen, der zu diesem Zeitpunkt Chef der Volksmarine war, gab der Minister für Nationale Verteidigung zuvor seine Zustimmung. Obwohl allen Angehörigen der NVA nach der Dienstvorschrift Kontakte mit dem Westen verboten waren, bildete Neukirchen eine Ausnahme. Westverwandtschaften waren zu melden und abzubrechen. Andernfalls drohten dem betreffenden Berufssoldaten disziplinarische Konsequenzen. Diese in Familienbeziehungen hinein wirkenden Restriktionen hatten Auswirkungen auf die Dienstlaufbahn eines Berufssoldaten, die bis zu seiner Entlassung aus der NVA führen konnte. Es verwundert schon, dass Neukirchens familiären Belange aus 1. Ehe seitens der NVA-

Führung toleriert wurden. Andere Offiziere hätten längst die rote Karte bekommen.

Der Minister für Staatssicherheit, Erich Mielke, gab am 23. Oktober 1963 an die Sicherheitsabteilung des ZK der SED die Empfehlung: "Genossen Konteradmiral Neukirchen – Chef des Stabes der Volksmarine – nicht in die vorgesehene Funktion bei der See- und Hafenschifffahrt zu versetzen. Um Kenntnisnahme wird gebeten", so der Originaltext. Die Stasi hatte damit jedoch keinen Erfolg.

"In Feindesland"

Ein anderes damit im Zusammenhang stehendes Thema hatte Vorrang, die wachsende Bedeutung der Seereederei für die DDR-Volkswirtschaft. 1960 betrug das Außenhandelsvolumen der DSR lediglich 13,8 Prozent. Das prognostizierte See-seitige Außenhandelsvolumen der DDR sollte nach der Zielvorgabe eines Leitungsdokuments der Hauptverwaltung Schifffahrt, auf jährlich 40,5 Prozent im Zeitraum von 1959 bis 1965 steigen.

Dieses Transport- und Umschlagziel wurde in den 60er-Jahren nicht erreicht. Dennoch hatten die Transport- und Umschlagkapazitäten einen Umfang erzielt, der eine koordinierte Leitung der Flotte und Häfen erforderte. Zur Disposition stand eine neue Struktur der Seeverkehrswirtschaft der DDR, die den neuen Anforderungen besser gerecht wurde. Dazu benötigte man eine Führungspersönlichkeit mit Fachwissen, Engagement und Durchsetzungsvermögen.

1964 im zivilen Sektor angekommen, betrat Neukirchen als Vizeadmiral d.R. in der neu geschaffenen Funktion des Präsidenten der Direktion Seeverkehr- und Hafenwirtschaft der DDR sozusagen "Feindesland". Für die Führungskräfte, der seit 1952 existierenden DSR mit den innerhalb von 13 Jahren in diesem Wirtschaftszweig entstandenen Betrieben, war der aus der Marine kommende Offizier ein Eindringling in ihre damals noch ziemlich heile (zivile) Welt.

Viele der DSR-Mitarbeiter in leitenden Positionen traten Neukirchen anfangs skeptisch und abwartend gegenüber, einige sogar ablehnend. Für die von Havarien und schweren Schiffsunfällen nicht gerade verschont gebliebene DSR-Flotte, war es für einige ihrer Kapitäne stets ein Ärgernis, dass in den

Havarie-Verhandlungen vor der Seekammer der DDR der Kapitän zur See und Jurist Friedrich Elchlepp, ab 1960 Havariekommissar, über sie zu Gericht saß.

Es gab Kapitäne und Offiziere der DSR-Rostock, die in der DDR-Marine mehr "einen grauen Haufen Kriegsblech" sahen, der nur Kosten produzierte. Im Gegensatz zu den DSR-Schiffen, die auf weltweiten Fahrrouten operierten, waren die kleinen Kriegsschiffe der DDR-Marine auf See für sie unbedeutend. Diese Arroganz im Denken einiger DSR-Kapitäne widerspiegelte sich u.a. in der häufig den Schiffen der Volksmarine verweigerten Grußpflicht in See, dem Dippen der Flagge. Diese Praxis des Negierens auf See gegenüber den viel kleineren DDR-Kriegsschiffen erlebte der Autor in der Ostsee im Verlauf seiner Dienstzeit in der 4. Flottille.

Wolfgang Schneider, ein DSR-Kapitän im Ruhestand, charakterisierte Neukirchen in seinem 2004 erschienenen Buch (Literaturverzeichnis) auffallend abfällig: "Er hielt selbstgefällig eine der üblichen unkonkreten Reden, denn was wusste der Marinemann schon von der Handelsschifffahrt". Diese Ansicht erscheint dem Autor auffallend subjektiv. Die hier unterstellte Inkompetenz von Neukirchen wird von anderen Kapitänen und Offizieren der DSR nicht geteilt. Von DSR-Kapitänen auf fehlende Entsorgungsmöglichkeiten von Bord-Abfällen angesprochen, soll Neukirchen nach dem Empfinden von Schneider "im Armeestil über uns hinweg gedonnert" sein. Nach der Ansicht von Neukirchen "hätten wir uns um höhere Aufgaben zu kümmern als uns mit derartigen Lappalien herumzuplagen". Ob diese Erinnerungen von Schneider tatsächlich zutrafen, ist nicht belegbar.

Mit Ausnahme eines leitenden Offiziers an der Ingenieurhochschule für Seefahrt Warnemünde/Wustrow, Professor Dr. Jürgen Polzin, hat sich nur selten ein Repräsentant der DSR im Marinestützpunkt auf der anderen Seite des Seekanals von Warnemünde blicken lassen, höchstens zum Tag der NVA am 1. März. Während der Dienstzeit des Autors in der 4. Flottille (Warnemünde/Hohe Düne) hielt Polzin in den 70er-Jahren Vorträge im Rahmen der Weiterbildung von Offizieren und Zivilbeschäftigten. Die Einblicke, die er uns dabei in die Arbeitswelt der DSR und ihrer Mitarbeiter gab, waren sehr interessant. Die Vorträge waren immer gut besucht.

Neue Strukturen

Im Gegensatz zur Abschottung der DDR nach der Grenzschließung im August 1961 wuchs die DSR mit Sitz in Rostock in der Anzahl ihrer Schiffe und

Mitarbeiter. Die Handelsflotte übernahm neue Liniendienste in entfernte Seegebiete. Die Anzahl stieg von 13 in 1965 auf 22 Liniendienste in 1975 an.

Mit Zunahme des DDR-Außenhandels entwickelte sich die DSR in den 60er-Jahren zur Universalreederei. Bereits am 5. Dezember 1963 fasste der DDR-Ministerrat den Beschluss "zur Verbesserung der Planung und Leitung des Seeverkehrs und der Hafenwirtschaft sowie der Binnenschifffahrt". Beabsichtigt war, in der DDR eine einheitliche und durchgehend organisierte Leitung des Transportprozesses zur See einzuführen und zu gewährleisten.

Die im Zuge des Ministerratsbeschlusses am 1. Juni 1964 gegründete Direktion Seeverkehr und Hafenwirtschaft verstand sich als Zentralinstitution und zugleich logistische Schnittstelle für alle Sachfragen in der Seeverkehrswirtschaft. Nach Ansicht der Historikerin Franziska Cammin (Literaturverzeichnis) musste die "DSR 1964 einen großen Teil ihrer Handlungsfreiheit an die Direktion Seeverkehr und Hafenwirtschaft abgeben. Die Direktion nahm eine Mittlerposition zwischen Seeverkehrsbetrieben und dem Ministerium für Verkehrswesen ein. Mit der Zeit wurde sie aber nur eine weitere Ebene in der Hierarchie, die eine direkte Kommunikation zwischen Reederei und Ministerium unmöglich machte".

Im 5. zivilen Berufsjahr von Neukirchen begann 1968 in der DSR der Einstieg in die Containerschifffahrt. Den Beginn markierte der Einsatz des umgebauten Stückgutfrachters MS FALKE als Containerschiff. In den folgenden Jahren erlangten die Container- und "Ro/Ro-Dienste" zunehmend an Bedeutung. Es wuchs deren Anteil an der Gesamttonnage.

Die Schiffskapazität der DSR erhöhte sich von 688.625 tdw (110 Schiffe) in 1964 auf 1.048.180 tdw (162 Schiffe) in 1968. Hans Nosty bezifferte in seinem Aufsatz "Die Seeverkehrswirtschaft der DDR" (Literaturverzeichnis) die Anzahl der Handelsschiffe in 1970 auf 175 bei einer Schiffskapazität von 1.343.948 tdw.

Nach Nosty erreichte die Transport- und Umschlagmenge 1970 durch die Handelsflotte insgesamt den Wert von 8.599.800t. Die beförderte Gütermenge allein durch Schütt- oder Massengutschiffe (Bulkcarrier-Flotte) stieg von 701.015t im Jahr 1964 auf 2.066.949t im Jahr 1968 an. Dies entsprach nahezu eine Verdreifachung.

Im Zeitraum 1964 bis 1970 wurden 99 Handelsschiffe mit insgesamt 915.758 tdw in Dienst gestellt. Die Anzahl der Beschäftigten wuchs im Zeitraum 1964 bis 1968 von 5.670 Mann (davon 4.801 in der Flotte und 869 an Land) auf 8.755 Mann (davon 7.051 in der Flotte und 1.704 an Land).

Neben der rasanten Flottenerweiterung gab es im Zeitraum 1965 bis 1971 auch 20 Abgänge durch Schiffsunglücke zu beklagen, wobei 26 Seeleute den Seemannstod fanden. Das betraf den Untergang der KAP ARKONA (1964) und die Verluste von MS KÄTHE NIEDERKIRCHNER (1965), MS FIETE SCHULZE (1967), MS STUBBENKAMMER (1967) sowie MS CAPELLA (1976).

Die großen Pötte der Deutfracht konnten wegen ihres Tiefgangs voll beladen nicht mehr die DDR-Häfen anlaufen. Sie mussten ihre Ladung in westeuropäischen Häfen an kleinere Schiffe übergeben. Zu den größten DSR-Schiffen gehörten seit 1968 der Motortanker WOLFEN (45.080 tdw) und ab 1974 der Motortanker HEINERSDORF (87.000 tdw). Die zu Beginn der 70er-Jahre in Dienst gestellten MS GRÖDITZ und MS GÖRLITZ hatten je 38.250 tdw. Um das Löschen von Ladungen von Schiffen bis zu 100.000 tdw zu ermöglichen, wurde Anfang der 70er-Jahre erwogen, vor der DDR-Küste eine "künstliche Insel" zu errichten. Dieses Vorhaben erwies sich jedoch als eine Utopie.

Im Zuge von Maßnahmen zur Rationalisierung und Spezialisierung kam es Anfang 1968 unter der Regie von Neukirchen zu einer Neugliederung der Struktur. Von nun an existierten fünf Flottenbereiche. Diese betrafen die Regionen bzw. Bereiche Nord- und Ostsee, Afrika, Asien/Amerika, die Spezialschifffahrt und Passagierschifffahrt.

Am 29. Juli 1969 erteilte Präsident Neukirchen die Anweisung zur Gründung der Deutfracht GmbH. Nach Vorliegen der entsprechenden Direktive des Verkehrsministeriums wurde 1970 der Bereich der Spezialschifffahrt aus der DSR herausgelöst. Die DSR hatte 25 Schiffe an die Deutfracht zu übergeben samt Personal, Bilanzen (Kosten, Kredite, Gewinne), Einrichtungen, Materialwirtschaft usw. Das verlief nicht problemlos.

Eines der Hauptprobleme bereitete Neukirchen die desolate Personalsituation, der Arbeitskräftemangel und die vielen Republikfluchten von DSR-Beschäftigten auf Fahrten in den Westen. Dazu recherchierte Cammin, dass 1970 von 1.328 Besatzungsmitgliedern der VEB Deutfracht 81 Stellen nicht besetzt werden konnten. 1971 erhöhte sich die Zahl von Fehlstellen auf 193. Das betraf bei den Patentträgern u.a. 24 nautische Offiziere und 43 technische Offiziere. Das Deckspersonal verzeichnete ein Minus von 81 Seeleuten. Beim

Maschinenpersonal fehlten im gleichen Jahr 19 Mann. 16,5 Prozent der Funkerstellen waren nicht besetzt. 621 Abgängen im Jahr 1970 standen lediglich 580 Neuzugänge gegenüber.

Dadurch mussten u.a. MS LÜBBENAU und MS SENFTENBERG vorrübergehend an der Pier still gelegt werden. Hauptgrund für die Abwanderung von Arbeitskräften und Unzufriedenheit war die enorme Arbeitsbelastung an Bord, die hohe Anzahl von Seetagen im Jahr und die dadurch bedingte Abwesenheit von der Heimat sowie die unzureichende Ausbezahlung von freien Tage und Überstunden.

Mit der Indienststellung der Handelsschiffe des Typs X D setzte ab 1975 ein Prozess der Teilautomatisierung des Schiffmaschinenbetriebes und damit eine Entlastung des Maschinenpersonals ein. Dadurch konnten 79 Handelsschiffe im Seebetrieb mit wachfreiem Maschinenraum fahren. Auf 41 Schiffen bestand der wachfreie Maschinenbetrieb lediglich im Hafen.

Um den veränderten Erfordernissen in der Seeverkehrswirtschaft zu entsprechen, beschloss der DDR-Ministerrat am 12. Oktober 1973 das VEB Kombinat Seeverkehr und Hafenwirtschaft mit Wirkung vom 1. Januar 1974 zu bilden. Das war die dritte Strukturänderung im Verlauf von Neukirchens Tätigkeit in der DSR. Mehrere Arbeitsgruppen koordinierten unter seiner Leitung über mehrere Monate hinweg die organisatorischen, inhaltlichen und personellen Maßnahmen der Kombinatsbildung. Diese zielte darauf ab, den Seetransport und Hafenumschlag wirtschaftlicher zu gestalten und Leitungsprozesse zu optimieren.

An der Spitze des Kombinats stand Generaldirektor Heinz Neukirchen. Die DSR und der VEB Deutfracht firmierten zusammen als VEB Deutfracht/Seereederei Rostock. Die DSR als Stammbetrieb verfügte nunmehr über die Flottenbereiche Spezial- und Küstenschifffahrt, Asien/Amerika und Mittelmeer/Afrika. Zum Kombinat gehörten die Bagger-, Bugsier- und Bergungsreederei, VEB Schiffsmaklerei, VEB Schiffsversorgung, Talliergesellschaft mbH und die Seehäfen Rostock, Stralsund und Wismar. Zum Stammbetrieb der DSR zählten außerdem die Direktion Seeverkehr und Hafenwirtschaft, das Institut des Seeverkehrs und der Hafenwirtschaft sowie ein Ingenieurbüro für Rationalisierung der Seeverkehrswirtschaft.

Durch den Bau und Ausbau des Überseehafens Rostock als Universalhafen mit 25 Liegeplätzen und 70 Krane bzw. Kranbrücken erreichte dieser 1970 eine Umschlagmenge von 10.230.000t (ohne Getreide). Das entsprach

79,7 Prozent der gesamten Umschlagmenge, gefolgt vom Hafen Wismar mit 13,4 Prozent.

Flucht von Bord

Enorme Probleme bereitete der DSR das ungesetzliche Verlassen der DDR (intern bezeichnet als "u.V." sowie "u.G." für ungesetzlichen Grenzübertritt) durch DSR-Seeleute und mitfahrenden Ehefrauen bei Aufenthalten in Häfen im westlichen Ausland. Diese Republikfluchten von Bord der DSR-Schiffe erreichten laut den Recherchen von Cammin 1965 eine Spitzenwert von 106 Seeleuten. Ein Jahr später waren es 97 und 1970 noch einmal 67 Seeleute, die nicht in die DDR zurückkehrten.

Die bis 1971 anhaltenden Fluchtfälle von DSR-Mitarbeitern beschäftigten natürlich Präsident Neukirchen und sein Führungsgremium. Obwohl in den 70er-Jahren die Fluchtzahlen auf 20 bis 38 pro Jahr zurück gingen, waren diese Vorfälle im Verständnis der SED- und DSR-Führung immer noch zu viel. Um den Republikfluchten entgegen zu wirken, wurde die politisch-ideologische Ausbildung und Erziehung intensiviert sowie organisatorische Maßnahmen seitens der Polit- und Kaderabteilung aber auch des MfS ergriffen. Wer auslaufend Warnemünde in See dann "linksrum" fuhr in Richtung Nord-Ostsee-Kanal, Nordsee und Atlantik, wurde zuvor von der Stasi gecheckt. So mancher DSR-Kamerad ging bereits schon an der Schleuse vom Nord-Ostsee-Kanal (NOK) in Kiel-Holtenau verloren. Ein Ost-Seemann mit Westkontakt dampfte auslaufend Warnemünde meistens "rechtsrum" mit Kurs Baltikum, in die UdSSR.

Eines der pikantesten Fluchtbeispiele, die des DSR-Lehrlings Hermann Arndt, schilderte Franziska Cammin. Arndt nutzte mit einem weiteren Matrosenlehrling auf dem Fracht- und Lehrschiff THEODOR KÖRNER im Januar 1966 den Aufenthalt in London, um sich für immer von der DDR zu verabschieden. Arndt war der Sohn des damaligen stellvertretenden Ministers für Verkehrswesen Otto Arndt. Um die beiden Flüchtlinge zur Rückkehr in die DDR zu bewegen, wurde extra der Generaldirektor der DSR, Eduard Zimmermann, nach London eingeflogen. Seine Bemühungen um Rückführung der beiden jungen Männer blieben jedoch erfolglos. Die britischen Behörden lehnten sein Begehren ab, die beiden in die Botschaft der Bundesrepublik Deutschland Entflohenen herauszugeben. Entsprechend der Bitte beider Lehrlinge veranlasste die Botschaft, dass die Männer nach Westdeutschland ausgeflogen wurden.

An Bord und im MfS-Apparat selbst setzte eine umfassende Untersuchung ein. Man fand heraus, dass die Republikflucht keine spontane Aktion während eines Wandertages des Ausbildungsaktivs in London war. Angeblich waren die Leistungen von Hermann Arndt in der Ausbildung "nicht überzeugend. Anfang der 1. Reise gab es bei ihm Tendenzen, die Ausbildung abzubrechen. Auch hatte er Schwierigkeiten gehabt, sich in die Normen des Bordlebens zu fügen", recherchierte Cammin aus dem Protokoll des Pädagogischen Rates der Betriebsberufsschule auf MS THEODOR KÖRNER. In Gesprächen an Bord beteuerte Arndt, dass er sich bessern wolle. Diese Absicht schien er aber nur zur Tarnung seines Vorhabens genannt zu haben. Um Republikfluchten von Mitarbeitern der DSR im Ausland zu verhindern wurde 15 Jahre später, am 15. Dezember 1980, der "kollektive Landgang" angeordnet. Mannschaften durften in westlichen Häfen nur noch in Gruppen an Land. Dazu bestimmte der Kapitän oder jeweilige Bereichsleiter einen "Landgangs-Verantwortlichen".

Am 10. Januar 1972 gelang dem III. Ingenieur auf dem MS EICHSFELD mit Unterstützung von Beamten des BGS die Flucht in der Schleuse Kiel-Holtenau. Trotz des vom Kapitän des Schiffes verhängten Landgangsverbot und zwei patrouillierenden Offiziers-Wachposten an Oberdeck gelang dem Bordingenieur über die Gangway die Flucht auf westdeutsches Terrain. Nach seinem Asyl-Ersuchen bat er den BGS, seiner ebenfalls an Bord befindliche Ehefrau und Tochter das Verlassen des Schiffes zu ermöglichen. Das verweigerte der Kapitän. Er ließ die beiden Frauen in der Kammer des III. Ingenieurs einschließen.

Jetzt spitzte sich die Situation an Bord des in der Schleuse des Nord-Ostsee-Kanals liegenden DSR-Schiffes zu. Es erschienen vier Beamte des BGS. Sie forderten vom Kapitän die Herausgabe der Ehefrau des III. Ingenieurs und der Tochter. Weil er die Auslieferung ablehnte, wurde der Kapitän auf seinem Schiff von den Beamten unter Kammer-Arrest gestellt. Nachdem beide Frauen mit ihrem Gepäck in Begleitung von BGS-Beamten von Bord gegangen waren, erhielt der Kapitän die Befehlsgewalt über sein Schiff wieder zurück.

Anschließend konnte MS EICHSFELD die Weiterfahrt fortsetzen. Dieses besondere Vorkommnis wurde von der MfS Hauptabteilung XIX umfassend untersucht und dem Politbüro der SED sowie dem Ministerium für Verkehrswesen zu Kenntnis gegeben. Es ist nicht bekannt, ob die DDR bei der Bundesrepublik wegen dieses Vorfalls Protest einlegte. Die jedoch gegen den Kapitän eingeleiteten Ermittlungen "wegen Freiheitsberaubung aufgrund eines Notstandes" ließ die westdeutsche Seite nach Erkenntnis der Stasi wieder fallen.

IM-Potential

Das MfS unternahm große Anstrengungen zur IM-Anwerbung unter den Angehörigen der DSR. Nach der Ansicht von Cammin ist die Entwicklung des IM-Bestandes innerhalb der DSR als Ganzes, den DSR-Seeleuten und der Abteilung Hafen schwer nachzuvollziehen. Für eine systematische Analyse fehlen die Daten.

Cammin recherchierte: "Das MfS meldete im Jahr 1975 insgesamt 245 IM's in den Reihen der 8.845 DSR-Seeleute, davon waren 156 Offiziere und 89 Mannschaftsangehörige" als IM der Stasi zu Diensten. 66 DSR-Schiffe hatten angeblich 1975 keine MfS-Kontaktperson an Bord. Bei der Brisanz der Fluchtaktionen erscheint das nicht glaubwürdig. Dagegen sollen laut Cammin auf 132 Schiffen IM's im Einsatz gewesen sein. Die Zahl erhöhte sich 1981 auf 287 IM's. 1982 rekrutierte das MfS 86 neue IM's. Damit standen nach der Untersuchung von Cammin 373 DSR-Mitarbeiter als IM im Dienst des MfS. Das entsprach einem Anteil von 4,69 Prozent der Beschäftigten im Bereich der Flotte sowie 3,02 Prozent im Verhältnis zur Anzahl aller DSR-Beschäftigten. Der Anteil der Patentträger (Offiziere) betrug dabei nahezu zwei Drittel.

Neben der Überwachung von auffälligen DSR-Mitarbeitern wurden die IM's auch zur Auslandsaufklärung eingesetzt. Eine 1971 vom MfS erarbeitete Konzeption zur Organisation der äußeren Abwehr besagt, dass die IM's während der Liegezeit in westlichen Häfen, Spionage-Aktivitäten des Feindes und von ideologischer Zersetzung innerhalb der Schiffsbesatzungen der DSR aufklären sollten. Die IM's hatten den Auftrag, in ausländischen Seemannsmissionen und -clubs Seeleute als Informanten für das MfS anzuwerben. Die MfS-Hauptverwaltung Abwehr ließ nichts unversucht, um über IM verpflichtete DSR-Mitarbeiter konspirativ in die Arbeit des vermeintlichen Gegners einzudringen.

Die enorme Arbeitsbelastung Neukirchens zur Lösung der vielen Anlaufprobleme in der Aufbauphase des Kombinats ging an ihm nicht spurlos vorbei. 1975 erlitt Neukirchen seinen zweiten Herzinfarkt. Durch die Verschlechterung seines Gesundheitszustandes musste er kürzer treten. Schließlich schied er im Februar 1976 aus dem Arbeitsleben bei der DSR.

Zum Zeitpunkt der Verabschiedung von Heinz Neukirchen im Jahr 1976 als Generaldirektor des VEB Kombinat für Seeverkehr und Hafenwirtschaft verfügte die Flotte über 198 Schiffe mit 1.795.565 tdw. Sie transportierten ca. 11,25 Mio. Tonnen Güter. Die Zahl der Beschäftigten in der DSR wuchs auf 11.818 Mitarbeiter an, davon arbeiteten 8.143 Frauen und Männer in der Flotte und 3.675 an Land.

Kapitän a.D. Gerd Peters, der Neukirchen direkt unterstellt war, schrieb über den Präsident bzw. Generaldirektor: "Im persönlichen Umgang war er mir gegenüber stets ruhig und sachlich und auf seine zurückhaltende Art freundlich. Man tat gut daran, auf seine Fragen präzise und konkret zu antworten. Hörte er Ausreden oder Geschwafel, redete man um den heißen Brei herum, dann konnte er sehr 'donnergrollig' werden. Seine Verantwortung war wirklich groß und erstreckte sich ungeteilt über den ganzen Bereich der DDR-Seeverkehrswirtschaft. Allerdings konnte er sehr gut unterscheiden zwischen grundsätzlichen Aufgabenstellungen und Details der Ausführung. Ersteres legte er fest, Letzteres überließ er seinen nachgeordneten Leitern".

Ein anderes Mal erlebte Kapitän Peters seinen Chef als Gastgeber einer illustren Passagiergesellschaft von leitenden Kadern und verdienstvollen Werktätigen der DSR, Veteranen, Mitarbeiter des Verkehrsministeriums und Staatsfunktionären am 18. Mai 1975 an Bord des Urlauberschiffes VÖLKERFREUNDSCHAFT. Peters fuhr in Urlaubsvertretung von Gerhard Thiemann an diesem Tag als Kapitän des Schiffes. Während der Tagesfahrt von Warnemünde, Kurs Nordost auf dem Schifffahrtsweg 1 bis Hiddensee setzte ungewöhnlich starker Nebel ein. Peters entschloss sich auf seiner "Porzellanfahrt" bereits in Höhe Darßer Ort zur Umkehr. Man konnte in der "dicken Küche" ohnehin nichts sehen. Außerdem mussten viele Passagiere noch am Abend zurück nach Berlin. Normalerweise war das Einlaufen in Warnemünde unter diesen widrigen Bedingungen von Sichtweiten unter 10m unmöglich.

Peters und Neukirchen besprachen auf der Kommandobrücke, was Land-seitig zu tun war, um das Einlaufen des Flottenflaggschiffes dennoch zu ermöglichen. Neukirchen besprach über UKW das Notwendige und erwirkte eine Ausnahmeregelung. Nachdem Kapitän Peters an Bord alle Vorkehrungen (Besetzen zusätzlicher Manöverstationen, Buganker klar zum Hieven usw.) für das Einlaufen getroffen hatte, schlich sich das Schiff in den Seekanal, wo irgendwo zwei Schlepper warteten. Dazu Peters: "Als wir mit dem Manöver begannen, zog sich der Generaldirektor taktvollerweise von der Brücke auf das Bootsdeck zurück, denn als ehemaliger Marineoffizier wusste er, dass es in solchen Situationen das Beste ist, die Schiffsführung ungestört arbeiten zu lassen".

Ganz im Gegensatz dazu war der bereits erwähnte ehemalige DSR-Kapitän Schneider nicht gut auf Neukirchen zu sprechen. In seinem literarischen Rückblick auf 704 Seiten charakterisierte er Neukirchen als "selbstherrlichen Präsidenten, der mehr Schaden als Positives anrichtete". Mit dieser subjektiven Ansicht steht Schneider ziemlich allein. Sie soll hier nicht weiter kommentiert werden. Auch an Neukirchens Nachfolger, Artur Maul, ließ Schneider nicht viel Positives. Maul war angeblich "ein persönlicher Freund des 'kleinen Prinzen' im Verkehrsministerium. In Schifffahrtskreisen hieß er überall der Bremser, konnte aber während seiner anstrengenden Tätigkeit immerhin promovieren".

7.2. Im Ruhestand als Schriftsteller, 1976-1986

Mit 35 Jahren seiner Marine- und Seefahrtzugehörigkeit wechselte Neukirchen 1976 in den Rentnerstand. Er widmete sich von nun an ganz seiner schriftstellerischen Tätigkeit, hielt Vorträge und Buchlesungen. Einen entscheidenden Anteil am Entstehen seiner Bücher hatte seine Sekretärin, Frau Renate Jermakow. Sie schrieb die Manuskripte auf der Schreibmaschine, davon einige wegen der vielen Korrekturen auch mehrmals.

Aus seiner Feder stammen diverse Bücher, so u.a. "Krieg zur See" (1966), "Handbuch für Seeverkehr" (3 Bände, 1969/70), "Seefahrt, gestern und heute" (1970), "Schiffe und Häfen" (1974), "Piraten — Seeraub auf allen Meeren" (1976), "Geusen — Lieber ertrunken als gefallen" (1980), "Seemacht im Spiegel der Geschichte" (1982), "Klar vorn und achtern — Auf einem Schaukelpferd zum Rio de la Plata" (1983), "Mit ungewissem Kurs" (1985), "Seefahrt im Wandel der Jahrtausende" (1985) und "Seelord Gerry oder Wiedersehen mit Afrika" (1989).

Als freischaffender Schriftsteller kritisierte er die Informationspolitik der SED. Er nahm dabei kein Blatt vor den Mund. Auf einer seiner Buchlesungen sprach er u.a. darüber, dass ihm die SED die Arbeit in der Direktion Seeverkehr und Hafenwirtschaft auch erschwert habe. Zum Beweis führte er den Untergang von MS FIETE SCHULZE (1967) an. Er habe damals als das Unglück passierte zur gleichen Zeit an drei Telefonen agieren müssen. Am ersten war der Vorsitzende des Ministerrates der DDR, Willi Stoph, am Apparat, der ihn laufend anrief. Am zweiten Telefon wollte ein führender SED-Funktionär ständig über die aktuelle Lage informiert werden. Der wichtigste Gesprächspartner war für Neukirchen jedoch der betroffene Kapitän des Schiffes, mit dem er telefonisch in Kontakt stand. Dem musste er helfen, so gut es in der Distanz ging. Durch die ständigen telefonischen Nachfragen und Eingriffe der beiden SED-Funktionäre wurde er jedoch daran gehindert.

Zunehmend beschäftigten Neukirchen der wirtschaftliche Niedergang und die gesellschaftlichen Missstände in der DDR. Ihm wurde zunehmend bewusst, dass der Widerspruch zwischen idealsozialistischem Anspruch und realsozialistischer Wirklichkeit größer wurde als vermutet und wahrgenommen. Er geriet wieder ins Visier der Stasi, die selbst auf seinen Buchlesungen präsent war. So z.B. berichteten zwei IM's unabhängig voneinander über Neukirchens Auftreten in einer SED-Versammlung des Schriftstellerverbandes der DDR am 16. Oktober 1980. Er erwähnte u.a. die Ignoranz bzw. Verharmlosung der SED-Führung auf die Unzufriedenheit innerhalb der Bevölkerung. Er vertrat offen die Ansicht, dass die DDR in der Vergangenheit wirtschaftlich über ihre Verhältnisse gelebt habe. Seine Schreiben an die SED-Führung, so u.a. an den 1. Sekretär der SED-Bezirksleitung Rostock Harry Tisch, blieben unbeantwortet. Man sei großspurig über seine Bedenken hinweg gegangen. All das trug zur Verschlechterung seines Gesundheitszustandes bei.

Hinzu kam, dass Admiral Wilhelm Ehm Neukirchens Bücher in der Volksmarine auf den Index von "nicht erwünschter Literatur" setzen ließ. Diese Anweisung verschaffte Neukirchen unter den Offiziersschülern in Stralsund noch mehr Aufmerksamkeit. Sie wollten mehr über den 'Admiral Neukirchen', seine Persönlichkeit und seinen literarischen Werken wissen. Das bewog den Autor in seiner damaligen Dienststellung als Fachgruppenleiter für Geschichte, u.a. das Lebensbild von Heinz Neukirchen näher erforschen zu lassen. Ehms schizophrene Anweisung verstanden viele Offiziersschüler eher als Aufforderung, sich mit Neukirchens Büchern zu beschäftigen. Das Negieren von Wahrheiten konnte nicht befohlen werden.

Tod

Im 71. Lebensjahr verstarb Heinz Neukirchen am 8. Dezember 1986 in Rostock. Der Vorsitzende des Ministerrates der DDR, Willi Stoph, sprach Frau Irmgard Neukirchen und allen Angehörigen sein tiefempfundenes Beileid aus. Er würdigte in einem Kondolenz-Schreiben Heinz Neukirchen "als einen der Sache des Sozialismus treu ergebenen Mitstreiter. Besondere Wertschätzung gebührt seinem Anteil am Aufbau der Nationalen Volksarmee und an der Entwicklung des Seeverkehrs und der Hafenwirtschaft unserer Republik".

Die Anteilnahme, die Ehm zum Tod von Neukirchen als einen "Aktivisten der ersten Stunde" übte, schien offensichtlich die früheren persönlichen Differenzen in Vergessenheit geraten zu lassen. Die Beisetzung von Heinz Neukirchen auf dem Neuen Friedhof in Rostock fand am 17. Dezember 1986 statt.

In einer Gedenkansprache würdigte der Chef der Volksmarine, Admiral Ehm, das "kämpferische Leben von Heinz Neukirchen. Mit Trauer nehmen wir Abschied von einem Aktivisten der ersten Stunde in den Tagen harter Klassenkämpfe mit den Feinden unserer noch jungen Republik und einem bewährten Militärkader; von einem Kämpfer für unsere gute Sache; von dem ehemaligen Abgeordneten der Volkskammer der DDR und von einem anerkannten Schriftsteller unseres Landes. Wir verneigen uns vor einem ehrlichen, hilfsbereiten, selbstbewussten und energischen Menschen".

Der Redner schilderte und würdigte den Weg von Heinz Neukirchen als einen "standhaften, kämpferischen und umsichtigen Kommunisten und nie zu vergessenden Soldaten des Friedens". Neukirchens "Wirken war auf das engste mit der Entwicklung der Seestreitkräfte und der Entwicklung der Seefahrt unserer sozialistischen Heimat verbunden".

Ehm dankte Irmgard Neukirchen, die in 35 Jahren ihrer Ehe, für die "liebevolle, kameradschaftliche Fürsorge, die ihm die vorbildliche Erfüllung seiner militärischen und gesellschaftlichen Aufgaben stets erleichtert hat".

Im Kreis der Angehörigen, Kampfgefährten und Freunde auf dem Neuen Friedhof sagte Ehm: "Ich habe den schmerzlichen Auftrag, Dir liebe Irmgard, und allen Familienangehörigen im Namen unseres Ministers für Nationale Verteidigung, Genossen Armeegeneral Heinz Kessler, und des Militärrates der Volksmarine, im Namen der Werktätigen des Kombinats für Seeverkehr und Hafenwirtschaft sowie im Namen der Schriftsteller unseres Landes das tief empfundene Beileid und aufrichtige Anteilnahme auszusprechen".

Ordensspange Heinz Neukirchen (Pfeiffer)

IN ANERKENNUNG HERVORRAGENDER

LEISTUNGEN UND ERFOLGREICHER ARBEIT

WIRD

HERRN

HEINZ NEUKIRCHEN

DER EHRENTITEL

VERDIENTER SEEMANN

VERLIEHEN

BERLIN, DEN 13. OKT. 1969

MINISTERRAT
DER DEUTSCHEN DEMOKRATISCHEN REPUBLIK
MINISTERIUM FÜR VERKEHRSWESEN

MINISTER

"Verdienter Seemann" 13. Oktober 1969 (Sammlung Lippke)

Neukirchen als Präsident Seeverkehr und Hafenwirtschaft mit Gästen auf Dachgarten "Haus der Schiffahrt" in Rostock (Sammlung Flohr)

Buchlesung mit Heinz Neukirchen (Ursula Scheibe, Sammlung Flohr)

MINISTERRAT

DER DEUTSCHEN DEMOKRATISCHEN REPUBLIK

DER VORSITZENDE

Sehr geehrte Frau Irmgard Neukirchen!

Zu dem schmerzlichen Verlust, der Sie durch das Ableben
Ihres Gatten, unseres Genossen

Heinz Neukirchen

betroffen hat, spreche ich Ihnen und allen Angehörigen
mein tiefempfundenes Beileid aus.

In Heinz Neukirchen verlieren wir einen bewährten, der
Sache des Sozialismus treu ergebenen Mitstreiter, dessen
ganze Kraft der Stärkung der Deutschen Demokratischen
Republik gewidmet war. Besondere Wertschätzung gebührt
seinem Anteil am Aufbau der Nationalen Volksarmee und
an der Entwicklung des Seeverkehrs und der Hafenwirtschaft
unserer Republik.

Möge Ihnen, sehr geehrte Frau Irmgard Neukirchen, in
diesen schweren Stunden die Gewißheit Trost verleihen,
daß Heinz Neukirchen und sein verdienstvolles Wirken
unvergessen bleiben.

In aufrichtiger Anteilnahme

W. Stoph

Berlin, den 9. Dezember 1986

*Kondolenzschreiben Vorsitzende des Ministerrates der DDR, Willi Stoph,
9. Dezember 1986 (Sammlung Lippke)*

Anlagen

Dienstgrade Seepolizei bis 30.09.1952	VP-See, Seestreitkräfte ab 01.10.1952
Mannschaften	
Anwärter	Matrose
Unterwachtmeister	—
Wachtmeister	Obermatrose
Offiziersanwärter	Offiziersanwärter
Oberwachtmeister	Maat
Hauptwachtmeister	Obermaat
Meister	Meister
Innendienstleiter	Obermeister
Offiziere	
Unterkommissar	Unterleutnant
Kommissar	Leutnant
Oberkommissar	Oberleutnant
Rat	Kapitänleutnant
Oberrat	Korvettenkapitän
Kommandeur	Fregattenkapitän
Inspekteur	Kapitän zur See
Admirale	
Chefinspekteur	Konteradmiral
Generalinspekteur (2. Grades*)	Vizeadmiral
Generalinspekteur (1. Grades*)	Admiral
—	Flottenadmiral

(*nach dem Entwurf "Bekleidungs- und Anzugsordnung HV Seepolizei"
zum Befehl 112 vom 10. Dezember 1950)

Orden/Medaillen Neukirchen

1938   Spanienkreuz in Bronze

1939   Dienstauszeichnung 4. Klasse

1942   Kriegsverdienstkreuz mit Schwertern, II. Klasse

1944   Eisernes Kreuz II. Klasse

1944   Minenschiffabzeichen

1945   Eisernes Kreuz I. Klasse

1950   Ernst Moritz Arndt Medaille

1951   Ehrenzeichen Deutsche Volkspolizei (Verleihung, Urkunde 1.07.1954)

1954   Medaille "Für treue Dienste in KVP" (Nr. 00011)

1954   Vaterländischer Verdienstorden in Bronze

1957   Medaille "Für treue Dienste in NVA", Bronze

1957   Verdienstmedaille der NVA in Gold (Nr. 26)

1959   Verdienstmedaille der DDR

1961   Medaille "Für treue Dienst in NVA", Silber

1963   Ehrennadel des Deutschen Turn- und Sportbundes, Gold

1964   Medaille "Für treue Dienste in NVA", Gold

1964   Verdienstmedaille der NVA in Gold

1965   Treue Dienste in der Seeverkehrswirtschaft, Bronze

1965   Verdienstmedaille der Seeverkehrswirtschaft, Bronze

1966   Verdienstmedaille der Seeverkehrswirtschaft, Silber

1968   Verdienstmedaille der Seeverkehrswirtschaft, Gold

1968   Verdienstmedaille der Deutschen Reichsbahn

1968   Medaille der Waffenbrüderschaft in Silber

1969   Verdienter Seemann

1974   Vaterländischer Verdienstorden in Gold

1974   Verdienstmedaille der Seeverkehrswirtschaft, Silber

1974   Treue Dienste in der Seeverkehrswirtschaft, Silber

1970   Ehrentitel "Verdienter Seemann"

1971   Ehrennadel der Deutsch — Sowjetischen Freundschaft, Gold

1985   Orden "Stern der Völkerfreundschaft" in Silber

1985   Kulturpreis des Bezirkes Rostock

1985   Ehrenmedaille der Seenotrettungsdienste, Gold

Abkürzungsverzeichnis

AK	Alle Kraft
BA	Bundesarchiv
BMVg	Bundesministerium für Verteidigung
BRT	Bruttoregistertonnen eines Schiffes
BStU	Bundesbeauftragter für die Unterlagen des Staatssicherheitsdienstes der DDR
cm	Zentimeter
DDR	Deutsche Demokratische Republik
DM	Deutsche Mark
DMB	Deutscher Marinebund
d.R.	der Reserve
DSH	Direktion Seeverkehr und Hafenwirtschaft
DSR	Deutsche Seereederei (DDR)
DSF	Deutsche — Sowjetische Gesellschaft (DDR)
DVdI	Deutsche Verwaltung des Innern (SBZ)
EG	Erhöhte Gefechtsbereitschaft
FDJ	Freie Deutsche Jugend (DDR)
I. WO	Erster Wachoffizier an Bord
EK	Eisernes Kreuz (Wehrmacht)
FDJ	Freie Deutsche Jugend (DDR)
FDGB	Freier Deutscher Gewerkschaftsbund (DDR)
F.d.M.	Führer der Minenschiffe (Kriegsmarine)
FKK	Freie Körperkultur
GA	Gefechtsabschnitt
GMS	Gesellschaftlicher Mitarbeiter für Sicherheit (MfS)
GST	Gesellschaft für Sport und Technik (DDR)
GVS	Geheime Verschlusssache
HGS	Hauptgefechtsstand beim Chef der Volksmarine, Rostock-Gehlsdorf
HV	Hauptverwaltung
HVA	Hauptverwaltung Ausbildung (DDR, 1950-1952)

HVS	Hauptverwaltung Seepolizei (DDR, 1950-1952)
i.G.	im Generalstab
IM	Informeller Mitarbeiter (MfS)
ISW	Institut für Schiffbautechnik Wolgast
KGB	Kommitee für Staatssicherheit (Komitet Gossudarstwennoi-besopasnosti, 1954-1991), sowjetischer In-und Auslandsgeheimdienst
KJVD	Kommunistischer Jugendverband Deutschlands
KPD	Kommunistische Partei Deutschlands
Kr.O.	Kriegsoffizier (Deutsche Wehrmacht)
Kümo	Küstenmotorschiff
KZ	Konzentrationslager
KVP	Kasernierte Volkspolizei (DDR 1952-1956)
LI	Leitender Ingenieur an Bord
LTS	Leichtes Torpedoschnellboot
MdI	Ministerium des Innern
MfAV	Ministerium für Abrüstung und Verteidigung
MfS	Ministerium für Staatssicherheit (DDR)
MfNV	Ministerium für Nationale Verteidigung (DDR)
MLA	Marine-Lehrabteilung (Kriegsmarine)
MS	Motorschiff
NDPD	National-Demokratische Partei Deutschlands (SBZ, DDR)
NKGB	Volkskommissariat für Staatssicherheit, russ.: Narodnij Komissariat Gossudarstwennoi Besopasnosti, bestehend aus sechs Verwaltungen
NKWD	Volkskommissariat für innere Angelegenheiten (Narodny Kommissariat Wnutrennich Del (1934-1946), ab 1946 Ministerium für innere Angelegenheiten (MWD), geheimdienstlicher Apparat der Sowjetunion
NOK	Nord-Ostsee-Kanal
NS	Nationalsozialismus
NVA	Nationale Volksarmee (DDR)
OP-Dienst	Operativer Dienst

OvD	Offizier vom Dienst
PHV	Politische Hauptverwaltung (NVA)
PK	Polit-Kultur
PS	Pferdestärke
PSK	Psychologische Kampfführung
PSV	Psychologische Verteidigung
R-Boot	Räumboot
ROS	Rostock, Hafenbezeichnung für Fischkutter
Ro/Ro	Roll-on, Roll-off
SA	Sturmabteilung
SBZ	Sowjetische Besatzungszone (1945-1949)
SED	Sozialistische Partei Deutschland (SBZ, DDR)
SHD	Seehydrographischer Dienst
SKK	Sowjetische Kontrollkommission (in DDR 10.10.1949 bis 28.05.1953, anschließend "Hohe Kommission der UdSSR" bis März 1954)
SMAD	Sowjetische Militäradministration in Deutschland (9.06.1945 bis 9.10.1949)
sm	Seemeilen
SPMO	Stiftung Partei und Massenorganisation
VG	Volle Gefechtsbereitschaft
t	Tonnen
UdSSR	Union der Sozialistischen Sowjetrepubliken
u.V.	ungesetzliches Verlassen
VVS	Vertrauliche Verschlusssache
VP-See	Volkspolizei See (DDR 1952-1956)
WAST	Wehrmachtauskunftstelle (Berlin)
WI	Wachingenieur an Bord
WO	Wachoffizier an Bord
ZK	Zentralkomitee

Quellen- und Literaturverzeichnis

AK Voraus, Zeitung der VP-See, 1. Jahrgang 1955, Archiv Pfeiffer

Amelang, Horst R.: Kommandant Schnellboot FORELLE, Mail 09.05.2012, Archiv Pfeiffer

"Bad Sachsaer Nachrichten" vom 08.01.1963

Baring, Arnulf: Der 17. Juni 1953, Köln-Bonn 1965; Stuttgart 1983

Bieler, Fritz: Episoden von Begegnungen mit Neukirchen im Verlauf meines Marinedienstes, Stralsund 1. Februar 1990, Archiv Autor

Birnbacher, Heinz: Kommandant von Z 24 (1943/44) und Dienst in der Bundesmarine 1956 bis 1970, Briefe an Gernot Pfeiffer, 15.10.1990 und 24.01.1991

Bonner Lügen geplatzt. Aus der Pressekonferenz mit dem Stellvertreter des Ministers für Nationale Verteidigung Generalleutnant Heinz Hoffmann in Genf am 29.05.1959, Berlin 1959

Bundesarchiv, Stiftung Partei und Massenorganisationen (SPMO), Signatur DY 16/1694, DY 16/ 2536, DY 16/4996, DY 30/IV A 2/12/155, DY 30/J IV 2/177, DY 30/J IV 2/3A/160, DY 30/J IV 2/3/181, DY 30/J IV 2/2 A 550, DY 30/J IV 2/3A/164, DY 30/J IV 2/3/756, DY 30/J IV 2/3A/799, DY 30/5364, DY 30/J IV 2/3/2091, DY 30/5503, DY 30/J IV 2/3/2403, DY 30/5528, ZPA IV 2/12/27, ZPA 2/12/29, J IV 2/2/528

Bundesbeauftragte für die Unterlagen des Staatssicherdienstes der ehemaligen DDR, MfS, Sekretariat des Ministers 1108; MfS BV Rostock AKK 395/76, Bd. 1 und Bd. 2; MfS BV Rostock, HA VIII, Ap 3333/86, Bd. 1; Leiter der BV, Nr. 880; MfS, SdM 1201; MfS, AOP, 399/55, Bd. I-III; MfS, HA XIX, Nr. 381, 2380, 2909

Bundesarchiv-Militärarchiv (BA-MA), DVM 2/6185, DVM 2/6185, DVM II/1202, DVM II/1205, DVM II/1209, DVM II/1211, DVM II/1212, DVM II/1216, DVM II/1225, DVM II/1236, DVM II/1348, DVM II/2002, DVM II/2070, DVM II/ 2079, DVM II/2086, DVM II/2210, DVM II/2235, DVM II/2236, DVM II/2238, DVM II/2319, DVM II/3147, DVM II/3148, DVM II/3152, DVM II/3155, DVM II/3851, DVM II/ 3878, DVM II/5301, DVM II/5312, DVM II/5338, DVM II/5339, DVM II/5342, DVM II/5371, DVM II/5541, DVM II/5544, DVM II/7944, DVW 1/2365, DVW 1/5496, DVW 1/22361 Bd.1, DVP 1/7535, MZAP, VA-01/5496; Pt 32; Pt 044; Pt 118; Pt 808; Pt 7005; Pt 7205; Pt 7367; Pt 7515; Pt 7533; Pt 7626; Pt 7690; Pt 7915.

Wagner Papiere in: N 539/4a und N 539/10, VA-04/611, VA 04-7898, VA-04/15290

Bundesministerium für Gesamtdeutsche Fragen: SBZ-Biographie. Ein biographisches Nachschlagewerk über die sowjetische Besatzungszone Deutschlands. Zusammengestellt vom Untersuchungsausschuss Freiheitlicher Juristen Berlin, Bonn/Berlin 1964, wie vor 1965

Cammin, Franziska: Die Deutsche Seereederei als Staatsreederei der DDR. Die Handelsflotte zwischen staatlicher Kontrolle und Freiheit auf See, Hamburg 2014

Deutsche Dienststelle (WASt), Arbeitsbericht 2005/2006/2007

Dembiany, Dietrich: Kommandant auf KSS FRIEDRICH ENGELS (Nr. 104, 124), Briefe an den Autor 15.12.2013 und 07.01.2017; Ausbildung an der U-Boot-Lehranstalt Sassnitz-Dwasieden, Brief an den Autor 17.12.2000, Archiv Autor

Der Zweite Parteitag der NDPD, Leipzig 15., 16 und 17. Juni 1950, Verlag der Nationen, Berlin 1951

Der Dritte Parteitag der NDPD, Leipzig 16.,17. und 18. Juni 1951, Verlag der Nationen, Berlin 1951

"Die Bundeswehr" Nr. 12 vom Dezember 1962

Diedrich, Torsten, Wenzke, Rüdiger: Die getarnte Armee. Geschichte der Kasernierten Volkspolizei der DDR, Berlin 2001

Drews, Dirk: Die Psychologische Kampfführung/Psychologische Verteidigung der Bundeswehr — eine erziehungswissenschaftliche und publizistische Untersuchung, Inauguraldissertation, Johannes Gutenberg-Universität Mainz 2006

Elchlepp, Friedrich: Seepolizei oder Seestreitkräfte, in: Panorama maritim, H. 28-1992; Die Seepolizei 1951, in: Schiff und Zeit, H. 36-1992; Gründung der Seestreitkräfte der DDR, in: Schiff und Zeit, H. 42-1995; Dienst in Hauptabteilung z.b.V. (See) und HV Seepolizei, Befragung des Autors, Stralsund Juli 1985; Aufbauphase Seestreitkräfte DDR und die Rolle sowjetischer Berateroffiziere, Interview Autor, Rostock 8.08.2001; U-Boot-Lehranstalt und U-Boot-Bau in DDR, Brief an Autor 13.08.2001; Anfrage Elchlepp an Günter Stavorinus zu Dienstgrad und Dienststellung von Neukirchen 1945, Briefe Rostock 13.04. und 27.06. 2000; alles Archiv Autor

Elchlepp, Friedrich, Jablosnsky, Walter, Minow, Fritz, Röseberg, Manfred: Volksmarine der DDR. Deutsche Seestreitkräfte im Kalten Krieg, Hamburg, Berlin, Bonn 1999

Fischer, Richard: Meine Dienstzeit in der HV Seepolizei — Erinnerungen, Aufsatz 30.01.1990; Leitung der HV Seepolizei in Berlin und Anwerbung von Heinz Neukirchen, Brief an den Autor Berlin 05.12.1989, alles Archiv Autor

Flohr, Dieter: Am alten Strom gefangen, Ostsee-Zeitung 24./25.06.2000. Im Dienst der Volksmarine III, Berlin 2014; Volksmarine. Eine deutsche Flotte im Überblick. 1950-1990, Rostock 2003; Neukirchen — Dienstende und zugleich Neubeginn 1964, Rostock 19.01.2017; Archiv Autor

Flohr, Dieter, Seemann, Peter: Die Volksmarine. Menschen, Meer, Macher, Friedland 2009

"Flotten-Echo", Zeitung der Seestreitkräfte der DDR, 1. bis 7. Jahrgang 1956 bis 1962, Archiv Pfeiffer

Friedrich, Paul: NDPD-Austritt Heinz Neukirchen 1961, Brief an den Autor, Potsdam 04.03.1990, Archiv Pfeiffer

Fricke, Karl Wilhelm: Der 17. Juni 1953 — wirklich eine gescheiterte Revolution? In: Das Parlament, Nr. 24 vom 11.06.1993; 17. Juni 1953 Arbeiteraufstand in der DDR, Deutschland Archiv 1982

Giese: Deutsche Kriegsschiffe vor Spanien, Köhlers Flottenkalender 1938, 36. Jahrgang, S. 44-48

Henninger, Werner; Richter, Dieter; Oertel, Manfred: Erinnerungsberichte zum Dienst in der VP-See und des 17. Juni 1953, Forschungsgruppe Geschichte, OHS Stralsund 1989, Archiv Pfeiffer

Herbst, Adolf: Schnellboot FORELLE, Mail an den Autor 13. und 20.02.2012, Archiv Pfeiffer

Hochhuth, Rolf: Der ehrenvollste Tag in der deutschen Geschichte. In: Das Parlament, Nr. 28 vom 4. Juli 1987

Jermakow (geb. Tietz), Renate: Erinnerungen an meine Arbeit als Sekretärin von Heinz Neukirchen von 1954 bis 1964, Rostock 28.03.1990, Archiv Pfeiffer

Kappelt, Olaf: Braunbuch DDR. Nazis in der DDR, Berlin 2009

Kerzig, Horst, Knittel, Jürgen, Schulz, Kurt: Die Kampfschwimmer der Volksmarine, Berlin 2009

Klimow, Gregory: Berliner Kremel, in Übersetzung Irina Finkenauer-Fuess, Köln/Berlin 1952

Klippstein, Gerhard: U-Boot-Lehranstalt Sassnitz-Dwasieden 1952/53, Niederschrift Berlin 1959, Archiv Autor

Koch, Hans: Stabsarbeit unter Heinz Neukirchen, Rostock 08.02.1990, Archiv Autor

Korn, Ulrich: Begegnungen mit Konteradmiral Heinz Neukirchen auf KSS FRIEDRICH ENGELS, Brief an den Autor 11.01.2017, Archiv Autor

Kremkau, Karl Heinz: Havarie MLR HABICHT 626 Frühjahr 1957 und Havarieverhandlung unter Leitung von Konteradmiral Neukirchen, Mail und Interview 09.01.2017; Personalaufstellung zu ehemaligen Angehörige der Kriegsmarine im Dienst der Seestreitkräfte der DDR, Lindhorst 14.02.2017; Meine Dienstzeit als Kommandant und Erinnerungen zu Begegnungen mit Heinz Neukirchen an Bord, Lindhorst 20.04.2017, alles Archiv Autor

Loge, Kurt: Erinnerungsbericht zur Dienstzeit 1950 bis 1960, Militärgeschichtliches Institut der DDR, Arbeitsgruppe Befragung/Erinnerung, Potsdam 1987 und 1989, Archiv Autor

"Lübecker Morgen" vom 12.11.1962

Mattner, Joachim: Meine Dienstzeit auf Schnellboot FORELLE, Interview 29.05. und 03.07.2012, Archiv Autor

Minow, Fritz: Die NVA und Volksmarine in den Vereinten Streitkräften. Geheimnisse der Warschauer Vertragsorganisation, Friedland 2011

Molt, Matthias: Von der Wehrmacht zur Bundeswehr. Personelle Kontinuität und Diskontinuität beim Aufbau der Deutschen Streitkräfte 1955-1966. Dissertation (Dr. phil.), Heidelberg 2007

Müller, Michael: NS-Führungsoffiziere in Kriegsmarine, Aufsatz, Potsdam 08.05.2017, Archiv Autor

Neukirchen, Irmgard: Interview Rostock 30.10.1988, 04.11.1989, 23.01.1990, 09.05.1990, 23.09.1990, Interview Graal Müritz 02.03.1998 und 07.07.2006, alles Archiv Autor

Niemetz, Daniel: Das feldgraue Erbe. Die Wehrmachtseinflüsse im Militär der SBZ/DDR, 2006

Nosty, Hans: Die Seeverkehrswirtschaft der DDR, in: Marinekalender der DDR 1973

Peifer, Douglas Carl: Die Ursprünge der ost- und westdeutschen Marinen. Von der Kriegsmarine zur Volksmarine und Bundesmarine 1944-1956, Dissertation Universität von North Carolina, Chapel Hill 1996, Deutsche Übersetzung durch Dr. Günter Stavorinus, Sammlung Autor

Peters, Gerd: Meine seemännischen Fehler, Rostock 2012; Vom Urlauberschiff zum Luxusliner, Hamburg 2005

Personalakte Neukirchen, Ministerium für Abrüstung und Verteidigung, Akten- und Dokumentenstelle, Strausberg 1990

Pfeiffer, Ingo: Gegner wider Willen. Konfrontation von Volksmarine und Bundesmarine auf See, Berlin 2012

Pfeiffer, Ingo: Mit Fliegerkompass und Zirkel. Die Anfänge der Grenzpolizei Nord (Küste) der DDR, in: Leinen Los! H. 5-2017

Pfeiffer, Ingo: Hochstapler der Volkspolizei-See, Kapitän zur See Willi (Siegfried) Gerber, in: Leinen Los! H. 4-2014

Pfeiffer, Ingo: Seestreitkräfte der DDR. Abriss 1950-1990, Berlin 2014

Rieschke, Hans-Georg: Erinnerungen an die Anfangsjahre des Schutzes der DDR zur See, in: Panorama maritim, H. 24-1989; Mein Dienst in der Kriegsmarine, Briefe an Gernot Pfeiffer 4.09.1990, 2.03.1991 und 31.01.1992, Archiv Autor

Rudek, Joachim H.: I. WO auf KS-Boot 125 im Juni 1953, Brief an den Autor 11.12.2002; Teilnahme an Aufmarsch HV Seepolizei am 1. Mai 1952, Brief an den Autor 02.05.2014; Archiv Autor

Schneider, Wolfgang: Vom Flüchtlingsjungen zum Kapitän, Berlin 2004

Statistisches Jahrbuch der DDR, Statistisches Amt der DDR, Jahrgänge 1960 bis 1976

Staatsarchiv Schwerin, MdI 1945-1952, Akte 177

Simon, Gustav: Heinz Neukirchen im NDPD-Landesvorstand Mecklenburg 1949-1951, Briefe an den Autor, Cottbus 07.01., 08.02. und 08.95.1990, Archiv Autor

Sonnenberg, Peter-Jürgen: Informationen zu NDPD-Funktionär Heinz Neukirchen, Schwerin 08.02.1990, Archiv Autor

Tempel, Ewald: Im Alarmzustand. Zur Geschichte der Volksmarine in den kritischen 1960er-Jahren, Rostock 2006; Dienst im HGS im Kommando der

Volksmarine, Briefe an Autor 21.07.2012 und 22.08.2016; Seine Eminenz-Heinz Kardinal Neukirchen, Brief an den Autor 22.08.2016; Parteieinfluss auf Stabsarbeit im Kommando Volksmarine, Brief an den Autor 14.08.2016; See-aufklärung, Briefe an den Autor 28.01., 05.02. und 16.02.2015; Aufklärungs-fahrt in die Höhle des Löwen mit JOHANN LUDWIG KRÜGER im April 1960, Brief an den Autor 08.04.2014; Offiziere und Portepee-Unteroffiziere der Kriegsmarine in Aufbauphase Seestreitkräfte, Brief an den Autor 28.01. 2017; alles Archiv Autor

Thoß, Bruno: Volksarmee schaffen ohne Geschrei! Studien zu den Anfängen einer verdeckten Aufrüstung in der SBZ/DDR 1947-1952, München 1994

Untersuchungsausschuss Freiheitlicher Juristen (Berlin-West): Ehemalige Nationalsozialisten in Pankows Diensten, vierte ergänzende Ausgabe, Berlin 1963, dasselbe Berlin 1965

Volksmarine. Patenschafts- und Freundschaftsverträge von Schiffen der VP-See, Seestreitkräfte und Volksmarine mit Betrieben, LPG, Städte und Kreise der DDR, Anlagenband, Rostock 20.05.1964, Archiv Autor

Von Seck, Falk: Transformation der Seeschifffahrt. Privatisierung und Restrukturierung im Ostseeraum, Wiesbaden 1998

Wehrbereichsverwaltung VII, Dezernat I 9, Kaderkarteikarte Neukirchen

Wenzke, Rüdiger: Ulbrichts Soldaten der NVA 1956-1971, Berlin 2013; Wehrmachtsoffiziere in den DDR-Streitkräften, in: Nationale Volksarmee-Armee für den Frieden, Beiträge zu Selbstverständnis und Geschichte des deutschen Militärs 1945-1990, Baden-Baden 1995

Wenzel, Harry; Buresch, Josef: 25 Jahre sozialistische Handelsschifffahrt der DDR, in: Marinekalender der DDR 1977

Westhoff, Hans-Joachim: Erinnerungen an U-Boot-Ausbildung 1953, Interview 9.02.2008, Archiv Autor

Zentrales Archiv des MdI der DDR (jetzt Bundesarchiv), Bestand 6, Bd. 24, Bd. 87, Bd. 103, Bd. 104, Bd. 134, Bd. 443

Ziegler, Rolf: Kommandant auf KS-Boot 118 und 121 (1956), Erinnerungen aus Begegnungen mit Heinz Neukirchen, Interview 06.01.2017, Archiv Autor

DEUTSCHE MARITIME AKADEMIE

Eine Stiftung des
Deutschen Marinebundes e.V.

Die Ziele der Deutschen Maritimen Akademie (DMA)

Die Ziele der Deutschen Maritimen Akademie (DMA)

Die DMA ist das Bildungswerk des Deutschen Marinebundes (DMB). Mit ihrer Hilfe will der DMB dazu beitragen, etwas gegen die in der Bundesrepublik weit verbreitete „Sea Blindness" zu unternehmen. Es geht in erster Linie darum, die Bedeutung der See und der Seefahrt für unsere Wirtschaft und unseren Wohlstand aufzuzeigen.

Mit vielfältigen Bildungsangeboten soll die DMA dazu beitragen,

1. das maritime Bewusstsein in Deutschland zu fördern, das Wissen um

2. die Rolle und die Bedeutung der maritimen Wirtschaft in der Bundesrepublik,

3. die sicherheitspolitische Bedeutung freier Seewege,

4. die Rolle der Deutschen Marine für die sicherheitspolitischen Interessen der Bundesrepublik,

5. die Bedeutung der internationalen wirtschaftlichen und sicherheitspolitischen Zusammenarbeit zu fördern sowie

6. das Verständnis für maritime Traditionen und Kultur,

7. das Verständnis für eine zeitgemäße maritime und militärische Gedenkkultur in Deutschland und

8. durch interne Weiterbildung für den DMB und angeschlossene Verbände das Verständnis und die Fähigkeiten für die Vermittlung maritimer Themen zu schärfen.

Dazu ist eine Vielzahl von Veranstaltungen und Seminaren geplant, darunter

1. die Fortführung der Maritimen Expertengespräche in Laboe,

2. ein- und mehrtägige Veranstaltungen zu maritimen Themen im Binnenland,

3. wissenschaftliche Symposien zu Fragen der maritimen Wirtschaft, Geschichte und Tradition,

4. Seminare zu Themen der Sicherheits- und Verteidigungspolitik im verbandseigenen Tagungshotel in Laboe und im übrigen Bundesgebiet,

5. marinehistorische Studienreisen im In- und Ausland sowie

6. Begegnungen mit Angehörigen der in der ISF/IMC (Internationalen Seefahrerföderation/ International Maritime Confederation) zusammengeschlossenen europäischen Marineverbänden.

Erfahren Sie mehr über die Deutsche Maritime Akademie:
www.deutsche-maritime-akademie.de

Autor

Ingo Pfeiffer, Jahrgang 1949, trat 1968 in die Volksmarine ein. 1972 absolvierte er die Offiziershochschule in Stralsund mit der Ernennung zum Leutnant-Ing. und Verleihung des Diploms (FH) für Schiffsbetriebstechnik. Mit 23 Jahren erhielt er seine erste Offiziersdienststellung als Leitender Ingenieur auf einem U-Jagdschiff. Nach der Bordverwendung war er bis 1979 Stabsoffizier in der 4. Flottille (Warnemünde). Mit Abschluss eines gesellschaftswissenschaftlichen Studiums erhielt er 1983 seine Berufung zum Fachgruppenleiter für Geschichte an der Offiziershochschule.

1988 promovierte er an der Sektion Geschichte der Universität Rostock zum Dr. phil. Als Fregattenkapitän an der Marineschule Stralsund schied er aus strukturellen Gründen am 31. Dezember 1990 aus dem aktiven Dienst der Bundeswehr. Anschließend absolvierte er ein betriebswissenschaftliches Studium mit dem Diplom-Abschluss als Marketing-Referent. Bis 2010 arbeitete er als Projektmanager für Stahl- und Metallrecycling in verschiedenen Unternehmen der Privatwirtschaft.

Der Autor befasst sich mit der Herausbildung von maritimen Polizeikräften in Mecklenburg (1945-1949), dem Aufbau von Seestreitkräften der DDR (1950-1960) sowie der Entwicklung der Volksmarine bis zu ihrer Auflösung. Er widmet sich der Tätigkeit des Ministeriums für Staatssicherheit in der Volksmarine. Schwerpunkt bilden dabei Fahnenfluchtaktionen von Angehörigen der Volksmarine. 2009 erschien dazu sein Buch „Fahnenflucht zur See — die Volksmarine im Visier des MfS". In dem 2012 vorgelegten Buch "Gegner wider Willen — Konfrontation von Volksmarine und Bundesmarine auf See" schildert er zahlreiche Episoden bilateraler Begegnungen von beiden deutschen Seestreitkräften in der Ostsee. 2014 erschien sein Buch "Seestreitkräfte der DDR. Abriss 1950-1990".

Der Autor veröffentlichte zahlreiche zeit- und marinegeschichtliche Aufsätze in den Zeitschriften "Marineforum", "Leinen Los!", "Europäische Sicherheit", "Strategie & Technik", "Schiff & Hafen", in "Köhlers Flottenkalender" und der "Ostsee-Zeitung".

Im NDR für Mecklenburg Vorpommern beteiligt er sich an Reportagen zur regionalen Marinezeitgeschichte.

Carola Hartmann Miles-Verlag

Politik, Gesellschaft, Militär

Uwe Hartmann, *Innere Führung. Erfolge und Defizite der Führungsphilosophie für die Bundeswehr,* Berlin 2007.

Hans Joachim Reeb, *Sicherheitskultur als kommunikative und pädagogische Herausforderung – Der Umgang in Politik, Medien und Gesellschaft,* Berlin 2011.

Hans-Christian Beck, Christian Singer (Hrsg.), *Entscheiden – Führen – Verantworten. Soldatsein im 21. Jahrhundert,* Berlin 2011.

Reiner Pommerin (ed.), *Clausewitz goes global. Carl von Clausewitz in the 21ˢᵗ Century,* Berlin 2011.

Eberhard Birk, Winfried Heinemann, Sven Lange (Hrsg.), *Tradition für die Bundeswehr. Neue Aspekte einer alten Debatte,* Berlin 2012.

Holger Müller, *Clausewitz' Verständnis von Strategie im Spiegel der Spieltheorie,* Berlin 2012.

Angelika Dörfler-Dierken, *Führung in der Bundeswehr,* Berlin 2013.

Cornelia Fedtke, Kai-Uwe Hellmann, Jan Hörmann, *Migration und Militär. Zur Integration deutscher Soldaten mit Migrationshintergrund in der Bundeswehr,* Berlin 2013.

Torsten Konopka, *Afrikanische Wehrsysteme und ihre Entwicklung zwischen 1990/91 und 2011,* Berlin 2014.

Wolf Graf von Baudissin, *Grundwert Frieden in Politik – Strategie – Führung von Streitkräften,* hrsg. von Claus von Rosen, Berlin 2014.

Wolf Graf von Baudissin, *Der Widerstand. „… um nie wieder in die auswegslose Lage zu geraten…",* hrsg. von Claus von Rosen, Berlin 2014.

Marcel Bohnert, Lukas J. Reitstetter (Hrsg.), *Armee im Aufbruch. Zur Gedankenwelt junger Offiziere in den Kampftruppen der Bundeswehr,* Berlin 2014.

Arjan Kozica, Kai Prüter, Hannes Wendroth (Hrsg.), *Unternehmen Bundeswehr? Theorie und Praxis (militärischer) Führung,* Berlin 2014.

Angelika Dörfler-Dierken, Robert Kramer, *Innere Führung in Zahlen. Streitkräftebefragung 2013,* Berlin 2014.

Phil C. Langer, Gerhard Kümmel (Hrsg.), *„Wir sind Bundeswehr." Wie viel Vielfalt benötigen/vertragen die Streitkräfte?,* Berlin 2015.

Dirk Freudenberg, *Counterinsurgency. Aufstandsbekämpfung als Phase zur Überwindung schwacher Staatlichkeit und zur Etablierung des Aufbaus einer stabilen Nachkriegsordnung?,* Berlin 2016.

Alois Bach, Walter Sauer (Hrsg.), *Schützen.Retten.Kämpfen. Dienen für Deutschland,* Berlin 2016.

Dirk Freudenberg, Stephan Maninger, *Neue Kriege. Sicherheitspolitische Rahmenbedingungen, Mentalitäten, Strategien, Methoden und Instrumente,* Berlin 2016.

Einsatzerfahrungen

Kay Kuhlen, *Um des lieben Friedens willen. Als Peacekeeper im Kosovo,* Eschede 2009.

Sascha Brinkmann, Joachim Hoppe (Hrsg.), *Generation Einsatz, Fallschirmjäger berichten ihre Erfahrungen aus Afghanistan,* Berlin 2010.

Artur Schwitalla, *Afghanistan, jetzt weiß ich erst... Gedanken aus meiner Zeit als Kommandeur des Provincial Reconstruction Team FEYZABAD,* Berlin 2010.

Uwe Hartmann, *War without Fighting? The Reintegration of Former Combatants in Afghanistan seen through the Lens of Strategic Thought,* Berlin 2014.

Rainer Buske, *KUNDUZ. Ein Erlebnisbericht über einen militärischen Einsatz der Bundeswehr in AFGHANISTAN im Jahre 2008,* Berlin ²2016.

Standpunkte und Orientierungen

Daniel Giese, *Militärische Führung im Internetzeitalter – Die Bedeutung von Strategischer Kommunikation und Social Media für Entscheidungsprozesse, Organisationsstrukturen und Führerausbildung in der Bundeswehr,* Berlin 2014.

Dirk Freudenberg, *Auftragstaktik und Innere Führung. Feststellungen und Anmerkungen zur Frage nach Bedeutung und Verhältnis des inneren Gefüges und der Auftragstaktik unter den Bedingungen des Einsatzes der Deutschen Bundeswehr,* Berlin 2014.

Uwe Hartmann (Hrsg.), *Lernen von Afghanistan. Innovative Mittel und Wege für Auslandseinsätze,* Berlin 2015.

Fouzieh Melanie Alamir, *Vernetzte Sicherheit – Quo Vadis?,* Berlin 2015.

Hartwig von Schubert, *Integrative Militärethik. Ethische Urteilsbildung in der militärischen Führung,* Berlin 2015.

Uwe Hartmann, *Hybrider Krieg als neue Bedrohung von Freiheit und Frieden. Zur Relevanz der Inneren Führung in Politik, Gesellschaft und Streitkräften,* Berlin 2015.

Klaus Beckmann, *Treue.Bürgermut.Ungehorsam. Anstöße zur Führungskultur und zum beruflichen Selbstverständnis in der Bundeswehr,* Berlin 2015.

Florian Beerenkämper, Marcel Bohnert, Anja Buresch, Sandra Matuszewski, *Der innerafghanische Friedens- und Aussöhnungsprozess,* Berlin 2016.

Martin Sebaldt, *Nicht abwehrbereit. Die Kardinalprobleme der deutschen Streitkräfte, der Offenbarungseid des Weißbuchs und die Wege aus der Gefahr,* Berlin 2017.

Militärgeschichte

Peter Heinze, *Bundeswehr „erobert" Deutschlands Osten,* Berlin 2010.

Dieter E. Kilian, *Adenauers vergessener Retter – Major Fritz Schliebusch,* Berlin 2011.

Ingo Pfeiffer, *Gegner wider Willen. Konfrontation von Volksmarine und Bundesmarine auf See,* Berlin 2012.

Ingo Pfeiffer, *Seestreitkräfte der DDR. Abriss 1950 bis 1990,* Berlin 2014

Dieter E. Kilian, *Kai-Uwe von Hassel und seine Familie. Zwischen Ostsee und Ostafrika. Militär-biographisches Mosaik,* Berlin 2013.

Peter Heinze, *Berliner Militärgeschichten,* Berlin 2013.

Ingo Pfeiffer, *Seestreitkräfte der DDR. Abriss 1950–1990,* Berlin 2014.

Ulrich C. Kleyser, *Lazare Carnot. "Le Grand Carnot". Ein Charakterbild,* Berlin 2016.

Eberhard Kliem, Kathrin Orth, *"Wir wurden wie blödsinnig vom Feind beschossen". Menschen und Schiffe in der Skagerrakschlacht 1916,* Berlin 2016.

Eberhard Birk, *"Auf Euch ruht das Heil meines theuern Württemberg!". Das Gefecht bei Tauberbischofsheim am 24. Juli 1866 im Spiegel der württembergischen Heeresgeschichte des 19. Jahrhunderts,* Berlin 2016.

Eckhard Lisec, *Der Unabhängigkeitskrieg und die Gründung der Türkei 1919–1923,* Berlin 2016.

Hans Frank, Norbert Rath, *Kommodore Rudolf Petersen. Führer der Schnellboote 1942–1945. Ein Leben in Licht und Schatten unteilbarer Verantwortung,* Berlin 2016.

http://www.miles-verlag.jimdo.com

www.ingramcontent.com/pod-product-compliance
Lightning Source LLC
Chambersburg PA
CBHW080231270326
41926CB00020B/4204